高 等 职 业 教 育 教

大学生职业生涯规划

方志涛　吴慧云　主编

化学工业出版社

·北京·

内容简介

本书紧密联系我国国情和高校实际情况，秉持"实用、有效、适用"的编写理念，全心全意为大学生打造一套全面的职业生涯规划指导方案。内容设计与大学生的成长需求和职业生涯规划中的常见问题紧密结合，旨在帮助大学生深入理解职业生涯，建立明确的职业生涯规划观念，并提升其职业决策力，为未来的职业道路奠定坚实基础。本书共分为十章，包括职业生涯规划导论、职业生涯规划相关理论、职业生涯规划的方法与步骤、价值观探索、兴趣探索、性格探索、能力探索、职业探索、职业生涯决策与目标、职业生涯规划的行动与调整十个方面，全面覆盖大学生职业生涯规划所需的核心知识和关键技能。每个章节不仅提供详实的理论知识，还结合真实案例进行分析和互动，力求实现理论与实践的紧密结合。本书兼具理论深度、实践指导价值和操作便捷性，旨在引导大学生在职业生涯规划中自我觉醒、获得收益、实现个人成长，为他们的全面发展提供坚实支持。

本书既适合作为高等职业院校大学生职业生涯规划课程的教材，也可作为从事相关领域研究的教师的参考资料。

图书在版编目（CIP）数据

大学生职业生涯规划 / 方志涛，吴慧云主编.

北京 ：化学工业出版社，2025. 8. --（高等职业教育教材）. -- ISBN 978-7-122-48717-9

Ⅰ. G717.38

中国国家版本馆CIP数据核字第2025PZ8015号

责任编辑：姜　磊　蔡洪伟　江百宁
文字编辑：蒋　潇
责任校对：刘曦阳
装帧设计：张　辉

出版发行：化学工业出版社
　　　　　（北京市东城区青年湖南街 13 号　邮政编码 100011）
印　　装：北京云浩印刷有限责任公司
710mm×1000mm　1/16　印张 18½　字数 270 千字
2025 年 10 月北京第 1 版第 1 次印刷

购书咨询：010-64518888　　　　　售后服务：010-64518899
网　　址：http://www.cip.com.cn

前　言

从高中毕业到迈入大学，新生们满怀希望和梦想，期待在大学的岁月里能够有所成就。但随着时光流逝，不少学生开始对大学生活感到困惑，无法清晰回答"我究竟是谁""我应该追求什么"以及"我怎样才能达成目标"等核心问题。尽管入学时大家起点相同，但毕业时却出现了明显的不同，这种差异的关键在于是否进行了周密的"规划"。

为了协助大学生更有效地规划他们的大学生活和未来的职业道路，我们编写了《大学生职业生涯规划》一书。本书全面阐述了职业生涯意识的觉醒导论、生涯规划的相关理论、自我认知探索、职业世界的探索、决策制定与目标、行动与调整执行和效果评估等方面的知识，并且巧妙地融入了名言解读、实践活动、寓言故事等内容，目的是通过多样化的手段激发学生的思维和行动。本书不仅教授职业生涯规划的基本原则和技巧，还助力学生深入认识自我、了解外部环境、确立目标并付诸实践，力图使大学生在进入职场之前，在观念、心态、知识、技能等方面做好充分的准备，帮助他们达成"成长、成才、成功"的目标。

本书由方志涛、吴慧云担任主编。具体分工如下：第一章、第二章、第四章和第八章由方志涛编写；第三章、第五章和第六章由吴慧云编写；

第七章由李秀琴编写；第九章由齐书桥编写；第十章由段孟尼编写。全书最后由方志涛审核定稿。在编写过程中，我们借鉴了众多相关书籍、杂志和网络资料，对所有贡献者表示衷心的感谢。

由于编者水平所限，书中可能存在不足之处，恳请各位读者提出宝贵意见，以便在后续版本中改进。

编 者
2025 年 4 月

目　录

职业生涯规划导论

随着我国高等教育从精英教育向大众化教育的转变，国民接受高等教育的机会显著增多，但这也给高校毕业生带来了沉重的就业负担。此外，许多学生对自己的定位模糊，对外部环境缺乏了解，以及没有明确的发展目标，这些生涯和职业意识的缺失无疑加剧了就业和择业的困难。研究显示，个人生涯和职业意识的成熟程度对其全面发展具有显著影响。因此，要培养良好的生涯意识和职业意识，必须先理解职业、生涯以及职业生涯规划的含义，充分认识到大学生进行职业生涯规划的紧迫性和深远意义。

第一节　职业生涯

生涯是一个人一生中所经历的工作、职务、角色，以及非工作或职业活动的总和，涵盖了个人生活中衣、食、住、行、娱等方面的活动和经验。它不仅包括一个人终身的事业，还涉及个人整体生活形态的开展，如相关学者所提出的，生涯是指整体人生的发展，除了终身的事业外，还包括个人整体生活形态的开展。

在学术界，舒伯的观点被广泛接受，他认为生涯是指生活中各种事件的演变方向和历程，它整合了人一生中的职业和生活角色，展现了个人独特的自我发展形态。实际上，生涯是一个人所有教育背景、工作经历、家庭，以及生活角色和各种经验的总和。人的生涯发展既是自然生命的成长过程，也是自我设计与创造的过程。在这个过程中，职业作为所有"事件"和"角色"中的关键因素，对人生其他角色和经历产生重大影响，因此，生涯是以职业为主轴和动力源的。所以，"生涯"可以视为介于"生命"和"职业"之间的概念，其外延既不等同于"生命"，也不局限于"职业"，内容丰富，具有广泛的内涵和特征。

生涯的特征包括：

① 终身性：生涯的发展是人一生中连续不断的过程。生涯涵盖了一个人一生中所拥有的各种职位和角色，因此，生涯不是个人在某一阶段特有的，而是终身发展的过程。

② 独特性：每个人的生涯发展都是独一无二的。生涯是个人根据自身的人生理想，为了自我实现而逐渐展开的独特生命历程。不同的个体有不同的生涯，即使某些人在生涯形态上有相似之处，其实质可能完全不同。

③ 发展性：人是生涯的主动塑造者。生涯是一个动态的发展过程，个人在不同生命阶段的需求会不断变化和发展，个体也会随之不断成长。

④ 综合性：生涯以个人事业角色的发展为主轴，也包括了其他与工作相关的角色。生涯不是个人在某一时段所拥有的职位或角色，而是个人一生中所拥有的所有职位和角色的总和。这个总和不仅限于个人的职业角色，还包括学生、父母、公民等涵盖人生整体发展的各个层面的角色。

⑤ 社会性：每个人都在与社会交流的过程中与周围环境和他人产生着千丝万缕的联系。个人通过劳动获取物质保障，创造社会财富，得到社会的肯定和认可，并从中感受到自己做人的尊严和价值。每个人在其职业生涯中，都会随着职位的变化而扮演特定的社会角色，其职位和角色的影响因素是多样的，既与个人的特质和经验有关，也受所处环境状况和社会需要所制约。只有在发展过程中不断地调整和适应，才有可能实现生涯目标。

罗素曾经说过："选择职业很重要，选择职业就是选择未来的自己。"这在很大程度上说明了职业决定着一个人未来的生活方式和个人前景。

从个人角度讲，职业活动几乎贯穿于人一生的全过程。人们在生命的早期阶段接受教育与培训，为职业做准备，从青年时期进入职业世界，直到老年退离工作岗位，职业长达几十年。职业不仅是谋生的手段，也是个人存在意义和价值的证明。生涯的概念是用一种生命全程和生活整体的观点将职业生涯纳入人整个生涯之中，兼顾工作和家庭的有机统一和平衡，丰富和发展了职业生涯理论。

生涯评估是生涯规划工作的重要组成部分，舒伯提出的评估模式包括：

① 初步了解：包括收集资料、初步接触及初步评估。

② 深入探究：探究工作的重要性、各种角色的分量及对各种角色的价值观，并对生涯成熟（如计划、决策技巧、职业资料、适切性）、自我观念（如自尊、明确性、和谐性、认识复杂性、切实性）、能力与潜能的发展水平、兴趣范围与活动等进行深入评估。

③ 整体资料评估检验：核实全部资料，并进行评估与预测。

④ 咨询：通过共同讨论和修正评估结果，帮助个体明确当前的自我认知与发展方向。

⑤ 讨论行动计划：将计划、执行、追踪评价结合起来，深入讨论如何具体实施。

从以上模式可以看出，生涯发展理论特别强调必须深入地了解每个人的发展状况，特别是工作观念、生涯成熟程度以及自我观念等方面的内容，包括有关能力倾向与兴趣的资料，必须经过辅导人员与个体共同讨论后，才能作为辅导与咨询措施的依据。

职业生涯是指个人一生中经历的一系列职业和角色的总和，即个人终身发展的历程。它不等同于工作，因为工作通常指在特定行业中的职位，要求有目的性、成果导向、投入时间和精力，并持续一段时间。而职业则是介于"工作"和"生涯"之间的概念，涉及一系列相关工作。职业生涯的定义和内涵，目前尚未形成统一的理解。在职业生涯发展的早期（1908 年），社会相对稳定，人们一旦进入某个职业，通常不会改变。职业生涯的概念几乎等同于工作，指的是一个人在工作中的职业或职位的总称。随着社会经济的发展和人们认识水平的提升，职业的稳定性降低，人们对职业生涯有了新的理解。到了 20 世纪 60 年代，人们频繁使用英文单词 career（职业生涯），强调职业的变化性，即一个人一生可能会多次更换职业。因此，到了 20 世纪 70 年代末期，美国麻省理工学院的教授施恩提出了职业生涯理论。

职业生涯可以分为广义和狭义两种。国外的职业心理学家（如舒伯等）认为职业生涯是从获得职业能力、培养职业兴趣、选择职业、就业直至完全退出职业的整个过程，始于人的出生，主张将人一生所经历的职业及非职业活动都视为职业生涯的内容，即将"职业生涯"概念与"生涯"或"人生"的概念等同。而以霍尔等为代表的职业心理学家则认为，职业生涯是指从职业学习开始到职业劳动结束的整个过程，即职业生涯仅限于直接从事职业的这一段生命时光，始于任职前的职业学习和培训。

国内学者沈登学、孔勤提出：首先，职业生涯是个体的行为经历，而非群体或组织的行为经历。其次，职业生涯实质上是指一个人一生中的任职经历或历程。从这个意义上讲，狭义的职业生涯规划始于工作前的专业学习和训练，终止于完全结束或退出职业；而广义上，职业生涯是从出生开始到完全结束职业工作为止。最后，职业生涯是一个包含具体职业内容的发展概念、动态概念。

从广义的角度来看，职业生涯是指个体一生所有的经历与活动，包括生活经历、工作（职业）经历、情感经历等，综合涵盖个体所扮演的各种角色；从狭义的角度来看，职业生涯是指从个体有意识地进行职业准备开始到完全退出职业世界期间，所经历的与职业活动紧密联系的事件与角色的总和，包括与职业活动紧密联系的家庭生活、工作生活等部分事件与角色。

一个人一生中连续从事的职业，不仅包括过去、现在和未来那些客观观察到的职业发展过程，而且包括个人对职业生涯发展的见解和期望。具体而言，职业生涯是指以心理开发、生理开发、智力开发、技能开发、伦理开发等人的潜能综合性开发为基础，以工作内容的确定和变化、工作业绩的评估、工资待遇、职称、职务的变动为标志，以满足组织和个人需求为目标的工作经历和内心体验的经历。与职业不同，职业生涯是一个动态的、发展的概念。

职业生涯的特征包括：

① 独特性：每个个体都是独特的，具有不同的特点，在职业条件、职业理想、职业选择等方面的不同，加之每个人为实现自己的职业理想所做的种种努力的不同，构成了人与人相区别、独特的职业生涯历程。

② 终身性：职业生涯是一种动态发展的历程，每个人在不同阶段都有着不同的追求，在每个阶段都不断地做出职业生涯规划并积极地去实施，这是一个贯穿终身的活动。即使是在晚年，个人也会不同程度地扮演好自己的角色，发挥余热，"老骥伏枥，志在千里"，正是人生晚年对职业生涯的追求。

③ 阶段性：职业生涯的发展过程有着不同的发展阶段，可以划分为不同的时期。国内外许多职业生涯规划理论家从不同角度对人的职业生涯进行各种划分，每个阶段都有不同的目标和任务，并且各个阶段之间具有递进性，各个阶段彼此有着各种关联。

④ 发展性：职业生涯是一种发展、渐进的动态过程，从整体来看，每个人的职业生涯都具有一定的逻辑性。在个人与他人、个人与环境、个人与社会的互动中，每个人根据自己不断充实的社会职业信息、职业决策技术，做出与该阶段相符的职业生涯规划。

职业生涯的分类包括：

① 外职业生涯与内职业生涯：外职业生涯是对组织而言的职业生涯，组织努力为员工在职业生命中确立一条有所依循、可感知的、具有可操作性的发展道路。相对于内职业生涯而言，外职业生涯是外在的、客观存在的。内职业生涯是对个人而言的职业生涯，是个人追求的一种职业，在内职业生涯中，个人力图使工作与他们个人的其他需要、家庭义务及个人休闲达成平衡，内职业生涯是从业者在追求一种职业的过程中经历的道路，是其个人的职业发展道路。职业生涯是内职业生涯与外职业生涯的合理有效的结合与平衡，它使得双方的需要都得到满足，彼此受益。

② 组织生涯和个人生涯：组织生涯强调个人职业所隶属的组织结构，是个人经历的组织所具有的一系列社会位置，为了使员工能够不断地满足组织的要求，组织的工作主要是提供组织的职业需求信息及职业

提升路线或策略，了解自己的资源储备，并有针对性地开发组织内部的人力资源。个人职业生涯由个人职业发展计划、职业策略、职业进入、职业变动和职业位置等一系列变量构成。职业生涯会因每个人对工作或职业的需要程度的不同而呈现出差异性，而且这些需要会随着个人、家庭和生命发展经历的不同阶段而发生变化。

③ 主观生涯与客观生涯：我们可以在生命周期的不同阶段赋予职业变动的意义，这是我们对职业的认知模式。在主观上，职业生涯堪称是一种志向，也就是促使一个人选择一种职业的决定因素。在客观上，职业生涯可以客观地观察到现实社会位置的变化，可以被看成是一系列由低到高的职务。

第二节　职业生涯规划

在海外，青少年很早就开始接受职业生涯教育，从学生时代开始，他们就着手有目的地规划和设计自己的未来生涯，为未来职业选择进行有益的探索和积极的准备。然而，在我国，职业生涯教育的起步较晚。大学生必须尽早地认识自己、发展自己、完善自己，并有针对性地进行职业生涯规划，科学地规划适合自身特点和发展需求的职业发展路径，以便更好地适应新时代的发展趋势，抓住每一个可能成功的机遇，在适应社会发展需求的同时，不断促进个人全面成长和成才。接下来，让我们先来探讨一下职业生涯规划是什么，大学生职业生涯规划的定义、特点、必要性，以及大学生职业生涯规划的意义。

一、职业生涯规划概述

职业生涯规划（career planning）是指个人与组织相结合，在对个人职业生涯的主客观条件进行测定、分析、总结研究的基础上，对自己的兴趣、爱好、能力、特长、经历及不足等各方面进行综合分析与权衡，结合时代特点，根据自己的职业倾向，确定最佳的职业奋斗目标，并为实现这一目标做出行之有效的安排。

（一）职业生涯规划的期限

根据规划的时间维度，职业生涯规划可以划分为短期规划、中期规划、长期规划和人生规划。

1. 短期规划

短期规划为 3 年以内的规划，主要是确定近期目标，规划近期完成的任务。

2. 中期规划

中期规划一般为规划 3~5 年内的目标与任务。

3. 长期规划

其规划时间是 5~10 年，主要设定较长远的目标。

4. 人生规划

人生规划时间长达 40 年左右，设定整个人生的发展目标和阶梯。一个人的职业生涯是一个长期的过程，所以应有一个整体的职业生涯规划，但整个人生的职业生涯规划是一个笼统的概念，很难具体地实施。例如，制定一个人生职业生涯规划，要成为一个上市公司的财务总监。为了达到这个目标，你就要把这个规划分成几个中期的规划，如什么时候成为会计师，什么时候成为财务科长；然后再把这些规划进行进一步的细分，把它分解为直接可操作的具体计划，如怎样达到财务总监的要求，什么时候成为中级会计师，什么时候成为高级会计师，什么时候考取注册会计师。这样我们就可以把整个人生的职业生涯规划分成几个长期的规划，将长期的规划再分成几个中期的规划，将中期规划再分成几个短期的规划，一步一步地来实现它。

（二）职业生涯规划的特性

1. 可行性

规划要有事实依据，而不能是美好的幻想或不切实际的梦想，否则将会延误生涯良机。

2. 适时性

规划是预测未来的行动，确定将来的目标，因此各项主要活动何时实施、何时完成，都应有时间和时序上的妥善安排，以作为检查行动的依据。

3. 适应性

规划未来的职业生涯目标，牵涉到多种可变因素，因此规划应有弹性，以增加其适应性。

4. 连续性

人生每个发展阶段应能持续、连贯地衔接。

二、大学生职业生涯规划概述

（一）大学生职业生涯规划的定义

从校园学子到社会独立个体的转变，是每位大学生都需要面对的人生重大转折。埃里克森将此称为"危机"，即必须经历的变化时刻。他视成年期任务为这一危机结果的体现。大学阶段，职业选择变得日益重要，危机更多体现在青年个体的未来方向上。大学生如何应对这一不可避免的危机，实际上取决于他们如何理性规划自己的未来职业，如何逐步实现规划。在学习期间，大学生对个人发展的规划往往不明确，而职业生涯规划理论能指导学生规划未来人生方向，促使学生提前准备、准确定位。

大学生职业生涯规划是指学生通过自我评估和环境分析，结合职业理想与生涯预期，在学校相关部门和人员的协助下，规划学习、生活、工作，提升综合素质和就业竞争力，为未来就业打下坚实基础。大学生职业生涯规划有助于实现大学教育与市场需求的无缝对接，促进个体与职业的和谐发展。大学生职业生涯规划的主体是学生本人，学校应为其提供全面辅导和支持。要深刻理解这一概念，须明确以下几点：第一，大学生职业生涯规划的基础是全面、客观地认识自我和外部环境；第二，大学生职业生涯规划的首要任务是确立个人职业发展目标；第三，大学生职业生涯规划是一个持续系统的动态过程；第四，大学生职业生涯规划的实现是逐步的，须遵循特定的时间规划；第五，大学生职业生涯规划的终极目标是实现最初设定的职业目标。

（二）大学生职业生涯规划的特点

大学生的职业生涯规划对其一生的职业发展具有决定性影响，因此，客观分析自身的优势和劣势，清晰认识自身的性格、能力和兴趣等，对于制定合理有效的职业生涯规划至关重要。一个良好的大学生职业生涯规划应具备以下特点。

1. 连贯性

大学生职业生涯规划具有连贯性特点。职业规划是一项连贯且系统的工作，从广义上讲，职业贯穿人的一生，大学阶段作为专业学习时期，尤其凸显其职业准备期的特性。因此，大学生职业生涯规划不仅限于大四阶段，而应贯穿整个大学四年，分阶段、分任务地逐步完成。

2. 实际性

规划须基于事实，充分考虑个人条件和外部环境的限制，制定切实可行的职业规划。这要求大学生加强自我认知，进行全面、客观的自我定位，并对外部条件进行细致分析，选择适合且可实现的职业目标，应避免仅凭个人美好愿望或不切实际的梦想，以免错失良机。

3. 及时性

规划应根据各学期、各阶段的特点合理安排实施。规划是预测未来行动，确定未来目标。各项主要活动的实施和完成时间必须有明确的时间和时序安排，以此作为行动检查的依据。因此，学生应通过多种途径接受继续教育，了解自身特点，发挥优势，避免劣势。

4. 针对性

个人职业生涯规划必须由个人主导。每位大学生的成长环境、个性类型、价值观、兴趣爱好及能力等各有不同，通常兴趣爱好和能力是决定职业适应性的两个主要方面，也是职业设计和决策过程中应重点考虑的因素。因此，大学生在设定职业目标、制定职业规划时，应客观分析外部环境和个人条件，制定有针对性的个人规划，避免盲目跟从。

5. 前瞻性

大学生未来的生涯道路和即将面临的职业世界非常广阔，大学生在自我定位和选择职业发展道路前，必须了解摆在面前的职业生涯道路的各种可能性，了解未来职业世界。只有这样，他们才能在自我认知的基础上做好自我定位，并选择一条适合自身特点的职业生涯发展道路。

（三）职业规划的必要性

人们常听到"计划赶不上变化"的说法。由于人生充满变化、机遇和风险，因此对人生、职业的规划似乎是个伪命题。这种观点认为，幸福和精彩的人生是命运的安排，人们对此无能为力，遇不上是天意，遇得上是运气。然而，国内著名职业规划专家古典老师在众多咨询案例中发现，对于大学生和入职五年的年轻人而言，是否拥有清晰的职业规划思路直接决定了他们职业生涯的长度和深度。

古典在《你的生命有什么可能》一书中阐述：

我们对幸福人生的最大误解，是将幸福和精彩的人生视为命运的安排，好像我们对此无能为力，能做的仅仅是站在街头等待好运降临。

当你羡慕他人时，是否想过——那可能不是幸运，而是一种习得的能力。一个人生命中的财富、成就和光环，或许有幸运的成分，但他们的快乐、热爱和努力，都不是"遇上"的，而是"修炼"出来的。所有美好人生都是通过修炼和管理得来的。每一项人生要素的背后，都有支撑它的能力。

兴趣：提升兴趣让我们持续发现新事物，给生命注入玩耍和快乐的体验；

能力：强化能力让我们固化自己的努力，掌控生活和工作，取得成就；

价值观：确立价值观让我们产生定见，抵御各种诱惑，专注于热爱的领域，获得宁静和满足。

兴趣带来快乐，努力带来能力，而价值观助你发现热爱的领域。兴趣、能力和价值观是三种重要的管理生命的能力——当你拥有这些幸福的能力，你就能轻松找到热爱的领域，在其中努力投入；而如果你缺乏这些能力，即使有幸找到这个领域，你也无法把握。

过好人生是一种能力，而非天赋。当开始掌握正确的练习方法，每个人都有无限的可能。

实际上，职业规划的原理也是如此。

三、大学生职业生涯规划的意义

大学生职业生涯规划具有个性化、计划性和系统性的特征。个性化强调这是个人的规划行为，是社会化过程的起点，而非群体或组织的活动。计划性意味着由于缺少实践经验，规划侧重于制订计划，基于对自身和环境的分析以及前景预测，而非基于从业经验。系统性则表明这是一个有机、逐步的过程，而非机械、预先设定的过程。大学生职业生涯规划的意义主要体现在以下几个方面。

（一）大学生职业生涯规划对个人成长的意义

现代职业规划不仅有助于大学生实现目标，更关键的是能帮助他们深入了解自己，确立合理且可行的职业生涯方向。在竞争激烈、人才众多的时代，只有发展个人竞争优势，才能抓住转瞬即逝的机会，发挥潜能，达成目标。大学生正处于生涯探索与建立的转换期，通过探索能明确方向，制定具体可行的职业规划，并积极积累职业成功所需的知识。

1. 有助于大学生确立人生目标

明确的目标能激发人们努力奋斗，积极创造条件以实现目标，避免无目标地漂泊。许多事业失败者并非缺乏知识和才能，而是因为没有规划适合自己的职业生涯，缺乏明确的人生目标。职业规划有助于学生选择符合个人兴趣、爱好、特长的职业岗位，能满足其个人需求，为其提供有效帮助。学生在自己选择的职业岗位上工作，会感到内心的满足，并利用特长和优势创造业绩，实现人生理想，为社会作出贡献。

2. 引导大学生积极进行职业探索，实现自我完善

知识经济改变了社会产业结构，促使工作世界发生根本性变化，职业内涵和从事职业的方式也随之改变。职业规划能激励大学生不断探索未来的职业领域，培养职业能力，适应未来职业的变化和发展，同时帮助学生确定符合自身兴趣与特长的生涯路线，正确设定职业发展目标，实现人生理想。随着职业规划具体目标的实现，大学生的成就感增强，思想方式和心态向积极方向转变。职业规划为大学生提供了清晰的学业完成蓝图，使他们对学业实现过程有清晰的认识，进而产生信心和勇气，

实现自我完善。

3. 提升大学生职业品质，使其认清就业形势、转变就业观念

大学生职业生涯规划通常从入学开始，促使学生思考职业与未来的问题，如"毕业后我能做什么？""社会需要什么样的人才？""就业形势如何？"这一思考过程有助于学生关注外界就业环境和用人单位的标准，不仅能认清形势，还能用外界职业需求指导学习生活，从而提升职业品质。学生通过长时间的关注与思考，对就业有全面的认识，有助于形成正确的就业观念。许多学生缺乏合理的就业观念，没有正确的自我定位，这是缺乏对职业全面认识的结果。社会职业多样，对从业人员的要求各异，毕业生条件不同，个体素质千差万别。因此，应了解社会对不同职业的需求，了解个人经济地位、社会关系，根据个人优势选择职业目标，选择合适岗位。同时，树立"只要依法从事有报酬的劳动，对社会发展有贡献都属于就业"的大就业观，明确择业标准只有"适合"与否，没有"好坏"之分。

4. 促进大学生全面发展

首先，大学生职业生涯规划是成才的有效途径。随着文化素质的提高，大学生普遍希望施展才能、成就事业、体现人生价值。只有及早规划职业生涯，认清自己，不断探索和发展内在潜能，才能正确掌握人生方向，创造成功人生。明确目标后，才能努力向目标前进，使事业早日成功。职业规划能为大学生求职择业提供成功技术和方法，帮助其充分认识自己，客观分析环境，科学梳理目标，正确选择职业，采取有效措施，克服职业发展困难，避免人生陷阱，获得事业成功。大学生无论从事何种职业，都须通过科学的职业规划，实现个人目标，成为出色人才。因此，职业规划是成才的有效方法。

其次，大学生职业生涯规划有助于全面提高大学生的综合素质。职业规划是基于素质教育的终身教育形式。素质教育面向全体学生，要求教师尊重学生个性，承认兴趣和志向的多样性，创造性地开展教育活动，挖掘学生的潜能，促进其全面发展。职业规划既注重发展完美个性、培养创新精神，又注重将个性发展与社会需求相结合。通过职业规划，学生能更理智地认识自己和社会，完善人格，谋求发展，适应社会需求，

实现个人价值。

最后，大学生职业生涯规划有利于增强大学生的主体意识。受应试教育影响，部分大学生缺乏主体意识，认为学习是为了父母、教师，未认识到学习是职业生涯发展的需要。进行职业规划后，大学生能全面了解自己的个性、长处与不足，认清社会对人才的需求，制定职业目标，并自觉将规划转化为行动，增强学习的目的性和主体性意识。

因此，大学生应利用宝贵时间，学习相关理论知识，提高主体性意识和自主选择意识，进行系统、科学、正确的职业生涯规划，实现促进个体全面发展的最终目的。

（二）大学生职业生涯规划对学校发展的意义

1. 推动学校教育教学改革

在大学生职业生涯规划过程中，学校会根据市场变化调整专业和课程设置，更新课程内容，提高教学针对性和时效性。职业规划强调学生的自主性，能促进灵活修课制度和弹性学分制的实施。强调实践的重要性，能使学生在实践中更好地了解外部环境和自身条件，拓展与企业的交流，为实习创造条件，因此大学生职业生涯规划成为教学中不可或缺的环节。

2. 促进学校人才培养体系完善

职业规划作为科学管理理念，对人才培养模式提出了新要求，能促进学校全面育人、科学育人体系的建立。职业规划教育要求学校形成面向市场的人才培养模式，要求教学具有针对性和时效性，强调实践的重要性和办学的开放性，以便学生开阔视野、丰富阅历，缩小与社会需求的差距，从而促进学校人才培养体系的完善。职业规划教育的目的是实现人职和谐及人才充分、全面的发展，要求学校在人才培养模式上更全面、科学，注重个性化培养。

3. 丰富高校就业指导理论基础和方法论体系

高校就业指导是一项实践性很强的工作，会不断遇到新问题。职业规划是高校就业指导面临的新挑战。积极、有效地开展大学生职业生涯规划是高校就业指导向科学化和系统化迈进的关键一步，应通过总结与升华丰富的实践经验，形成新的科学理论，以指导新的实践。大学生职业生涯规划作为高校就业指导工作的重要组成部分，在合理配置人才资源中发挥着越来越重要的作用，对它的研究将有助于高校就业指导学科体系的形成。

第三节　大学与职业生涯发展

大学生涯构成了人生的关键时期，是职业发展的预备阶段。在这一阶段，学生选择特定专业进行学习，为未来职业生涯打下基础，因此大学生涯亦可视为职业准备期。这是职业生涯的起始阶段，对个人而言，能否在起点上取得优势至关重要。因此，对大学期间的学习进行科学和合理的规划，将有助于大学生顺利步入社会、进入职场，实现职业发展和事业成功。

一、迅速适应大学生活

（一）既来之，则安之

许多大学生在高考前都听过这样一句话："高中虽然辛苦，但到了大学就轻松了。"这其实是善意的谎言，现实并非如此。大学的学习确实比高中轻松，但大学期间的任务并不轻松，学生反而会面临更多问题和困惑。当大学生开始审视周围的人时，会发现除了成绩相当外，自己似乎没有太多值得自豪的地方。经过高考的筛选，班级里高手云集，竞争激烈。当曾经引以为傲的学习成绩不再是唯一标准时，可能会感到自己变得平凡，甚至在课外知识、人际交往能力、家庭背景或身材容貌等方面不如他人。曾经憧憬的大学生活可能并不如想象中美好，甚至可能变得令人失望。这些都是大学生可能遇到的问题，其带来的烦恼不亚于高考。

由于对新环境的陌生感，大学新生的情绪波动通常较大，这是正常的。关键在于调整心态，及时从高中生的角色转变为大学生的角色。面对问题，不应抱怨，而应调整自己以适应环境。抱怨现状或怀念过去都无法解决问题，除了改变自己、适应环境外，别无选择。这虽然听起来残酷，但并非没有道理。此时，应放下心理负担，正视现实，以平和的心态和积极进取的态度度过大学四年。常言道："比较只会让人沮丧。"大学里人才济济，竞争激烈，不必过分与他人比较，而应发现他人的优点和自己的不足，取长补短。

如何快速熟悉大学生活？有一件非常重要的事情需要你自己完成：独立自主地生活。随着寄宿生活的开始，你的日常生活都需要自己打理，从食堂用餐、洗衣打扫，到安排学习计划、制定学业规划，都需要独立完成（当然，你可以得到许多建议）。新生入校，家长最担心、学校最关心的就是安全问题。学校通常会进行安全教育，作为大学新生，必须从安全管理开始，学会自我管理。此外，你还需要学会理财。你需要制订一个合理的开支计划，切勿为了所谓的"面子""交情"而挥霍，否则，下学期可能因资金紧张而难以向父母开口，最终受苦的还是自己。学会独立自主地生活，对许多大学生来说是第一个挑战，应将独立生活视为提高自我管理能力和丰富生活经验的机会，快速适应大学生活。

（二）大学新生必须做的几件事

尽快熟悉并融入大学生活是顺利适应大学生活的重要步骤，为此，新生入学后必须做以下几件事。

1. 尽快熟悉大学的环境

入学后学校一般会安排班主任、辅导员或一到两名高年级学长担任班主任、辅导员助理，他们会带领你们熟悉整个校园环境及建筑功能，比如报告厅、教学楼等。今后即使你单独行动，也能根据通知及时找到活动场所。此外，你还可以更好地利用校园环境开展班级活动。在熟悉校园环境的同时也可以了解一下各个地方工作人员的职能情况。熟悉环境需要你做一个有心人，这也将使你有能力帮助和你同时迈进大学校园的新同学。

2. 熟悉你的室友、学长、班主任、辅导员

进入大学后学习压力减轻，但人际交往和交流变得更加频繁和复杂，与你关系最紧密的有这些人：室友、学长、班主任、辅导员。与室友建

立良好的关系是大学第一门必修课，关系融洽与否直接决定了四年后你是多了几个闺蜜/兄弟，还是多了几个老死不相往来的宿敌。要想处理好与室友的关系，可以尝试采纳以下几个建议：平等对待每个室友，不用有色眼镜看人；积极主动地参与寝室事务，如打扫卫生；尽量与室友保持一致的作息时间，对作息不一致的室友给予理解或劝解；积极参与寝室集体活动；养成良好的生活和卫生习惯；等等。以室友为基础建立你的新型人际关系网络，让他们成为你成长的参谋、助手，成为你大学生活的稳定剂和催化剂。

学长是你超越同班同学的关键人物，他们会给你提供校园活动等多方面的建议，比如如何组织一次活动，如何参加热门社团面试，如何申请课题，如何策划活动等，他们的帮助既能帮助你减少走弯路的时间成本，也能增加你成功的概率。当然，想要得到学长的帮助，前提是你自己得积极主动，礼貌地寻求帮助，对于获得的帮助一定要表示感谢。

班主任、辅导员是直接与学生接触的老师。有的学校设班主任，有的学校设辅导员，有的两者都设。班主任或辅导员与你的接触在大一的时候相对较多，一般是有限接触，比如到军训场地看望大家、到寝室走访、参加班会等。辅导员平日里默默无闻地帮助你处理除学习之外的所有官方事务（比如请假、综合测评、班级动态掌握、党员发展等），一旦发生突发事件，他们往往会第一时间赶赴现场并随时待命。碰到学长解决不了的问题或者遇到困扰想找人谈心，找他们是最好的办法。

3. 抓住每一个机会发出自己的声音

大学是一个舞台，如果你不争取成为主角，那么就只能当配角或者观众，观看别人的表演了。新生入学，大家互相还不了解，此时，应尽可能多地尝试而不是急着找准位置。积极主动是大学生活的一个技巧。对于自己有条件参与的活动，尽可能多去争取、尝试，胜出以王者风范统领全局，落败则以大度心态坦然面对，积极参加团队合作项目，努力做好配角。每个人的性格、特长、爱好、能力是不一样的，每个人身上都会有一些闪光点，有些可能已经显露，有些可能等待挖掘。所以你应该不断尝试，广泛涉猎，尽可能多地试着做一些自己原本做不到或者原以为自己做不到的事情，充分挖掘自身的潜能，在尝试的过程中，发现真实的自己，并不断强化你的潜能，扩大你的优势。不断重复自己能力范围内的事情只会让自己原地踏步，因此，需要寻找机会适当拓展自己的活动范围和层次，不断提高自己的综合素质和能力。学校针对新同学安排的活动很多，这些活动和比赛既是挖掘自身才能的好机会，也是结识新朋友的好办法，刚进入大学校园的你千万别错过这些活动，千万不能因为怕苦怕累，甚至是怕丢了面子而畏缩不前。

4. 认识并爱上你的专业

大学的专业和高中学业的衔接性不是很强，报考大学的时候，很多人的选择性并不是很强，各校一般都有转专业机制，符合条件者可以申请。许多同学想转专业，可能不是基于自己的理性分析，多半是道听途说或者家人的意愿。新的高考方案更强调专业先导，因此会更多地照顾学生的兴趣。你需要做的，是先对自己专业进行大致的了解。学校专业教育或者在第一学期可能会安排专业导论课，教授会亲自授课，跟大家分析本专业的课程安排、培养方案、就业方向和就业前景等情况，这是非常重要的机会，一定要仔细听讲，搞清楚。此外，也可以和参加工作不久的亲朋好友聊聊专业情况，听听他们对专业前景的认识。最后，根据自己的学习特点、兴趣爱好、行业前景确定自己的专业意向，巩固专业思想。如果拿不准自己到底是否适合学习这个专业的话，可以先学习一段时间，再根据具体情况选择辅修第二专业。

5. 树立目标、科学规划

"空虚、寂寞、无聊"往往伴随着对大学生活的无知而来，男生选择玩游戏，女生选择看电视剧等方式消磨时间的情况不在少数，甚至有人自诩过着"猪"一般的生活。究其原因，主要是这些同学失去了目标，他们相信那个善意的谎言，认为考上了大学就万事大吉，不用再努力、奋斗了，从而阻碍了自己前进的步伐。大学能够成就一个人，也可以毁掉一个人，关键在于你的选择。有些人并不想混日子、虚度光阴，但是不知道该如何努力，以致产生迷茫、彷徨的心理。说到底，就是这些同学丧失了生活的目标，不知该何去何从。因此，对大学生来说，重新思考自己的前进方向、规划自己的大学生活非常重要。

以往大家受过的教育大多围绕着高考的目标，很少涉及职业的问题。

由于启蒙教育的缺失，大学生大多还没有职业的意识和概念，因此，在认识自己、认识职业之前，所谓的目标大多不切实际。鉴于此，掌握职业规划的知识和方法非常重要。了解自己的兴趣、特长和价值观，结合社会需求和行业发展趋势，制定出符合个人特点和职业目标的规划，这将有助于大学生在大学期间做出明智的选择，为未来的职业生涯打下坚实的基础。

在职业发展的道路上，我们应有意识地积累工作经验，并适时进行职业规划的调整，确保职业生涯的精彩。这不仅需要我们不断地学习新技能，提升自我，还需要我们对自身的职业定位有一个清晰的认识，从而在职场中找到自己的位置，发挥自己的优势。

二、确立学习与职业成长的联系

教育是为职业和事业成功打基础的过程。"为何来到大学？""在大学中应学习什么？""学习的目的何在？"显然，大学生的主要任务是学习。但学习的最终目标是实现职业上的成就。学习绝非单纯为了知识本身，而是为了使生活更加充实和有意义，这自然也涵盖了获取未来工作中所需的专业技能和能力。

职业是展现自我价值和提升生活质量的舞台。作为大学生，一个渴望独立的年轻人，总是梦想着通过自己的奋斗实现个人价值，期望看到家人因自己的努力而露出满意的笑容。这一切都需要一个能够展现个人才华的职业舞台。事业是我们实现梦想的途径。正如古人所言"取法乎上"，大学生在入学之初就应树立远大的理想，这样才能有所成就。理想是人们所向往和追求的未来目标。职业理想则是对事业成就的期望和追求。可以说，一旦我们设定了职业理想，我们的学业和职业就会转化为事业。理想的实现需要一个平台作为支撑，而事业正是我们通往理想的路径，没有事业这个平台，理想只能是空想。大学生不仅要学会将现实的学习观念转变为未来的职业观念，还要学会将"为了生活而学习工作"的职业观念，转变为"为了学习工作而生活"的事业观念。

学业、职业和事业是相互关联的，从我们踏入大学开始制定生涯规划的那一刻起，未来的职业生涯就已经启程。只要我们不忘初心，在专心学习的同时，有意识地积累职业经验，并适时进行必要的、合理的职业规划调整，我们的职业生涯之路定会走得精彩纷呈。

三、大学学习与职业发展

大学四年时光虽长，实则转瞬即逝。在这期间，大学生如何在平凡的生活中，开辟出属于自己的天地？有些学生回顾大学生活时，常因未对这四年进行整体规划而感到遗憾，白白浪费了宝贵的时间。那么，大学生应如何规划未来并迅速适应大学生活呢？这是一个值得深思的问题，也是每个大学生在入学之初就应考虑的问题。

1. 明确人生目标

进入大学，面对角色和环境的转变，新生们往往感到放松，加之大学相对自由的氛围，容易导致其目标不明确，从而产生适应上的困难。因此，从入学之初，新生们就应深入思考，反复自问："我究竟想成为怎样的人？""大学期间我需要培养哪些能力？""我将为未来做哪些准备？"经过深思熟虑后，应制定出符合个人发展的规划，明确人生的大目标，并将其细化为不同阶段的具体目标，制订详细计划，确保大目标得以逐步实现，而非空想。

首先，设定长期目标和终极目标，即人生最终的定位。目标要基于现实，从个人实际出发，过高则易失去信心，过低则缺乏前进动力。正如诺贝尔生理学及医学奖得主托马斯·亨特·摩尔根所言："目标不宜过高，否则近乎妄想。目标应设得近一些，易于达成。"

其次，设定短期目标，明确大学四年应达到的目标和所需能力。例如，若目标是考取研究生，则需培养逻辑性、数理性、语言、空间、自我内省、洞察人性、体育和音乐等能力，这些是成功人士通常具备的能力。同时，培养团队协作、主动学习、诚信正直、拥有理想和激情等特质，并进行七项学习：自修之道、基础知识、实践贯通、兴趣培养、积极主动、掌握时间、为人处世。

再次，设定年度或学期目标。将短期目标进一步细化，具体到每一学年、每一学期。例如：本学年应完成什么目标？本学期末成绩要达到什么标准？一年内要读多少本课外书？参加哪些社会实践与社团活动？人际关系如何处理？身体素质如何？等等。

最后，设定日常目标，即对年度或学期目标的进一步细化。例如，每天应做什么，如何安排一天的学习生活。日常目标应具体、可操作，并注重人性化，易于实现。如坚持每天跑步，锻炼身体，增强体质，为顺利完成大学生活创造条件。

目标是成功的基石。对大学新生而言，花时间制定大学人生规划，明确奋斗目标，将对自身大有裨益。认清自己的方向，以自己的方式前进，朝着最适合自己、最能发挥自己能力的方向成长。当我们的目光投向远方时，任何困难和挫折都将成为前进的垫脚石，而非绊脚石。

2. 保持积极向上的心态

在制定大学规划和适应大学生活的过程中，"态度"至关重要。通常，影响大学生成才的不良心理品质包括易受暗示性、顽固性、冲动性、优柔寡断、惰性、缺乏恒心、胆怯软弱等。针对这些问题，我们可以采取相应的措施。

第一，正确地认识自我。如果大学生能全面、深刻地认识自我，客观、准确地评价自我，就能扬长避短，发展和完善自我。认识自我可以通过与条件相似的人比较、观察他人对自己的态度、分析自己活动成果的社会效应等途径进行。评价自我时，既要与自己比较，看到差距和进步，也要与他人比较，综合分析信息，既不自卑也不自大。

第二，运用积极的自我暗示。自我暗示是通过内部语言或书面语言来调节和控制情绪的方法。例如，在公众场合发言紧张时，可以内心告诉自己"勇敢点，放松，不要紧张"；使用"我能行""不能恼火"等自我激励或自我约束的话语，以及与不良情绪相对应的内部语言。要接受自己，平和理智地看待自己的优缺点、成败得失，在此基础上，培养自信、自立、自强、自主的心理品质，以发展的眼光看待自己，不断激励自己、完善自己、超越自己。实际上，在积极的自我暗示下，人的潜力是巨大的。想法决定我们的生活，有什么样的想法，就会有什么样的未来。同时，积极的自我暗示有助于控制和调节情绪，使自己拥有积极的心态。

第三，选择目标时，要有"无怨无悔"的决心。勇者无畏，除了具备一定的智商、情商，还要有"胆商"，即胆识、勇气与魄力。无论选择哪条路，都会有风险和收获。不敢选择的人，往往也不敢承担责任，因此很难成功。勇于挑战不仅是一种素质，更是一种荣誉，在不断的挑战中，可以发现自己的潜能，实现人生价值，丰富人生阅历。需要强调的是，要把握好自信度，不要让自信变成自负。有时，经过一段时间的实践，若发现既定目标无法实现或并非所希望的结果，就要学会及时回头，要敢于回头，不要一错再错。

第四，有效地控制自我。从大学开始，就可以用具体目标来抑制惰性，养成良好习惯。例如，每天坚持早起晨读。要有意识地控制自己的欲望，尤其是那些不利于健康成长的欲望，若想成功就必须有所放弃。要培养健全的意志，增强挫折承受能力，提高行动的自觉性和顽强性，增强自制力和约束力。

3. 敢于梦想、勇于实践

世界因梦想的实现而伟大。要敢于梦想、勇于实践，对自己的决定，要全力以赴。梦想是前进的动力，是推动我们不断前行的源泉。在大学期间，我们要敢于梦想，敢于设定高远的目标，并且要勇于实践，将梦想转化为现实。

首先，大学期间，要分步骤、脚踏实地、扎扎实实地完成自己确立的每一个目标。大一为试探期，要初步了解自己所学的专业以及对口的职业，特别是未来想从事的职业，刻苦学习，打好基础。大二为定向期，应考虑未来是否深造或就业，深入学习专业课程。通过参加学生社团等组织锻炼自己的能力，尝试参与与未来职业或本专业相关的兼职、社会实践活动，并正确处理好各种学生组织工作与学习的关系。大三为冲刺期，应确定是否考研，搜集公司信息，提高求职技能。锻炼自己独立解决问题的能力，有意识地培养个人职业发展的核心技能。大四为分化期，找工作、考研、出国，不能犹豫不决。要对前三年做一个总结，对自己有个清楚的认识。

其次，要主动适应新的学习、生活、人际交往方式，提高自理和自立能力，不断发展和完善自我。应做到以下几点。

一是适应新的环境。大学生应接纳现实，增强独立意识，提升自主能力，培养自立精神，尽快掌握新的生活技能，提高生活自理能力，包括日常生活、休闲娱乐、社会交往以及消费等方面。在参加社团活动方面，应根据自己的性格特点和条件，有选择地培养和发展一些业余爱好。同时，还应注意照顾好自己，增强体质，为大学四年的学习与生活提供保障。

二是适应新的人际关系。大学生建立新的人际关系既是环境的要求，也是个体逐渐走向成熟和向成人转化的必要条件。大学生要处理好同班、同年级同学关系，尤其要处理好寝室中的同学关系，适应以寝室为单位的集体生活。在新组成的群体里，面对差异，要学会承认、理解和尊重差异。同时，应学会沟通，打破对人际交往的恐惧，用积极的态度代替消极回避的方式。应逐渐摆脱以自我为中心的思维方式，学会换位思考，把自己历练成心智成熟、心胸豁达的人。值得一提的是，在相互适应过程中，除体谅别人之外，还要适当表达自己的意见和感受，甚至是对抗的意见和感受，这不只是一个针锋相对的过程，也是一个互相沟通与理解的过程。这不仅需要掌握人际沟通的技巧，更需要有暴露自己的观点甚至是弱点的勇气。另外，大学生要拥有一个开放的心态，善于吸取和学习别人的优点，不断提高知识水平与自我修养。培根说过，"如果你把快乐告诉一个朋友，你将得到两份快乐；如果把忧愁向一个朋友倾诉，你将分掉一半忧愁。"除了同学关系之外，大学生还应和老师多交流、沟通。这样不仅能获得融洽的师生关系，而且还能从老师身上学到许多东西。同时，还要学会处理好竞争与合作的关系。大学生要有竞争意识，更要培养团队合作精神。事实上，一个人与他人合作的能力就是竞争力的一个重要体现。此外，需要强调的是，人际交往中的级差、层次是客观存在的。在交往中，应把握好交往的度，保持社交距离，注意交往方式，根据心理距离的变化，及时调整和改变。一个人要想和所有人都成为亲密的朋友，那是不实际、不可能的。但是，如果大家尽量学会与各种不同性格的人打交道，就能与更多的人相处得融洽，自身的人际交往、协调沟通的能力也将随之得到提高。

三是适应新的学习方式。大学的学习方式主要由大学生的知识结构和老师的教学方式决定。大学期间，学习专业知识固然重要，但更重要的是学习独立思考的方法。"三人行必有我师"，大学生应当充分利用学校的人才资源，从各种渠道吸收知识和方法。只要用心，就会发现自己周围到处是良师益友。大学生可以主动向资深的教师请教，或者请他们推荐一些课外参考读物，与师兄师姐乃至同班同学多交流与切磋，他们都是自己最好的知识来源和学习伙伴。只要珍惜这些机会，大胆发问，互帮互学，就能学到最有用的知识和方法，实现共同进步。

第二章

职业生涯规划相关理论

提及理论二字，是否会让你产生翻页的冲动？实际上，在处理职业生涯中的问题或决策时，我们都在寻找一种"成功的职业生涯模式"。然而，这个概念过于抽象，甚至令人困惑，且没有一个可直接套用的模板。尽管一些成功学说和心灵鸡汤对某些人来说可能有效，但现实中的复杂情况和问题远远超出了它们的解决范围。有选择地吸收这些信息，确实可以促进职业生涯的发展，但这并不能取代系统的职业生涯规划，更不能替代以自我了解为基础的生涯探索活动。理论源于对事件的观察，它对我们理解事件和采取行动提供了巨大的帮助。

职业生涯规划作为一门学科，拥有丰富的理论基础，其中比较著名的理论包括："特质-因素"理论、美国心理学家约翰·霍兰德的职业兴趣理论以及舒伯的职业发展理论等。为了做好大学生职业生涯规划，必须掌握职业生涯规划的基础理论，并能够运用这些理论来规划自己的职业生涯。

第一节　职业选择理论

职业选择涉及个人挑选和确定就业的种类与方向。它是人们步入社会生活、实现人生关键环节的重要行为。通过职业选择，有助于实现人与劳动岗位的最佳结合，促进个人顺利融入社会劳动，同时推动社会化的顺利进行和实现。此外，职业选择还能带来经济与社会效益的多方面共赢，进而促进人的全面发展。

一、"特质－因素"理论

"特质－因素"理论（Trait-Factor Theory）起源于 18 世纪的心理学研究，直接基于帕森斯（Parsons）关于职业指导的三要素思想，并由美国职业心理学家威廉森（Williamson）进一步发展。20 世纪 30 年代，面对经济衰退和失业率的大幅上升，美国政府于 1931 年成立了"明尼苏达就业安定研究中心"，由威廉森主持。威廉森随后在明尼苏达大学开展学生职业辅导工作，形成了独特的"明尼苏达辅导观"。

（一）基本主张

"特质－因素"理论是一种以经验为基础的辅导模式，其理论基础是差异心理学，强调个人特质与职业选择的关联。其理论前提包括：第一，每个人拥有一系列特性，这些特性可以客观有效地测量；第二，不同职业需要不同特性的人员以取得成功；第三，选择职业是一个相对简单的过程，人职匹配是可行的；第四，个人特性与工作要求的配合越紧密，职业成功的可能性越大。

该理论认为，由于发展与成长方面的差异，每个人都有其独特的个人能力与人格特质。这些特质与特定职业相关联，每种人格特质的人都有适合自己的职业，且人人都有机会选择职业。个人特性可以客观测量，职业因素也可以分析。个人特质，如兴趣、倾向、能力、人格等，可通过心理测验等客观方法测量，从而描绘出个人潜能。同样，职业也可根据所需个人特质的"量"来描述其特征。职业辅导，根据"特质－因素"理论，就是利用这两方面的资料来指导求职者进入合适的职业。帕森斯提出的职业指导包含三个要素。

1. 自我分析

自我分析即评估求职者的心理和生理特点（特质），通过心理测量及其他评估手段，获取求职者的身体状况、能力倾向、兴趣爱好、气质与性格等个人资料，并通过会谈、调查等方法获取求职者的家庭背景、工作经历等信息，对这些资料进行评估。

2. 工作分析

工作分析即分析各种职业对人的要求（因素），并向求职者提供相关职业信息，包括以下几点。

① 职业的性质、薪资待遇、工作条件以及晋升的可能性。

② 求职的最低条件，包括学历要求、专业要求、身体要求、年龄要求、各种能力以及其他心理特点的要求。

③ 为准备就业而设置的教育课程计划，以及提供这种训练的教育机构、学习年限、入学资格和费用等。

④ 就业机会。

3. 职业与人的匹配

人职匹配论最初由美国波士顿大学的帕森斯提出，是职业选择和职业指导的经典理论之一。帕森斯在其著作《选择一个职业》中，明确阐述了职业选择的三大要素和条件。

① 清晰地认识自己的态度、能力、兴趣、智慧、局限和其他特征。

② 应清晰地了解职业选择成功的条件，所需知识，在不同职业岗位上的优势、劣势和补偿、机会及前景。

③ 平衡上述两者。帕森斯的理论内涵是在清晰认识和了解个人的主观条件和社会职业岗位需求的基础上，将主观条件与社会职业需求相对照、相匹配，最终选择一种与个人特长相匹配的职业。

资格与人的匹配分为两种类型：

① 条件匹配。即需要特殊技术和专业知识的职业与掌握该技能和知识的求职者相匹配；或者劳动条件较差的职业，如脏、累、险等，需要吃苦耐劳、体格健壮的劳动者与之相匹配。

② 特长匹配。即某些职业需要特定的特长，如具有敏感、易动感情、不守常规、有独创性、个性强、理想主义等人格特征的人，适合从事审美性的、自我感情表达的艺术创造类型的职业。帕森斯的人职匹配论，对职业生涯规划和实现人职和谐具有重要的指导意义。

"特质 - 因素"理论强调个人特点与职业所需素质及技能（因素）之间的协调与匹配。为了深入了解和掌握个体特性，"特质 - 因素"理论非常重视人才测评的作用。可以说，"特质 - 因素"理论的职业指导是建立在对人的特性测评基础之上的。通过职业指导者测量与评价被指导者的生理、心理特性以及分析职业对人的要求，帮助被指导者进行分析比较，使其在清楚了解自己和职业因素的基础上做出明智的职业选择。这一理论奠定了人才测评理论的基础，推动了人才测评在职业选拔与指导中的应用与发展。

（二）局限性

"特质 - 因素"理论的优点在于重视"个别差异"和"职业资料"，但其理论假设存在局限性，即认为一个人在职业选择上只有一个"正确"目标，即只有一种职业适合个人从事，并且假设每种工作只需要一种类型的人来完成。这样的假设将个人特质与工作要求视为静态关系，并且低估了个人的学习与成长潜力以及工作要求随时间变化的可能性。尽管"特质 - 因素"理论存在这些缺点，但它对职业辅导的实施产生了深远影响。如果能恰当运用该理论，可以发挥其优点。个人在做出职业决策与选择时，必须先进行了解自我和了解外部工作环境的工作。"知己"是要了解个人的兴趣、倾向、能力等特质，"知彼"是要了解外部工作领域的状况以及不同工作所需条件，通过各种测验结果与职业资料的分析，以达到自我探索的目的。

二、霍兰德的职业兴趣理论

1971 年，约翰·霍普金斯大学的心理学教授约翰·霍兰德（John Holland）基于其职业咨询经验，提出了职业兴趣理论（Career Orientation）。霍兰德认为，职业选择反映了个体的人格特质，求职者倾向于寻找与自己人格相匹配的职业。他将这种人格与职业类型相契合的状态称为"适配"。

（一）工作环境的分类

该理论首先将职业划分为六种典型的工作环境。

① 现实性的：如建筑、驾驶客车、农业耕作等。

② 调查研究性的：例如科学研究和学术研究等。

③ 艺术性的：包括雕刻、表演和书法等。

④ 社会性的：涉及教育、宗教服务和社会性工作等。

⑤ 开拓性的：例如销售、政治和金融等。

⑥ 常规性的：如会计、计算机技术、药理学等。

这些工作环境类型有助于描述员工的个性特征，即我们每个人通常偏向于六种职业类型中的一种或多种。职业兴趣是影响个人职业选择的关键因素。

（二）劳动者类型的分类

依据劳动者的心理特质和职业选择倾向，将劳动者分为六种基本类型，即研究型、艺术型、社会型、企业型、传统型和现实型。人格与环境的匹配是提升职业满意度和成就感的关键。霍兰德人格特征分类与对应的职业类型见表 2-1。

表 2-1　霍兰德人格特征分类与对应的职业类型

劳动者类型	劳动者职业类型	劳动者人格特征	相对应的职业类型
现实型（R 型）	喜欢使用工具从事操作性强的工作，做事手脚灵活，动作协调，不善言辞，不善交际	实利主义的、谦卑的、自然的、直率的、坦诚的、有毅力的、注意实际的、不介入的	工程师、技术员、机械操作员、维修安装工、木工、电工、司机、测绘员、农民、牧民等
研究型（I 型）	抽象思维能力强，求知欲强，肯动脑，善于思考，喜欢独立和富有创造性的工作，有学识、才能，不善于领导他人	分析型的、独立的、理性的、细心的、谨慎的、善于批评的、好奇的、精确的、不合群的	自然科学和社会科学方面的研究人员、专家，化学、冶金等方面的工程师、技术员，计算机操作人员等
艺术型（A 型）	喜欢以艺术形式的创作来表现自己的才能，具有特殊艺术才能和个性，乐于创造新颖的、与众不同的艺术成果，渴望表现自己的个性	复杂的、不切实际的、不守常规的、感情冲动的、善于表达的、敏感的、理想主义的	音乐、舞蹈、喜剧方面的演员、艺术家、编导，文学、艺术方面的评论员，广播主持人，编辑，作家，摄影师等
社会型（S 型）	喜欢从事为他人服务和教育性的工作，喜欢参与解决人们共同关注的问题，比较看重社会义务和社会公德	乐于助人的、有责任心的、合作的、理想主义的、耐心的、合群的、友好的、仁慈的、善解人意的、慷慨的、有说服力的	教师，行政人员，医护人员，衣食住行服务行业经理、管理人员和服务人员，福利人员等

劳动者类型	劳动者职业类型	劳动者人格特征	相对应的职业类型
企业型（E型）	精力充沛，自信，善于交际，具有领导才能，喜欢竞争，敢于冒险，喜欢权力、地位和物质财富	精力旺盛的、乐观的、大胆的、自信的、外向的、合群的、野心勃勃的、盛气凌人的	经理、企业家、政府官员、商人、行政部门和单位的领导人或管理者等
传统型（C型）	谨慎保守，尽职尽责，忠诚可靠，自我控制能力强，尊重权威和规章制度，喜欢按计划办事，细心，有条理，习惯接受他人的指挥和领导，不喜欢冒险和竞争，缺乏创造性，富有自我牺牲精神	有责任心、效率高、稳重踏实、细致、有耐心、自我抑制、顺从、有秩序、实际的、依赖性强、缺乏想象力	秘书、计算机操作员、办公室人员、统计员、打字员、记事员、会计、行政助理、出纳员、投资分析员、审计员、图书管理员、税务员、交通管理员

1. 现实型

倾向于规则明确的具体劳动和需要基本操作技能的工作，社交能力较弱，不适应社会性质的职业。这类人格的人通常从事技能性职业和技术性职业，如一般劳工、技工、机械装备工等。

2. 研究型

表现出聪明、理性、好奇、精确、批评等特质，偏好智力的、抽象的、分析的、独立的任务，如研究性质的职业，但可能缺乏领导能力。典型职业包括研究人员、工程师等。

3. 艺术型

具有想象力丰富、冲动、直觉、无秩序、情绪化、有创意等特质，喜欢艺术性质的职业和环境，不擅长实务工作。典型职业包括艺术和文学领域的职业，如演员、导演、艺术设计师、歌唱家、诗人等。

4. 社会型

表现出合作、友善、助人、负责、灵活、善于社交、善于言谈、洞察力强等特质。喜欢社会交往，关心社会问题，具有领导能力。典型职业包括教育工作者和社会工作者，如教师、教育行政人员、咨询人员等。

5. 企业型

具有冒险、自信、精力充沛、善于社交、喜欢竞争、追求权力地位和物质财富等特质，喜欢领导和企业性质的职业。典型职业包括政府官员、企业领导、销售人员等。

6. 传统型

表现出顺从、谨慎、保守、实际、稳重、效率高等特质，喜欢有系统、有条理的工作任务。典型职业包括秘书、办公室人员、会计、行政助理、出纳员等。

（三）理论的核心理念

霍兰德的职业兴趣理论，其核心在于劳动者的职业倾向与职业种类的匹配。当相同类型的工作与劳动者相结合时，适应性得以实现。霍兰德提出，劳动者个性与职业的匹配存在三种基本情形：① 人职匹配，即劳动者找到与其个性相符的职业，能充分施展才华并获得较高的工作满足感；② 人职次匹配，即劳动者找到与个性相近的职业，需要通过个人努力和调整来适应工作环境；③ 人职不匹配，即劳动者找到与个性相悖的职业，难以发挥潜力，工作满足感和成就感较低。为了更直观地阐释这一问题，霍兰德构建了一个六边形模型，如图 2-1 所示。六边形的六个顶点分别代表六种职业类型和劳动者的六种个性特质。图中各点连线的距离反映了职业类型与劳动者个性特质的相关性。连线越短，表示两种类型的相关性越强，适应性越高。六种类型的定位基于其相似性程度。

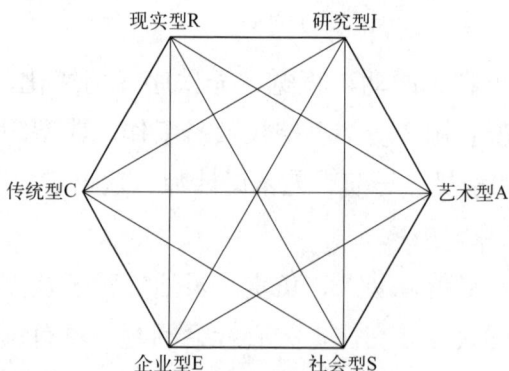

图 2-1　霍兰德职业兴趣选择图

从图 2-1 中可以看出：每种类型与其他类型之间存在不同程度的关系，大致可以分为以下三类。

1. 邻近关系

例如 RI、RC、CE、ES 等，具有这种关系的两种类型个体相似之处较多，如现实型 R 和研究型 I 的个体通常不倾向于社交，这两种职业环境也较少提供人际交往的机会。

2. 间隔关系

例如 RA、RE、EA、SC、CI 等，具有这种关系的两种类型个体之间的共同点比邻近关系的少。

3. 对立关系

例如 RS、IE、AC、SR、EI 及 CA，具有这种关系的两种类型个体之间的共同点较少，因此，一个人同时对处于对立关系的两种职业环境都感兴趣的情况较为罕见。

根据霍兰德的职业兴趣理论，在职业决策中最理想的是个体能够找到与其人格类型相重合的职业环境。一个人在与人格类型相一致的环境中工作，容易得到乐趣和内在满足，最有可能充分发挥自己的才能。因此，在职业选拔和职业指导中，首先要通过一定的测评手段与方法来确定个体的人格类型，然后寻找与之相匹配的职业种类。此外，霍兰德还设计了职业兴趣量表（Vocational Preference Inventory，VPI）和自我导向搜寻量表（Self-Directed Search，SDS）两种测量工具，使其理论具有高度的可操作性，成为职业选择理论中较有影响的理论之一。

（四）对职业兴趣理论的评价

霍兰德的职业兴趣理论将人作为整体进行研究，揭示了个性的整体架构，并对其进行了分类，解决了特性与因素理论将个性拆分成简单元素的缺陷。霍兰德的六种个性类型划分，基于经验总结，并通过长期实验研究不断修正和完善。他强调个人特质与职业特性之间的匹配。通过将个体和职业划分为不同类别，有助于指导人们在兴趣相近、内容相关的众多职业中积极探索，从而审慎规划未来的职业道路，降低职业选择错误的风险。霍兰德的职业兴趣理论自提出以来，已产生广泛影响并被广泛采用。

至今，霍兰德职业兴趣理论仍然是最具影响力的理论之一，它在职业发展和职业分类领域占据重要地位。在职业选择方面，兴趣是个人与职业匹配的关键因素。对于缺乏职业经验的大学生而言，掌握霍兰德职业兴趣理论、进行职业兴趣测试，有助于为未来有针对性地求职做准备。无论是职业规划、职业选择还是职业调整，都需要从整体上认识和提升自己的职业能力。明确职业兴趣是职业成功的关键，它影响着个体对职业的满意度、成就感和绩效。当个人的职业与其兴趣类型相匹配时，其潜在能力得以充分发挥，工作表现也会更为突出。

在日常生活中，我们常常通过观察他人的行为来了解他们的心理特征，但由于个人认知、判断标准和经验的局限，我们通常只能观察到一两个行为表现，得出的结论往往过于主观且难以大规模数据化测量。而心理测验，尤其是标准化测验，虽然也是间接测量，通过行为表现来推测心理特征，但经过众多心理学家的长期研究和积累，对心理特征对应的行为表现有了较为全面的列举，因此测验结果具有较高的参考价值，并且可以广泛应用于实际。

然而，在应用和实践中，霍兰德职业兴趣理论也存在局限性。一方面，霍兰德在讨论择业者的人格、职业兴趣和职业特征时，将其视为基本确定的因素，但从长远和发展的角度来看，择业者的人格、职业兴趣和职业环境都是在不断变化的，它们之间的适应并非完全被动，而是在相互适应中相互作用。另一方面，择业者的决定不仅受人格因素影响，还与个人的兴趣、特长、价值观、情商、工作经验、教育和能力等多方面因素有关，同时也受到家庭期望、社会需求、科技发展、经济波动等广泛社会背景的影响，因此需要全面、综合地考虑。

三、职业锚理论

职业锚理论由美国麻省理工大学斯隆管理学院的著名职业指导专家埃德加·H·施恩（Edgar H.Schein）教授领导的研究小组提出。该理论是基于对斯隆管理学院 44 名 MBA 毕业生长达 12 年的职业生涯研究，通过面谈、跟踪调查、公司调查、人才测评、问卷调查等多种方式，最终总结出的职业锚（亦称职业定位）理论。

（一）基本定义

职业锚，又称职业定位、职业系留点，源于船只停泊定位的铁锚。它代表了一个人在必须做出选择时，无论如何都不会放弃的职业中至关重要的东西或价值观。实际上，它是人们在选择和发展职业时所围绕的核心。

职业锚是个体自我意向的一部分，通过早期工作经历获得。它与个人在实际工作经验中反思的动机、价值观、才能相吻合，是达到自我满足和补偿的稳定职业定位。职业锚强调个人能力、动机和价值观的相互作用与整合，是个人与工作环境互动的结果，在实际工作中不断调整。

职业锚测试量表是国际上广泛使用且效果显著的职业测评工具之一。它是一种职业生涯规划咨询和自我了解的工具，有助于组织或个人进行更理想的职业生涯规划。

理解职业锚的概念，需要关注以下几点：

① 职业锚基于员工通过工作获得的经验。它在职业生涯早期形成，员工在积累了一定的工作经验后，才能确定自己稳定的长期贡献领域。个人在面临各种实际工作和生活情境之前，难以真正了解自己的能力、动机和价值观，以及这些因素在职业选择中的适应程度。因此，职业锚在一定程度上由员工的实际工作经验决定，而不仅仅是潜在的才能和动机。

② 职业锚不是基于各种测试得出的能力、才能或工作动机、价值观，而是在实际工作中，根据自身和已被证实的能力、动机、需求和价值观，实际选择和准确进行职业定位。

③ 职业锚是员工在自我发展过程中，动机、需求、价值观、能力相互作用和逐步整合的结果。

④ 员工及其职业并非一成不变。职业锚是个人稳定的职业贡献和成长领域，但这并不意味着个人将停止变化和发展。员工可以以职业锚为稳定基础，进一步发展职业，并适应个人生物社会生命周期和家庭生命周期的成长和变化。此外，职业锚本身也可能发生变化，员工在职业生涯的中后期可能会根据新的情况重新确定自己的职业锚。

（二）发展内容

职业锚基于员工通过工作获得的经验，在职业生涯早期形成。随着员工工作经验的不断丰富，职业锚也得到进一步发展。1978 年，施恩教授提出了包括自主 / 独立型、创业型、管理型、技术 / 职能型、安全 / 稳定型在内的五种职业锚类型。

随着职业锚研究价值的不断提升，越来越多的研究者加入研究行列。到了 90 年代，又发现了挑战型、生活型、服务型三种职业锚类型。施恩先生将职业锚的类型扩展到八种，并推出了职业锚测试量表。

（三）职业锚的种类

1. 技术 / 职能型

以技术才能作为职业的基石，专注于技术或特定职能领域的业务，对专业技术或职能工作充满热情，重视个人专业技能的提升。他们不倾向于全面管理，主要的成长在于技术职能的增强，其成就更多地依赖于专家的认可与肯定。

技术 / 职能型人才追求在技术或职能领域的持续成长和技能提升，以及运用这些技术或职能的机会。他们对自己的评价源于专业水平，喜欢应对来自专业领域的挑战。通常，他们不愿意从事常规的管理工作，因为这将意味着放弃在技术领域的成就。

2. 管理型

以管理才能作为职业的导向，关注管理职责，并且职责越大越好。权力是他们的终极追求，他们有强烈的晋升欲望，注重提升等级和收入，具备出色的分析问题、人际交往和情感管理能力。

管理型人才致力于职业晋升，热衷于全面管理，能独立负责一个部门，并能跨部门整合他人的努力成果。他们愿意承担整个部门的责任，并将公司的成败视为己任。具体的技术或职能工作对他们而言，只是通往更高管理层的必经之路。

3. 创业型

以创新为职业导向，拥有强烈的创造欲望和需求，希望通过创新建立自己的事业基础，意志坚定，敢于冒险，面对困难时坚韧不拔。他们与自主／独立型、管理型人才在某些方面有所重叠，因为创新需要相对自主和宽松的空间，以及一定的管理能力，但这些都不是他们的最终目标。

创业型人才希望利用自己的能力创建属于自己的公司或产品（或服务），愿意冒险并克服障碍。他们希望向世界证明，公司是他们凭借自己的努力创立的。他们可能目前在别人的公司工作，但同时在学习并评估未来的机遇。一旦时机成熟，他们就会自立门户，开创自己的事业。

4. 安全／稳定型

以安全、稳定作为职业导向，追求职业的稳定性和安全感。为了实现这一追求，他们更倾向于在大公司工作，并积极融入这个大集体，在行为上表现为：顺从，遵守规则，不越界；一旦加入一个组织，便不会轻易离开；最终希望在获得稳定的同时，也拥有安全的工作、体面的收入和安心的退休计划。

安全／稳定型人才追求工作中的安全感和稳定性。他们能够预测未来的成功，从而感到放松。他们关心财务安全，例如退休金和退休计划。稳定性包括诚信、忠诚以及完成上级交代的任务。尽管有时他们能达到高职位，但他们并不关心具体的职位和工作内容。

5. 自主／独立型

以自主、独立作为职业导向，力求摆脱组织的束缚，追求能够发挥个人职业能力的工作环境。尽管技术／职能型、创造型人才也有追求自主的倾向，但本质上，自主／独立型人才可能更愿意脱离组织，以一种自由自在的方式生活。

自主／独立型人才希望自由安排自己的工作方式和生活方式。他们追求能够发挥个人能力的工作环境，尽可能摆脱组织的限制。他们愿意放弃晋升或工作扩展的机会，也不愿意放弃自由和独立。

6. 服务型

服务型人才是指那些始终追求他们认可的核心价值的人，例如帮助他人，保护人们的安全，通过新产品消除疾病。他们始终寻找这样的机会，即使这意味着他们需要更换公司，他们也不会接受不允许他们实现这些价值的工作变动或晋升。

7. 挑战型

挑战型人才喜欢解决看似无法解决的问题，战胜强大的对手，克服难以逾越的困难。对他们来说，工作的意义在于它允许他们战胜各种不可能。新奇、变化和困难是他们的终极目标。如果事情变得容易，他们很快就会感到厌烦。

8. 生活型

生活型人才喜欢那些能够平衡并结合个人需求、家庭需求和职业需求的工作环境。他们希望将生活的各个方面整合为一个整体。因此，他们需要一个能够提供足够弹性以实现这一目标的职业环境。即使这意味着牺牲职业的某些方面，如晋升带来的职业转换，他们将成功定义得比职业成功更广泛。他们认为自己在如何生活、居住地选择、家庭事务处理以及在组织中的发展道路方面是独一无二的。

（四）功能阐述

在员工的职业生涯和组织的发展历程中，职业锚扮演着关键角色。

1. 为组织提供准确的反馈

职业锚是员工通过探索确定的长期职业目标或定位，这一过程基于员工的需求、动力和价值观。因此，职业锚清晰展现了员工的职业追求和抱负。

2. 帮助员工构建实际可行的职业路径

职业锚准确揭示了员工的职业需求和理想的工作环境，反映了他们的价值观和抱负。通过职业锚，组织能够获得员工的准确信息反馈，从而有针对性地为员工的职业生涯规划实际可行、高效顺畅的职业路径。

3. 增长员工的工作经验

职业锚作为员工职业定位的工具，不仅有助于他们在长期从事某项职业中积累工作经验，还能不断增强其职业技能，直接提升其工作效率或劳动生产率。

4. 奠定员工中后期工作的基石

职业锚之所以被视为中后期职业工作的基础，是因为它是在员工积累工作经验后形成的，体现了员工的价值观和被发现的才能。当员工在某一职业中"抛锚"，既是自我认知的过程，也是将职业工作与自我观念结合的过程，开始决定成年期的主要生活和职业选择。

（五）个人成长

职业锚是个人在早期职业发展过程中逐渐形成的定位。施恩认为，在职业锚的形成或发展过程中，个人雇员起着决定性作用。

1. 增强职业适应性

通常情况下，新雇员在经过认识、塑造、充实、规划自我等职前准备后，通过科学的职业选择进入企业组织，这表明了雇员与所选职业有一定的适合性。然而，这种适合性仅仅是基于主观的认识、分析、判断和体验，尚未经过职业工作的实践验证。

职业适应性是在职业活动实践中验证和发展了的适合性。每个人在从事职业活动时，都处于一定的物质和心理环境中，个人从事职业的态度受到多种主客观因素的影响，例如对工作的兴趣、价值观、技能、能力、工作条件、福利情况、他人和组织对自己工作的认可及奖励情况、人际关系情况，以及家庭成员对本人职业的态度等。个人的职业适应性就是能够快速习惯、调整、认可这些因素，即雇员在组织的具体职业活动中，适应职业的工作性质、类型和工作条件，与个人需求和价值目标相融合，使自身在工作生活中获得最大的满足。职业适应的结果能保证雇员在较长时间内从事某种职业活动，并且在职业活动中保持高效率，有利于雇员个性的全面发展。因此，雇员从初入组织的主观职业适合，通过职业活动实践，转变为职业适应的过程，即是雇员寻找职业锚或发展职业锚的过程。职业适应性是职业锚的准备或前提。

2. 利用组织职业规划表，确定职业目标，塑造职业角色形象

职业规划表是一张工作类别结构表，将组织设计的各项工作分类排列，形成一个系统反映企业人力资源配置的图表。雇员应借助职业规划表所列的职工工作类别、职务晋升与变化途径，结合个人的需求与价值观，实事求是地确定自己的职业目标。一旦确定目标，就要根据目标工作职能及其对人员素质的要求有目的地进行自我培养和训练，使自己充分具备从事该项职业所需的条件，从而在组织内树立良好的职业角色

形象。

职业角色形象是雇员个人向组织及其工作群体全面展现的自我职业素质，是组织或工作群体对个人关于职业素质的根本认识。职业角色形象的构成主要有两大要素：一是职业道德思想素质，通过敬业精神、对本职工作的热爱、事业心、责任心、工作态度、职业纪律、道德等来体现；二是职业工作能力素质，主要依据雇员所具有的智力、知识、技能评估其是否能胜任本职工作。雇员个人应从上述两个主要的基本构成要素入手，很好地塑造自己的职业角色形象，为自己确定职业定位创造条件，打好基础。

3. 培养和提高自我职业决策能力和决策技巧

自我职业决策能力是一种重要的职业能力。决策能力的大小、决策的正确与否，往往影响整个职业生涯的发展乃至人的一生。在个人的职业发展过程中，特别是在职业发展的转折点，例如首次择业、确定职业锚、重新择职等，具备强大的职业决策能力和决策技巧至关重要。因此，在选择、开发职业锚的过程中，个人必须着力培养和提高职业决策能力。

所谓自我职业决策能力，是指个人习得的用以顺利完成职业选择活动所需的知识、技能、个性及心理品质。具体来说，要培养和提高个人以下几方面的职业决策能力：① 善于搜集相关的职业资料和个人资料，并对这些资料进行正确的分析与评价；② 制订职业决策计划与目标，独立承担和完成个人职业决策任务；③ 在实际决策过程中，不是犹豫不决、不知所措、优柔寡断的，而是有主见的，能适时地、果断地做出正确决策；④ 能有效地实施职业决策，能够克服计划实施过程中的种种困难。

在实际职业决策中运用职业决策能力时，需要讲求决策技巧，掌握决策过程。首先，搜集、分析与评价各项相关职业资料及个人资料，这一工作即是对几种职业选择途径的结果与可能性的分析和预测。其次，对个人预期的职业目标及价值观进行探讨。个人究竟是怎样的职业价值倾向？由此决定的职业目标是什么？类似的问题并非每个人都十分清楚。现实中，经常会发现价值观念不清、不确定的情况。因此，澄清、明确和肯定个人主观价值倾向与偏好极为重要，否则无法做出职业决策。最后，在上述两项工作的基础上，将主观愿望、需要、动机和条件，与客观职业需要进行匹配和综合平衡，经过权衡利弊得失，确定最适合、最有利、最佳的职业岗位。这一决策选择过程，是将个人的自我意向归并，找到自己爱好和擅长的东西，发展一种将带来满足和报偿的职业角色的过程。

（六）应用实践

经过多年的演进，职业锚已成为个人职业生涯规划的首选工具和公司人力资源管理的关键工具。

个人在进行职业规划和定位时，可以利用职业锚来思考自己的能力，确定自己的发展方向，审视自己的价值观是否与当前工作相匹配。只有个人的定位与所从事的职业相匹配，个人才能在工作中发挥自己的长处，实现自己的价值。尝试各种具有挑战性的工作，在不同的专业和领域中进行工作轮换，对自己的资质、能力、偏好进行客观的评价，是使个人的职业锚具体化的有效途径。

对企业而言，通过雇员在不同工作岗位之间的轮换，了解雇员的职业兴趣、技能和价值观，将他们安排到最合适的职业路径上，可以实现企业和个人发展的双赢。

第二节　职业发展理论

个人的职业生涯是一个持续且长期的过程，它由几个连续的阶段构成。个人的职业道路受到家庭、社会经济地位、智力水平、个性特质以及所遇到的机会的影响，但其核心在于自我认识的成长与完善，而自我认识又与个人在工作环境中的角色紧密相关。随着时间的推移和经验的积累，个人的职业偏好、能力、生活和工作环境以及自我认识都会发生变化，人们不断地在这些方面做出选择和调整。

一、金斯伯格的职业生涯发展模型

金斯伯格（Ginzberg）是美国杰出的职业指导专家和职业生涯发展

理论的奠基人，他对职业生涯的发展进行了深入的实证研究。他的研究重点是童年到青少年时期的职业心理发展，通过分析被试者从童年到成年早期以及成熟期的职业选择思维和行为，金斯伯格将职业生涯发展划分为三个阶段：幻想期、尝试期和现实期。

1. 幻想期（11 岁以前）

在这个阶段，儿童的职业心理主要受个人兴趣驱动，情感色彩浓厚且易变，具有很强的情境依赖性。例如，儿童可能会因为喜欢某个娱乐明星而认为其工作非常棒，或者在电影院时觉得卖零食和爆米花的店员工作很有趣，又或者在海洋馆看到海豚表演时羡慕饲养员或驯兽师的工作，他们通常不会考虑自己的条件、能力以及社会需求和机会，而是完全沉浸在幻想之中。

2. 尝试期（11~17 岁）

在这个阶段，学生的职业心理仍然受到主观因素的主导。其中，11~12 岁的学生处于兴趣期，他们希望未来的职业与个人兴趣相关联。13~14 岁的学生进入能力期，开始考虑自己的能力，希望未来的职业能够与之相匹配。到了 15~16 岁，学生进入价值期，他们不仅考虑兴趣和能力，也开始关注职业的社会地位、意义以及社会对该职业的需求。

3. 现实期（17 岁以后）

这是人们正式做出职业选择的阶段，特点是客观和实际。学生开始尝试将职业愿望与自身能力、社会现实的职业需求相结合，力求使主观愿望与客观条件相协调，以找到适合自己的职业角色。这一时期，学生的职业需求变得明确，为了实现特定的职业目标，他们准备进入相应的学校或接受专业培训。这种基于现实、客观的选择是一种妥协和适应。

由于金斯伯格的研究对象主要是未成年学生，他们的生活环境和教育条件往往不由自己决定，因此其后期职业发展存在较大变数。所以，他所获得的数据多基于教育决策而非职业决策，而一个人的职业生涯主要阶段实际上是在成年之后。此外，他为了避免职业选择受到现实因素的过度限制，研究对象主要是具有天主教背景或中上阶层的白人男性，这使得理论具有一定的局限性。尽管如此，在当时的历史背景下，金斯伯格的理论极大地促进了人们对职业生涯发展的思考，并对后续的生涯理论产生了深远的影响。

二、舒伯的职业发展理论

在职业发展研究领域，舒伯被认为是最具影响力的专家之一，继帕森斯之后，他成为了又一个划时代的巨匠。他借鉴了布尔赫勒的生命周期理论和哈维赫斯特的发展阶段理论，构建了一个解释职业发展的生涯概念模型，并提出了一整套详尽的职业发展阶段理论。

（一）基本主张

在当今社会，职业选择不仅仅是一个简单的决定，它是一个复杂的过程，涉及个人的内在特质和外在环境的相互作用。每个人都有独特的性格、兴趣和能力，这些因素在职业选择中扮演着至关重要的角色。同时，工作环境和自我认知也会随着时间的推移和经验的积累而发生变化，这就要求个人不断地调整和适应自己的职业路径。职业选择的过程，实际上是一个持续的适应和自我发现的旅程，它包括成长、探索、建立、保持和衰退等多个生活阶段。这些阶段构成了个人职业生涯的全貌，每个阶段都有其特定的任务和挑战，需要个人去面对和克服。

职业形态或职业模式的形成，是一个多因素交织的结果。它不仅受到父母社会经济地位的影响，还与个人的心理能力、个人特质以及机遇紧密相关。在一个人的生涯中，某个阶段的成功往往建立在之前阶段所做的准备之上。个人生活阶段的发展，是通过个人能力兴趣的成熟、实际的尝试以及自我概念的发展来实现的。职业发展的过程，本质上是自我概念的发展和实现，它是一个调和的过程，在这个过程中，自我概念受到潜在的人格、中枢神经系统、内分泌系统、担任各种角色的机会以及来自长辈和同辈群体对其角色认可程度的评估等因素的相互作用而发展。职业发展的过程是个人与社会环境之间、自我概念与现实之间的一种协调过程，它是个人扮演的角色之一，这种角色在幻想中或实际生活的各种活动中表现出来。

工作满意度和生活满意度，这两个看似简单的概念，实际上蕴含着深刻的含义。它们不仅取决于个人的工作是否与其能力、兴趣、人格特质及价值观等相匹配，还取决于个人在成长和探索经验中，是否感到自己能胜任所从事的工作或担任的职务。这种感觉，是个人在职业生涯中不断追求的目标，也是衡量职业成功与否的重要标准。

（二）职业发展阶段模式

舒伯，这位在职业发展研究领域有着深远影响的学者，通过20多年的广泛实验研究，提出了人一生的完整的职业发展阶段模式。这一模式不仅体现了他对职业发展研究的主要贡献，也是其理论中最有影响力的部分。他将职业生涯发展分为5个阶段：成长阶段（growth stage）、探索阶段（exploration stage）、建立阶段（establishment stage）、维持阶段（maintenance stage）和衰退阶段（decline stage）。每个阶段都有其特定的分期和主要任务，这些内容在表2-2中有详细描述。

表2-2　职业生涯发展阶段和发展任务

阶段	阶段描述	分期	分期描述	发展任务
成长阶段 0~14岁	经过家庭、学校中重要任务的认同，发展自我概念，需要与幻想是该时期最主要的特质，随着年龄的增长，兴趣和能力逐渐重要	幻想期 4~10岁	在该时期，需要占统治地位，个人在幻想中扮演自己喜爱的职业角色	逐渐认识到自己是个什么样的人，同时对工作和工作的意义有一个初步的理解
		兴趣期 11~12岁	在该时期，个人的喜好成为其职业期望及活动的主要决定因素	
		能力期 13~14岁	在该时期，个人开始更多地考虑自己的能力及工作要求	
探索阶段 15~24岁	在学校学习、休闲活动及各种工作经验中，进行自我探讨、角色探索及职业探索	探索尝试期 15~17岁	个人对兴趣等因素有所考虑，并进行择业的尝试性选择，判断可能适合自己的职业领域	探索各种可能的职业选择，对自己的能力和天资进行现实性评价，并根据未来的职业选择做出相应的教育决策，完成择业和最初就业
		过渡期 18~21岁	进入劳动力市场，更多地考虑现实因素并将其纳入对自我的认知中，进行初步尝试	
		初步尝试承诺期 22~24岁	已发展出一个大体上适合自己的职业，开始从事第一份工作并试图将其作为自己的终身职业	
建立阶段 25~44岁	寻求适当的职业领域，逐步建立稳定的职位，工作可能变迁，但职业不会改变	承诺稳定期 25~30岁	个人在自己所选择的职业中安顿下来，并确保占据一个相对稳定的位置	巩固已有的地位并力争提升，使现有的职位得到保障；在一个永久性职位上稳定下来
		提升期 31~44岁	个人在工作中做出好的业绩，资历也随之加深	

续表

阶段	阶段描述	分期	分期描述	发展任务
维持阶段 45~64岁	逐渐取得相当的地位，重点在于如何维持地位、面对新人的挑战	维持期 45~64岁	接受自己的缺点，判断需要解决的新问题，开发新技能，致力于最重要的活动	维持并巩固已获得的地位
衰退阶段 65岁以后	身心衰退，原工作停止，发展新的角色，寻求不同方式以满足需要	衰减期 65~70岁	工作节奏趋于缓慢，适应自身能力的下降，开始以部分时间工作来代替全日制工作	发展非职业性角色，做自己期望做的事情，缩减工作时间
		退休期 71岁以后	工作活动会完全停止，或转变为部分时间工作、志愿工作、休闲活动	

1. 成长阶段

（1）年龄范围

成长阶段通常是在0~14岁之间。在这个阶段，儿童通过家庭和学校中的关键事件的影响以及认同的建立，逐渐发展出自我概念。在这一阶段的早期，幻想和需要占据主导地位，但随着社会参与的增加和对现实了解的加深，兴趣和能力逐渐变得重要。

（2）发展任务

在这个阶段，儿童开始逐渐认识到自己是怎样的人，并对工作及其意义有一个初步的理解。

（3）阶段分期

成长阶段可以细分为三个时期：幻想期（4~10岁），在这个时期，需要占据主导地位，个人在幻想中扮演自己喜爱的职业角色；兴趣期（11~12岁），在这个时期，个人的喜好成为其职业期望及活动的主要决定因素；能力期（13~14岁），在这个时期，个人开始更多地考虑自己的能力和工作要求。

2. 探索阶段

（1）年龄范围

探索阶段通常是在15~24岁之间。在这个阶段，个人通过学校学习、业余活动和短期工作来考察自我、坚定角色和探索职业。

（2）发展任务

在这个阶段，个人需要探索各种可能的职业选择，对自己的能力和天资进行现实性评价，并根据未来的职业选择做出相应的教育决策，完成择业和最初就业。

（3）阶段分期

探索阶段可以细分为三个时期：尝试期（15~17岁），个人考虑兴趣等因素，并尝试性地选择职业，判断可能适合自己的职业领域；过渡期（18~21岁），进入劳动力市场，更多地考虑现实因素并将其纳入自我认知；初步尝试承诺期（22~24岁），已经发展出一个大致适合自己的职业，开始从事第一份工作并试图将其作为自己的终身职业。

3. 建立阶段

（1）年龄范围

建立阶段通常是在25~44岁之间。在这个阶段，个人已经找到一个合适的职业领域，并努力保持下去，以后发生的变化将主要是职位、工作内容的变化，而不是职业的变化。

（2）发展任务

在这个阶段，个人需要发现自己喜欢从事的工作机会，学会与他人相处；巩固已有的地位并力争提升，使现有的职位得到保障；在一个永久性的职位上稳定下来。

（3）阶段分期

建立阶段可以细分为承诺稳定期和提升期。在承诺稳定期（25~30岁）内，个人在自己所选择的职业中安顿下来，并确保占据一个相对稳定的位置。提升期（31~44岁）对于大多数人来说是一个富有创造性的时期，个人在工作中做出好的业绩，资历也随之加深。

4. 维持阶段

（1）年龄范围

维持阶段通常是在45~64岁之间。在这个阶段，个人已经在自己的工作领域中取得了一定的地位，需要考虑的主要是如何维持目前的地位并继续沿着该方向前进，而很少或不去寻求在新领域中的发展。

（2）发展任务

在这个阶段，个人需要接受自己的不足，判断需要解决的新问题，开发新技能，致力于最重要的活动，维持并巩固已获得的地位。

5. 衰退阶段

（1）年龄范围

衰退阶段通常发生在 65 岁以后，随着体力和脑力的逐步衰退，工作活动的变化也将停止，该阶段的个体必须完成角色的转换，从有选择的参与者转化为完全退出工作领域的旁观者。退休后，个体还必须找到满意感的其他来源。

（2）主要任务

在这个阶段，个人需要发展非职业性角色，做自己期望做的事情，减少工作时间。

（3）阶段分期

衰退阶段可以细分为衰减期和退休期。在衰减期（65~70 岁）内，工作节奏趋于缓慢，责任转移，适应自身能力的下降，开始以部分时间工作来代替全日制工作。在退休期（71 岁以后）内，工作活动会完全停止，或转变为部分时间工作、志愿工作、休闲活动。

在上述理论中，每个阶段都有特定的发展任务需要完成，每个阶段都需要达到一定的发展水平或成就标准，而且前一阶段的发展任务的完成情况会影响到后一阶段的发展。在提出生涯发展阶段理论后，舒伯对发展任务的看法又向前迈进了一步。他认为在人一生的生涯发展中，各个阶段同样要面对成长、探索、建立、维持和衰退的问题，因此形成了"成长—探索—建立—维持—衰退"的循环。例如，一个大学一年级的新生，首先必须适应新的角色与学习环境，经过"成长"和"探索"，"建立"了一定的适应模式来"维持"大学学习生活之后，就又要开始面对另一个阶段——准备求职。原有的、已经适应了的惯用模式会逐渐"衰退"，继而在新阶段中又开始新一轮的循环，如此循环往复。从这一角度来看，职业生涯阶段的划分应该没有明显的年龄界限。

舒伯的职业发展理论系统性极强，具有相当大的合理性，其理论既是职业指导理论发展中的里程碑，同时又吸取了已有理论的精华，因此涵盖面较宽。其观点认为，个人需要同时考虑自身的特点和职业所要求的特点，通过表达自己的爱好、做出选择、接受必要的培训、发现工作机遇来实现个人与职业的匹配。舒伯后期又将影响职业选择的因素分为两类：一类是"个体决定因素"，包括兴趣、能力、价值观等个体化因素；另一类是"环境决定因素"，如社会结构和经济条件等。舒伯的职业发展理论将人职的匹配和发展、职业选择的心理和社会因素有机地结合在一起，其提出的人生职业发展阶段模式具有重要的实践意义，为职业生涯指导与规划奠定了科学基础。

（三）局限性

尽管舒伯的生涯发展理论在职业指导领域具有里程碑意义，但它并非完美无缺。其局限性主要表现在以下两方面。

一方面，由于社会的快速变迁、终身学习观念的提出以及人的寿命的增加，因此理论中关于中年期、老年期的角色与任务有待进一步研究，否则理论会显得不完整。

另一方面，该理论忽视了经济、社会因素对生涯发展方向的影响，并且学习的因素与职业发展历程的关系也需进一步深入研究。

我们当然希望职业生涯可以成为由一系列可以预测的事件组成的连续体，有一条保证成功的轨迹可循。然而，如今的工作世界形态多样、流动性大，个人的职业生涯也更具弹性，因此清晰界定每一阶段并划分年龄可能显得有些僵化。依托职业生涯阶段理论，我们不妨把职业生涯看作不断发展的持续性循环，将不同时期囊括的主题和任务作为人生不同阶段所应达到的参考状态，而这些任务会随着时间发展或变得重要或退居次要。

三、施恩的职业生涯发展理论

美国知名心理学家及职业管理专家施恩教授，基于人生不同年龄阶段所面临的问题和职业工作的核心任务，将职业生涯细分为九个时期。由于每个人的发展路径各异，因此这些时期之间可能会出现不同程度的重叠。

1. 成长、幻想、探索时期（0~21岁）

此时期个体扮演的角色包括学生、职业候选人、求职者，其核心任务包括：

①　发现并培养个人的需求、兴趣、能力和才华，为实际职业选择奠定基础；

②　学习相关职业知识，寻找符合实际的角色模型，获取充足信息，明确个人价值观、动机和抱负，做出明智的教育决策，将童年时期的职业幻想转化为可操作的现实；

③　接受教育和培训，有针对性地提升工作世界所需的基本素养和技能。

2．初入职场时期（16~25岁）

此时期个体的角色是求职者、新员工，核心任务如下：

①　探索劳动市场，寻找可能成为职业基础的首份工作；

②　与雇主或组织达成正式协议，成为组织或行业的一员。

3．基础培训时期（16~25岁）

与前一时期不同，此时个体不再是职场外的观察者，而是要跨入职业或组织的大门，扮演实习生、新手的角色。核心任务是：

①　了解并熟悉组织，接受组织文化，融入工作团队，尽快成为组织的有效成员；

②　接触并熟悉日常的工作流程，适应工作内容。

4．早期职业正式成员时期（17~30岁）

此时期的角色定位是成为组织新的正式成员。面临的核心任务包括：

①　承担职责，成功完成首次分配的工作任务；

②　发展并展示个人技能、专长，为个人提升或横向职业探索与成长打好基础；

③　根据个人才能和价值观，结合组织中的机会和限制，重新评估最初的职业追求，决定是否留在该组织或职业中，或在个人需求与组织限制、机会之间寻找更好的匹配。

5．职业中期（25岁以上）

作为组织正式成员，个体的核心任务有以下四点：

①　选择发展一项专业技能或进入管理部门；

②　保持技术竞争力，在选定的专业或管理领域继续学习，努力成为该领域的专家或职业骨干；

③ 承担更多责任，确立个人的职场地位；

④ 着手规划个人的长期职业发展。

6. 职业中期风险时期（35~45 岁）

此时期的核心任务是：

① 客观评估个人进步、职业抱负及个人前途；

② 决定是接受现状还是争取更明朗的未来；

③ 建立良好的师徒关系。

7. 职业后期（40 岁到退休）

此阶段的职业状况或任务包括：

① 成为良师，发挥影响力，指导新人，对他人承担责任；

② 增强、发展、深化技能，或提高才干，以承担更广泛、更重要的责任；

③ 若追求稳定，则需要接受和面对个人影响力和挑战能力的下降。

8. 衰退和离职时期（40 岁到退休）

此阶段的核心职业任务是：

① 学会接受权力、责任、地位的下降；

② 基于竞争力和进取心的减弱，学会接受并发展新的角色；

③ 评估个人职业生涯，准备退休。

9. 退休时期（因人而异）

个体离开组织或职业，在失去工作或组织角色后，面临两大问题或任务：

① 保持某种认同感，适应角色、生活方式以及生活标准的剧烈变化；

② 保持自我价值观，利用积累的经验和智慧、各种资源和角色，帮助他人在专业或技术领域成长。

施恩对职业生涯发展阶段的划分相当详尽，年龄跨度较小，虽然看似是依据年龄顺序划分，但实际上并未受限于此。其阶段划分更多是基于职业状态、任务和职业行为的重要性等因素。由于每个人经历某一职业阶段的年龄不同，因此他仅提供了大致的年龄范围，存在年龄交叉或重叠的情况，这反映了个体之间的差异性。施恩将个体可能面临的问题融入职业生涯中，指出职业中期可能存在的风险，使个体能够根据自身情况作出调整。

四、格林豪斯的职业生涯发展理论

格林豪斯（Greenhaus）在研究各学者对职业生涯发展阶段的探讨后，指出了人生不同年龄段职业发展的主要任务，并据此将职业生涯划分为以下五个阶段。

① 职业准备阶段（18 岁之前），核心任务是：培养职业想象力，评估和选择职业，接受必要的职业教育。

② 初入职场阶段（19~25 岁），核心任务是：在理想的组织中找到工作，在充分获取信息的基础上，尽可能选择一个合适且令人满意的职业。

③ 职业生涯初期阶段（26~40 岁），核心任务是：学习职业技能，提升工作能力；了解和学习组织纪律和规范，逐步适应职业工作，适应并融入组织，为未来的职业成功做准备。

④ 职业生涯中期阶段（41~55 岁），核心任务是：对早期职业生涯进行重新评估，强化或改变个人的职业理想；选定职业，努力工作，取得成就。

⑤ 职业生涯后期阶段（56 岁直至退休），核心任务是：保持现有的职业成就，维护尊严，准备退休。

第三节　职业决策理论

职业生涯决策是个人根据各种条件并经过一系列活动以后进行的目标决定，以及为实现目标而制定优选的个人行动方案。职业决策是一个复杂的认知过程，通过此过程，决策者组织有关自我和职业环境的信息，仔细考虑各种可供选择的职业前景，做出职业行为的公开承诺。从这个概念中可以看出：职业决策是一个过程，而不单单是一种结果。

一、认知信息加工理论

1991 年，盖瑞·彼得森、詹姆斯·桑普森和罗伯特·里尔登在其著作《生涯发展和服务：一种认知的方法》中详细阐述了生涯发展的新方法——认知信息加工（Cognitive Information Processing，CIP）理论。认知信息加工理论是生涯选择和发展理论体系中迅速发展的新的重要理论。金字塔模型构成信息加工理论的基本框架，知识领域、决策技能领域、执行加工领域组成信息加工理论的基本内容，金字塔模型和 CASVE 循环是信息加工理论的核心观点。

（一）认知信息加工理论的基本假设

认知是指人们的思维方式或者人们的头脑是如何加工信息的。心理学家认为，人们在自己的长时记忆中保持着一些不同种类的知识结构和成分，这些结构和成分对于生涯决策的制定具有重要意义。认知信息加工理论就是基于在生涯问题的解决和决策的制定过程中大脑接收、编码、储存和利用信息与知识的理念而形成的一种理论。认知信息加工理论主要关注涉及解决职业生涯问题和职业生涯决策的思维和记忆过程，强调职业生涯问题的解决是一个认知的过程。认知信息加工理论基于八种假设，这些假设的核心内容如下。

① 生涯选择以人们如何去思考和去感受为基础。
② 进行生涯选择是一项问题解决活动。
③ 生涯问题解决的能力以人们了解什么和如何思考为基础。
④ 生涯决策需要良好的记忆。
⑤ 生涯决策需要动机。
⑥ 持续进行的生涯发展是终身学习和成长的一部分。
⑦ 生涯发展在很大程度上取决于人们的思维内容和思维方式。
⑧ 生涯质量取决于人们对生涯决策和生涯问题解决了解的程度。

（二）认知信息加工理论的基本框架

金字塔模型构成认知信息加工理论的基本框架，如图 2-2 所示。在进行职业选择和发展时，起码需要明确两件事情，即"需要知道的"和

"需要做的"。若把金字塔比作冰山，冰山上面的部分是我们"需要知道的"，冰山下面的部分就是我们"需要做的"。同样，若把职业选择和发展比作烹饪，烹饪需要原料和步骤，金字塔就是原料，CASVE 循环就是步骤。但 CASVE 循环仅是一个例子，可以用其他现存的模式代替它。

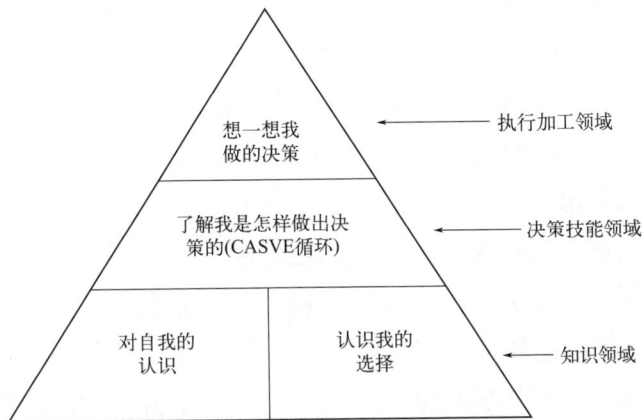

图 2-2　信息加工金字塔模型

　　金字塔底部的知识领域包含自我知识和职业知识，自我知识包括了解自己的价值观、兴趣和技能，职业知识包括理解特定的职业、学校专业及其组织方式。可以将知识领域比作储存于计算机中的各种数据文件，各种零散的信息以一条动态的信息或图式的方式储存，这些图式能帮助人们处理和加工生涯问题解决和决策制定的信息。

　　金字塔第二级水平的决策技能领域包含进行良好决策的沟通（communication）、分析（analysis）、综合（synthesis）、评估（valuing）和执行（execution）等五个步骤的指南（缩写为 CASVE）。可以将决策技能领域比作计算机程序，把信息和数据存储在计算机文件和内存中。因为解决问题需要大量的记忆空间和信息加工能力。金字塔顶端的执行加工领域包括自我对话（self-talk）、自我觉察（self-awareness）和控制与监督（control and monitoring），它具有工作控制职能。它告诉在金字塔第二级水平上的程序将按照何种顺序运作，就像计算机的 CPU 告诉计算机运行程序何时发出指令一样。

（三）认知信息加工理论的基本内容

1. 知识领域

自我知识关注"对自我的认识"，职业知识关注"认识我的选择"。自我知识和职业知识构成生涯规划的基础。

在解决生涯问题和制定生涯决策的过程中，不少人把注意力放在"了解自己的各种选择"上，但最初放在"了解自我"，即了解决策者自身上会更好，"了解自我"是解决生涯问题和制定生涯决策的开始，自我知识是生涯规划的第一块基石。价值观、兴趣和技能是自我知识中最需要考虑的重要组成部分，价值观是"工作的动力"，兴趣是"喜欢做的事"，技能是"更容易做得出色的事"。价值观、兴趣和技能可以通过外部的、客观的测量工具获得。这种测量工具可信但不能全信，可用但不能完全依靠，结合自我审视和反思会有助于改善自我认识，会更"积极"地思考自己，提高自我认识的信息质量。职业知识是生涯规划的第二块基石，包括所了解的职业选择、学习领域和休闲活动。通过考察劳动力市场和职业信息，了解这些信息是如何组织以及怎样查找和评估的。通过了解教育和培训的各种选择，探索休闲和娱乐的各种选择等。职业、教育和休闲三大领域相互关联，要获取三大领域的各种信息，就必须更聪明地思考各种选择，从而完善职业、教育和休闲知识，提高职业知识的信息质量。

2. 决策技能领域

认知信息加工理论关注的是如何决策，决策技能领域（即 CASVE 循环）与决策有关，是认知信息加工理论的另一核心观点。CASVE 循环的沟通、分析、综合、评估和执行五个阶段描述了决策过程。CASVE 循环如图 2-3 所示。CASVE 循环关注的是"了解我是如何做出决策的"，它是理性的，同时，也存在直觉的成分。

"沟通"以与生涯问题所有方面或现实和理想生涯情境之间差距的充分"接触"为特征。"沟通"是指个体"接收"到有关问题的信息，经过"编码"的过程，传输出"这个落差是个必须解决的问题"的信息。"沟通"阶段能识别到理想与现实情境之间存在差距的信息。这些信息可能通过内部或外部的信息交流途径来传达，内部途径包括消极情绪、规避行为和生理提示等，外部途径包括积极或消极的事件和重要他人的提示等。"沟通"

阶段就是"了解我需要做出一个选择"的阶段。"分析"以确定生涯问题的原因及生涯各部分间的关系为特征，是对问题所有方面进行更充分理解的一个反思阶段。好的问题解决者会利用时间去思考、观察和研究，从而更充分地了解差距，提升有效做出反应的能力。"分析"阶段就是"了解我自己和我的各种选择"的阶段。"综合"以形成一个可供选择的解决生涯问题的方法清单为特征。这一阶段将综合和加工分析所有信息，从而制定出消除问题或差距的行动方案。"综合"阶段就是"扩大并缩小选择清单"的阶段，可以理解为"综合细化"和"综合具体化"两个层面。"评估"以对可能的解决方法进行排序为特征，尝试性的最佳选择从这一决策阶段中产生。这是"选择一个职业、学习计划或工作"的阶段。"评估"阶段的第一阶段是评估各个方案的利弊得失，即评估每一种选择对问题解决者和他人的影响。第二阶段是对综合阶段得出的各种选择进行排序，排列出优先级。"执行"以实施生涯问题解决的规划和执行步骤为特征，可包括对解决问题的首选方法的尝试或真实性测验。这是"实施我的选择"的阶段。"执行"阶段是将认知转换为有计划、有策略的行动，包括形成"方法—目标"联系，以及确立一系列逻辑步骤以达到目标。

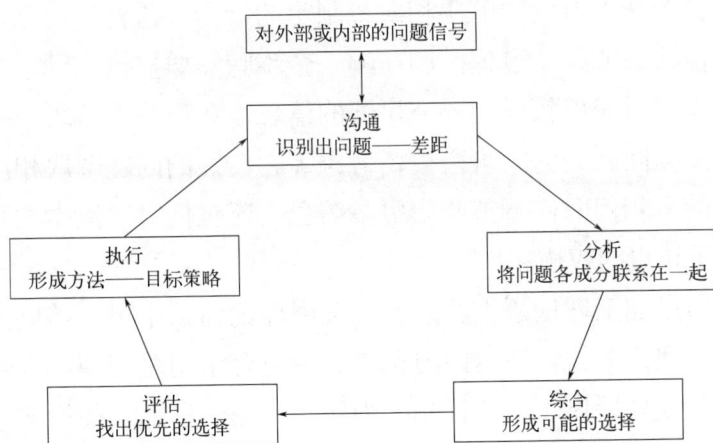

图 2-3　CASVE 循环

3. 执行加工领域

认知是一个人为完成一项任务或达到一定目标而投身其中的记忆和思考，是一种思维的过程。元认知是指更高层次的思维。元认知技能是人们思考生涯问题解决和制定决策的技能，也就是"对思考的思考"。元认知技能主宰着人们如何思考生涯问题和进行决策制定，元认知在执行加工领域关注的是"想一想我做出的决策（思考我的决策）"。在元认知中，三种特别重要的技能是自我语言、自我觉察和监督与控制。自我语言是人们就他们的表现与自己交谈，是一种自言自语式的内在对话。一个成功的生涯问题解决者必须有一个重要的信念，即"我是一个有能力解决自己问题的人"。自我对话可能是积极的也可能是消极的。积极的对话能产生一种积极的期待，能强化积极的行为；消极的自我对话干扰信息加工的有效性和效率，会使良好的生涯决策产生问题。人们可以将消极的自我对话转变为积极的自我对话。自我觉察或自我意识是指解决问题和做出决定时能够意识到自己。自我觉察包括对行为的觉察和对情绪的觉察。一个有效的生涯问题解决者意味着"个人能意识到自己就是任务执行者"。在从事信息加工任务时，优秀的生涯问题解决者能意识到自己的感受，能意识到他人的需要，从而做出对自己和社会都有利的选择。监督是指个体判断什么时候任务已经完成、什么时候进入下一个任务、什么时候一个任务需要额外帮助等的能力。控制是指个体在工作或活动中有目的地进行问题解决和决策制定的能力。监督和控制可以帮助当事人监控决策的整个过程，即在哪一个步骤需要提供何种信息，在哪一个步骤需要暂时停顿以便补充足够的信息，在哪一个阶段产生心理冲突，是否必须回到先前的阶段重新考虑等。良好的问题解决和决策包括了解何时前进和何时停下来收集更多信息，还包括对决策中的强迫性和冲动性给予认真的权衡。

认知信息加工理论是生涯选择和发展理论体系中迅速扩展的新的重要理论，其理论框架、基本内容和核心观点有了粗略展现，为开展生涯辅导与生涯规划提供了新的视角。当然，认知信息加工理论的本土化问题及其实践环节还有待进一步探讨和研究。

二、丁克里奇的职业生涯决策风格理论

1968 年，丁克里奇（Dinklage）通过访谈研究确定了成人做职业生

涯决策时采用的策略和决策类型，并将个体在进行教育、职业和个人决策时的风格分为 8 种类型：

① 冲动型（impulsive），冲动地选择第一个能够选择的选项。

② 宿命型（fatalistic），直到机会到来时才做决策。

③ 顺从型（compliant），遵从他人对决策的指导。

④ 延迟型（delaying），直到最后一刻才做决策。

⑤ 烦恼型（agonizing），过度搜集信息，使用信息时又过度担心。

⑥ 计划型（planning），使用标准化决策模型所推荐的理性策略。

⑦ 直觉型（intuitive），因为"感觉到是对的"而做决策，但不能说明原因。

⑧ 瘫痪型（paralysis），接受做决策的责任，但是感觉过于焦虑而不能对决策做出有建设性的工作。

第三章

职业生涯规划的方法与步骤

面对未来，每个人都必须做出选择。是积极规划、提前安排，还是随波逐流？这个问题促使众多大学生纷纷参加职业规划课程。依据著名生涯发展专家舒伯的理论，大学阶段是职业探索的关键时期，大学生的职业兴趣开始稳定，对未来职业的期望逐渐明确，这正是职业规划的最佳时机。在这一时期，大学生拥有更多的思考空间和选择自由，他们开始审视个人爱好与能力，分析社会需求与就业前景，并在学习、课外活动及工作中进行尝试。通过自我了解、反思和检验，他们逐步构建自我认知，进而确立初步的职业观念，为自己的职业规划打下基础。然而，由于大学生在这一阶段形成的职业观念主要源于学校教育、娱乐活动、个人生活经历以及他人经验的分享，这些观念往往不够清晰、稳定，有时甚至带有主观性。因此，本章将重点阐述职业规划的关键要素、策略和流程，以帮助大学生更好地规划自己的职业生涯。

第一节　职业生涯规划的要素

正如世上无两片完全相同的树叶，每个人都是独一无二的，因此在规划职业生涯时，虽然可以借鉴他人的经验，但最终必须根据个人特点来制定。中国人力资源专家罗双平提出了一个简洁的公式，概括了职业生涯规划的三个核心要素：职业生涯规划＝自我认知＋外部了解＋决策。

一、自我认知

自我认知和外部了解是决策、目标设定和行动的根基。自我认知是指对自己的了解，这是职业生涯规划的关键起点。只有深刻认识自己，才能明确职业道路，避免盲目选择。自我认知涉及多个方面：

① 个人的兴趣、爱好和特长。

② 个人设定的目标和理想。

③ 个人的情商水平。

④ 个人的价值观念。

⑤ 个人的教育背景和能力。

⑥ 个人的生理状况，包括性别、健康和体能等因素。

深入了解自我意味着剖析自己的内在，评估自己的能力，明确自己的优势和不足。通过分析过往的经验和经历，预测未来可能的职业路径，从而彻底解答"我想做什么"和"我能做什么"的问题。自我认识必须全面、客观和深入，切勿忽视缺点和不足。

二、外部了解

外部了解是指熟悉周围的环境，探索与职业发展相关的工作世界。这包括了解行业的特点、所需技能、就业途径、工作内容、职业前景、薪资水平、组织和社会需求、科技进步、经济波动以及政策和法律的影响等。自我认知是了解个人特性，而外部了解则是掌握工作环境的特性，两者紧密相连。

三、决策

在职业生涯规划中，决策扮演着至关重要的角色。它不仅包括决策技巧的运用，还涉及决策风格的选择。在做出决策的过程中，个人可能会遇到各种冲突和障碍，但同时也会得到一些助力和支持。为了确保决策的正确性，个人的职业目标必须基于现实情况，而不是仅仅基于个人的主观愿望。这意味着，个人在设定职业目标时，需要有清晰的自我认知，了解自己的兴趣所在，确保这些兴趣与职业目标相匹配。同时，个人应该对所从事的职业抱有兴趣，这样才能积极主动地投入工作，而不是被动地应付。工作不仅应该能够发挥个人的专长，还要能够利用个人的优势，适应工作环境，这样才能在工作中取得成功，避免处处受挫、难以适应。这表明，一个成功的、合理的职业生涯规划，是基于对自我认知的深刻理解、对外部环境的充分了解，以及在此基础上做出的明智决策。在职场上，自我认知、外部了解和决策三者是相互关联、相互影响的，它们共同构成了个人职业发展的基石。

第二节　职业生涯规划的策略

职业生涯规划的重要性不言而喻，我们所从事的每一份工作都是一次冒险，它既有可能拓展你未来的发展前景，也有可能限制你的选择余地。在现实生活中，我们发现一些求职者对自己的了解、对就业环境的了解、对行业和职业的了解都不够清晰，从而导致求职的盲目性，进而发展到一定阶段后产生职业迷茫，最明显的表现有如下几种：一种是在职业选择上常常为了实现他人（例如父母、配偶等）的愿望；另一种是盲目追求社会热门行业或职业；还有一些是迫于生活压力和现实的需要而选择职业。在以上种种情况中，若职业选择与个人的特长和兴趣爱好不符，会导致职业生涯发展到一定阶段后停滞，职业发展的瓶颈难以突破，转换成本将非常高。因此，像企业重视战略一样重视个人战略，为自己制定人生战略，意义重大。

一、影响职业生涯的因素

（一）影响职业生涯的外部因素

人的职业生涯多种多样，展现出不同的职业生涯形态，这些都是个人、家庭、社会等众多因素共同作用的结果。从外部环境来看，影响职业生涯的因素主要包括以下几方面。

1. 教育背景

教育的重要性不言而喻。它赋予个人才能，塑造个人人格，促进个人发展，是人的社会化过程中极其重要的一个环节，对人的职业生涯也起着决定性作用。当今社会是一个重视学历的社会，教育程度不同，选择职业的能力就不同，起点也不同。从一般规律来看，一个人的学历越高，即所获得的教育水平越高，他的职业生涯就越成功。有较高学历的人，更容易获得一个起点较高的职位，同时，在今后的发展中，他的发展能力也比一般人好。即使工作不尽如人意，较高教育水平的人流动的能力和意愿较强，因此其也能找到一份满意的工作。

2. 家庭背景

家庭是个人社会化的第一个场所。"家长是孩子的第一任老师""家庭是孩子生活的第一所学校"，这些都反映了家庭对人的影响。人从出生的那一刻起就开始接受家庭对他潜移默化的影响，父母的教诲和日常生活中的言行举止，是孩子形成价值观和行为模式的基础。这种价值观和行为模式的形成，从根本上影响一个人今后的职业理想和职业目标，影响其职业的选择以及对岗位的态度、在工作中的各种行为等。

3. 机遇

机遇是一种随机出现、具有偶然性的东西。机遇对一个人的成功具有很大的推动作用，直接影响到一个人的职业生涯。但机遇并不代表一切，如果不具备其他条件的话，机遇一样发挥不了它应有的作用。它还需要自身的努力，包括创造性的思考、推销自我的能力、强烈的目标驱动力以及良好的教育和丰富的工作经验。同样的机遇往往青睐于有准备的高素质人才。

4. 社会环境

广义的社会环境包括社会的政治、经济、文化等方面的因素，它涉及人们求职的管理体制、职业的社会评价、对有关职业的社会政策等大环境，这些环境决定了这个社会的职业结构、岗位的数量和岗位在社会上的价值等。个人职业生涯的成功离不开社会这个大环境，个人职业生涯必须面对这些不可抗拒、不可逆转的社会因素。

（二）影响职业生涯的内部因素

影响职业生涯规划的内部（个人）因素主要有以下几点。

1. 性格、气质

对于职业选择来说，性格和气质的作用至关重要，如果一个人选择了与其性格、气质特征不相符的职业工作，那么这个工作的适应过程对他来说一定是极其困难和痛苦的；相反，如果一个人选择了与他性格、气质相匹配的工作，其积极性和职业潜能就能够得到最大程度的调动和发掘，工作也容易出成绩。

2. 兴趣

兴趣是人类积极探索事物的认识倾向，同时是引起和维持注意的重要因素，兴趣是人对有趣的事物给予优先注意和积极探索，并且带有情趣色彩和向往的心情，如果个人从事的是符合自己兴趣偏好的职业，那么他就会热爱自己的职业及工作岗位，持续性地积极追求自己的职业目标，并使自己的聪明才智发挥得淋漓尽致。

3. 价值观

个人的价值观对今后的职业生涯决策阶段有重要的影响，并直接关系到今后的工作满意度，当一个人的生活符合自己价值观的取向时，那么他将会拥有较高的健康和自尊水平。

4. 能力

社会上任何一种职业都要求从业人员具备相应的能力，因此，能力是人顺利完成某种职业活动的必要条件，也是个人获得职业生涯成功的基础。不同类型的职业对人的能力有不同的要求，而任何一种职业，依据工作性质、内容和所承担的责任的不同，又可分为不同的工作层次，各个工作层次的职务，对从业者的能力水平也有着不同的要求及标准。从业者在选择职业的时候，要根据职业匹配的参考数据，正确认识和判断自我，做出明智的抉择。

5. 进取心、责任心和自信心

进取心是使个体具有目标指向性和适度活力的内部能源，认真而持久地工作是个体事业成功的前提，而具有进取特质的个体也就具有了事业成功的心理基石。责任心强的人常能够审时度势地选择适度的目标，并持久、自信地追求这个目标，责任心强的人事业容易成功。自信心为个体在逆境中开拓、创新提供了动力和勇气，也在个体在面对批评时为其提供了支持，自信心常常能使人的梦想成真，没有自信心的人会变得怯懦、顺从。

6. 自我认知和自我调节

了解自己的优势和短处，以及自身与组织环境的关系，善于调节自己的生涯规划、学习时间等。

7. 稳定性和社会敏感性

冷静、稳定的情绪状态是工作顺利开展的有利条件。焦虑和抑郁会使人无端紧张、烦恼或无力，恐惧和急躁易使人忙中出乱。社会敏感性是指对人际交往的性质和发展趋势有洞察力和预见力，善于把握人际交往间的逻辑关系。行动之前要思考行为的结果，设身处地地想一想他人的处境，乐于与人交往，能体察他人的感受。

8. 社会接纳性和社会影响力

在承认人人有差别和有不足的前提下接纳他人，社会接纳性是建立深厚个人关系的基础。真诚地对他人及他人的言语感兴趣，认真倾听并注视对方。社会影响力主要指有以正直和公正为基础的说服力，有使他人发展和合作的精神，有一致性和耐力，善于沟通和交流，具有自信心、幽默等对情感的感染力，仔细、镇静、沉着等对行为的影响力，仪表、身姿等对视觉的影响力，忠诚、正直等对道德品质的感染力。

二、职业规划的基本准则

恰当的职业规划能引领个人走向成功之路，反之，则可能导致其偏离正轨。对个人而言，优秀的职业规划不仅能使个人职业表现卓越，还能促进个人全面发展和提升家庭生活品质。因此，在制定职业规划时，必须充分考虑个人特点，总结和分析影响职业发展的因素，明确个人的人生目标，选择合适的职业路径，并制订详细计划。具体而言，职业规划应遵循以下准则。

1. 全程性原则

全程性原则，亦称系统性原则，意味着对整个职业生涯发展过程进行全盘考虑，并将职业规划的实施视为系统性工程，并纳入个人发展战略。换言之，在拟定职业规划时，应从整体视角全面审视自身职业生涯的全程。

2. 阶段性原则

阶段性原则强调在进行职业设计时，需要充分考虑个人所处的不同发展阶段，有目的地、有序地、有计划地调整和安排各阶段的职业规划。

3. 挑战性原则

职业规划应在确保可行性的同时，具备一定的挑战性，为实现规划需付出努力，从而在成功后获得较大的成就感。

4. 发展性原则

发展性原则指出，在制定和执行职业规划的具体措施时，应充分考虑变化和发展性因素，如目标或措施是否能根据环境及组织、个体的变化进行调整，调整的范围和幅度有多大，目标或措施是否具有弹性或缓冲性。

5. 清晰性原则

规划应清晰明确，能够转化为可执行的具体行动，人生各阶段的规划和安排必须具体可行。

6. 实际性原则

无论职业规划多么吸引人，最终都须接受实践检验。一份优秀的规划除了遵循上述原则外，还应考虑目标是否符合个人性格、兴趣和特长，是否具有挑战性，是否能在规定时间内完成，实现目标的途径是否能在个人特质、社会环境、组织环境等范围内执行，以及可行性有多大。

7. 持久性原则

持久性原则体现了规划的长远视角。它要求我们必须理解事物的客观规律和变化趋势。无论遇到多大困难，都应相信改变现状的可能性。更重要的是，不要局限于具体事件的成败，要培养足够的耐心，坚信"坚持就是胜利"，从根本上解决职业生涯中的问题。

古希腊有这样一个故事：开学第一天，大哲学家苏格拉底对学生说："今天我们将学习一件最简单也最容易的事。每个人尽量向前甩动手臂。"他示范后说："从今天起，每天做300次，大家能做到吗？"学生们都笑了，认为这太简单了。一个月后，苏格拉底问："每天做 300 次，哪些同学坚持了？" 90% 的学生自豪地举手。又过了一个月，坚持的学生减少到八成。一年后，苏格拉底再次询问："请告诉我，最简单的甩手运动，还有谁坚持了？" 教室里，只有柏拉图一人举手。

8. 藐视原则

藐视原则结合了宏观审视和微观考量。它要求在战略上藐视所有困难，树立必胜的信心，只有这样，才有勇气去克服困难；在战术上重视每一个局部、细节的困难，从各个局部、环节上分步骤或分阶段逐一解决问题。在越国被吴国击败后，越王勾践面对强大的吴国毫不畏惧，立志报仇雪耻。他从"卧薪尝胆"开始，吃饭时挂苦胆，问自己是否忘记会稽之耻，并用柴草代替褥子。他还亲自耕种，鼓励生产，制定奖励生育的制度，增加人口。他让文种管理国家大事，派范蠡训练人马，虚心听取意见，救济百姓。经过 20 年的积累，勾践终于带领越国战胜了吴国。

9. 生存原则

生存原则强调了职业规划的价值底线。在职业生涯中，我们不能期待超出客观物质条件许可的奇迹。一切发展必须基于现实物质条件的许可，而生存原则正是这一思想的集中体现。追求发展是必然的，而生存是必需的，这两者并不矛盾。换言之，生存是第一位的，只有先确保生存，才能追求发展。皮尔·卡丹小时候梦想成为舞蹈家，但家境困难只允许他成为裁缝店学徒。他不喜欢裁缝工作，痛苦于无法摆脱困境。一天，他给崇拜的舞蹈家写信，希望得到帮助。舞蹈家回信告诉他，自己小时候的理想是成为科学家，但因家境贫寒，只能跟随街头艺人卖唱。舞蹈家说，人首先要选择生存，只有生存下来，才有机会实现理想。皮尔·卡丹深受震撼，勤奋学习，最终创立了自己的时装公司，打造出世界级服装品牌。

10. 立足点原则

立足点原则告诉我们，人都是从失败中学习和成长的，没有天生的成功者。对待失败的方法，不在于追求不失败，而在于实施立足点战略，让自己有能力应对失败，支撑自己渡过难关。在实际工作中，与其总是担心出问题而束手束脚，不如在落实具体任务和规程的基础上，实事求是地设定一个最低的奋斗目标，立足于这个目标，然后大胆地工作，每取得一点超出预定目标的成绩，都是实在的积累，都是对我们的巨大激励。职场中许多人会遇到"职业瓶颈"，比如，怀疑自己所从事的行业前景，经常感觉疲劳，对工作失去兴趣等。专家认为，遇到职业瓶颈时，无论是走是留，首先应分析导致职业瓶颈的原因，尽早发现自己的职业兴趣、职业价值观和职业优势。越早找到与自己相匹配的目标工作和行业，找到立足点，就越容易在工作中获得幸福感和满足感。也可以学习新知识，扩大工作技能范围，加强自身竞争力，获得心理上的满足感。

11. 集中力量原则

集中力量原则揭示了"把握机遇，促成质变"的基本道理。集中力量是将平凡变为卓越的法则。解决问题的关键在于选择一个最容易实行的地方，集中几倍的力量去实现。这需要精心选择时机、地点，确保初战必胜，这是开始。不能将有限的力量分散在许多问题上，企图解决每个问题，最终一个都解决不了；或者吝啬地配置力量，希望以少胜多，以较小的代价去解决问题——在战略上这是可行的、科学的，但在战术上，这是错误的。职场上的相关事例很多，比如，许多在知识和能力方面都不错的人，如果让他们集中精力专注于一项工作，他们都能做得很好，甚至能成就一番事业。但是，其中不少人被感觉、情绪左右，被各种事情牵绊，以至于无法始终专注于一个明确目标，结果绩效平平，难成大事。因此，专家形象地建议，要把需要做的事想象成是一大排抽屉中的一个小抽屉。不要总想着所有的抽屉，而要将精力集中于你已经打开的那个抽屉。

三、大学生规划职业生涯的方法

1. 自然发生法

一些学生在高考后填报志愿时，并未深思熟虑自己的兴趣和志向，仅仅依据分数筛选所能考取的学校和专业，草率地决定了自己的未来。自然发生法指的是不考虑个人条件，仅根据当前情况做出职业选择。虽然进入一个能顺利录取的学校和专业能暂时缓解烦恼，减少即时压力，但因为没有考虑个人兴趣、能力、个性和就业前景等因素，未来可能面临较高的生涯风险。

2. 目前趋势法

盲目追随当前市场趋势，投身热门行业。目前趋势法是大学生普遍采纳的首选方法，因为热门行业似乎能带来更丰富的物质生活，有了经济基础，似乎就能做自己喜欢的事情。这确实是一个不错的就业策略。但这种方法也有不足，如果大家都追求热门行业，人才市场可能会饱和，供大于求，最终导致许多人无法就业。

3. 最少努力法

选择容易的专业或技术，期望获得最佳结果。最少努力法，顾名思义，就是以最少的投入获得最大的回报。就像在找工作时，许多人都希望找到稳定的工作以确保安全。选择这种方法的人缺乏钻研精神，有时甚至想不劳而获。这不是明智的选择，我们应该根据自身实力，选择适合自己的专业或技术，付出努力才能有所收获。正如那句老话：一分耕耘，一分收获。

4. 拜金主义法

选择待遇最好的行业。在当今社会，拜金主义盛行，每个人都希望自己的职业待遇优厚，因为我们需要生存，需要足够的工资来维持生活。但我们不应该只追求金钱，而忽视了自己的能力和性格。每个人的性格都影响着职业选择，不擅长交际的人，如果强迫自己左右逢源，可能会导致心理扭曲。

5. 刻板印象法

根据性别、年龄、社会地位等刻板印象来选择工作。这种刻板印象可能让你迅速找到发展方向，但实际上却扼杀了你在其他职业或领域中的潜能，容易使你故步自封，生活变得单调。因此，在了解了一些印象后，不应对你能做什么或者你不能做什么轻易下结论，要认真思考，勇于尝试，这样才能找到最适合你的工作。

6. 橱窗游走法

走访各种工作场所，选择最吸引人的工作。这种方法有助于你对不同行业形成初步了解，拓宽视野。但由于对每个职业都持不专注或不平等的态度，因此感性认识可能会胜过理性认识，从而导致无法正确评估所见职业。我们应该在充分了解各行各业的基础上，认真思考，把就业视为一件严肃的事情，只有端正态度，才能成功。

7. 假手他人法

让他人代为决定和选择。

① 父母或家人：因为过去大小事情都是他们一手操办的。

② 朋友或同僚：因为他们与你关系亲密。

③ 老师、教授或学者：因为他们是专家，理应有更高明的见解。

中国传统文化中的伦理、社群及"天地君亲师"的观念影响着我们的行为。即使在现代社会，许多人思考未来时，仍不自觉地依赖他人做决定。周围有经验、有威望的人太多，我们常常会无条件地服从他们。他们的话对我们来说，不是意见和建议，而是必须遵从的指令。一旦这种性质改变，对我们可能有害无益。我们在虚心请教长辈的同时，更应自问，自己真正喜欢什么职业，愿意做什么工作，结合两方面的认识，我们才能找到体现人生价值的路径。

8. 高瞻远瞩法

根据权威人士的预测，推测未来职业的发展趋势，并积极追求。高瞻远瞩法是一种较为理性的方法，它能让你对未来充满希望，并积极追求目标。但缺点是，未来的事谁也无法预料，如果我们盲目依赖理论上的预测，可能会导致理论与实践脱节，最终连自己该做什么都不清楚。因此，一定要结合当前实际情况，再规划未来，这才是更明智的选择。

9. 系统的职业生涯规划方法

系统的职业生涯规划方法综合考虑了生涯规划的基本要素（知己、知彼、抉择），并参考生涯规划模式，以降低风险。具体步骤包括：①觉知与承诺；②自我评估；③了解工作世界；④决策与目标的设定；⑤职业发展路径的选择；⑥制定行动方案与步骤；⑦评估与反馈。

前八种便捷的职业生涯规划方法虽然省时省力、效率高，但无法根据个人能力和特点进行长远规划。进入社会后，你会感到更加迷茫，形成恶性循环，使自己的生涯道路越来越模糊，未来面对的生涯风险较高。

而系统的职业生涯规划方法，能让你认识到职业生涯的重要性，并能根据实际情况探索工作世界，确立职业目标并付诸行动，最后进行评估反馈，在这种模式下，未来面临的生涯风险相对较低。

四、职业生涯发展

职业生涯发展涵盖了一个人从初次就业直至退休的整个工作历程。这个过程可能是连续的，亦可能是断断续续的（例如失业待岗期间即为间断期）。它主要分为三个阶段。

1. 职业适应阶段

职业适应阶段涉及从非职业心态向职业心态的转变、对组织内外环境的适应，以及对业务知识和技能的掌握。

2. 稳定成长阶段

度过职业适应期后，个人在某一职业单位中稳定下来，成为业务主管，逐步成为核心成员或担任领导职务，这一时期即为稳定成长阶段，此时个人的职业能力达到顶峰，是创造成就、实现事业的黄金时期。

3. 职业终止阶段

由于年老或其他原因，个人失去职业能力或职业兴趣，从而结束职业生涯。

职业规划是职业生涯发展的基础。职业历程是否顺利，创造的社会财富有多少，个人发展的方向和水平如何，都因职业种类、工作地点、单位、所任职务的不同而表现出显著的个体差异。因此，对于大学毕业生而言，制定良好的职业规划是一个关键任务。

五、职业生涯规划的就业策略

职业生涯规划的首要步骤是"定向"，即确定方向。方向若定错，就会南辕北辙，离目标越来越远，可能需要重新开始，付出更多代价。因此，在做出职业决策时，切勿犯方向性错误。

通常，职业方向由个人所学专业决定。但现实中，许多人毕业后无法完全根据所学专业选择工作，有时选择的工作甚至与所学专业完全不符。专业不对口的情况非常普遍。在这种情况下，需要认真考虑，选择适合自己的职业岗位。

1. "定向"

有时为了就业，可能需要强迫自己适应并不喜欢的岗位，只要这些职业是社会急需的、有发展前景的。一些学生在校期间取得双学位或多种职业资格证书，就业时便比他人拥有更多机会，显得更为出色。

2. "定点"

"定点"指的是确定职业发展的地点。例如，有的人毕业后选择去南方地区，有的则选择去边疆或大西北，选择到国家最需要的地方去，这都是可以理解的。但应综合考虑多方面因素，不可仅凭一时冲动。例如，有人去南方，认为那里经济发达、薪资高，却忽视了激烈的竞争、观念差异、心理承受能力，以及气候、水土等因素，结果不久便离职。虽然这也不是十分严峻的问题，但如果一开始就选准方向，便可以在一个地方围绕一个职位长期稳定地发展，这对个人资历和经验都有益处。频繁更换地点，对职业生涯的发展显然弊大于利。

3. "定位"

在选择职业前，应对自己的水平、能力、薪资期望、心理承受能力等进行全面分析，做出准确的定位。既不应过于悲观，也不应高估自己。如果期望过高，一旦未能如愿，失望就会更大。刚毕业就被知名大公司选中，获得丰厚的薪资福利，当然是幸运的。如果没有遇到这样的机会，也不必气馁。不要过分看重公司的名气和薪资的高低。只要这家公司和岗位适合你，是你所向往的，就应尝试争取。树立从基层做起、逐步积累经验、循序渐进、谋求发展的理念，可能对一生都有益。

除了这"三定"，还有一个重要的"一定"，即"定心"。心神不定，朝三暮四，怎能准确"定向、定点、定位"？无论做什么，都需要"定心"。

从哲学角度看，"三定"实际上解决了职业生涯规划中的三个基本问题："干什么""何处干""怎么干"。这三个问题一旦解决，职业生涯的发展就会比较顺利。

第三节　职业生涯规划的步骤

职业生涯规划是一个持续的过程，主要涵盖觉知与承诺、自我评估、了解工作世界、决策与目标的设定、职业发展路径的选择、制定行动方案与步骤、评估与反馈等环节。系统化的生涯规划是一个循环往复的过程，具体涉及以下几个方面。

一、觉知与承诺

大学生的职业生涯规划往往具有虚拟性和前瞻性，很多情况下只是理论上的探讨，但职业生涯规划是个人人生发展路径的全面规划和投资，其规划结果将影响人的一生，其重要性不言而喻。职业生涯规划不仅是一个概念，也是人力资源管理中的一个先进理念，大学生若想运用它，必须先认识并理解它，在理解概念的同时，积极主动地思考，结合自己的学习生活实践，领悟其中的真谛，并积极与职业规划专家进行交流，将职业生涯规划理论内化为自己的观念。在觉知与承诺阶段，大学生可以通过多种途径（如网络、书籍、报刊）获取关于职业生涯规划的知识，还可以从学校就业指导部门以及各种职业讲座中加强对大学生职业生涯规划这一基本概念的理解，积极将其应用到自己的学习中，使其成为指导学习、生活的准则。作为大学生，应真正认识到职业生涯规划对自身的重要性，承诺要对自己的职业生涯进行规划，并愿意投入时间和精力来规划和管理自己的职业生涯。

志向是事业成功的基础，没有志向，事业的成功就无从谈起。常言道："志不立，天下无可成之事。"立志是人生的起点，反映一个人的理想、胸怀、兴趣和价值观，影响一个人的奋斗目标及成就的大小。在制定生涯规划时，首先要确立志向，这是制定职业生涯规划的关键，也是职业生涯中最重要的一环。

二、自我评估

自我评估即对自己进行全面分析，通过各种方式认识自己。了解自己是职业生涯规划中的关键要素，只有认识了自己，才能对自己的职业做出正确的选择，才能选定适合自己发展的职业生涯路线，才能对自己的职业生涯目标做出最佳选择。在职业生涯规划过程中，自我评估是不可或缺的一步，是职业生涯规划的基础，关系到职业生涯的成功与否。

自我评估的目的是认识自己、了解自己。因为只有认识了自己，才能对自己的职业作出正确的选择，才能选取适合自己发展的职业生涯路线，才能对自己的职业生涯目标作出最佳抉择。自我评估包括自己的兴趣、特长、性格、学识、技能、智商、情商、思维方式、思维方法、道德水准以及社会中的自我等。即弄清楚自己是谁，自己想要做什么，自己能做什么。常言道"当局者迷"，一个人对自己的认识总是片面的。因此，在自我评估中还应包括他人的意见，我们称之为"角色建议"。

一个有效的职业生涯设计，必须是在充分且正确地认识自身条件与相关环境的基础上进行的。对自我及环境的了解越透彻，越能做好职业生涯设计。因为职业生涯设计的目的不只是帮助你达到和实现个人目标，更重要的是帮助你真正了解自己。自我评估的方法有很多，例如可采用以下方法。

1. 自我剖析法

列出以下事项：① 喜欢与不喜欢；② 优点与缺点；③ 环境扫描评估；④ 里程碑，即自己职业道路、人生道路上的重大转折点。

2. 关键事件分析法

对自己 5 年来的最成功与最不成功的 5 件事情进行分析，归纳出原因，综合成功事件与不成功事件的影响因素，从而形成能力与人格的自我概念。

3. SWOT 分析法

① 优势分析：自己出色的地方，特别是相比于竞争对手的优势方面。

你曾经做过什么，你学习了什么，最成功的是什么。

② 劣势分析：与竞争对手相比处于落后的方面。

性格弱点，如不善于交际、感情用事等，以及在经验或经历中所欠缺的方面。

③ 机会分析：有利于职业选择和职业发展的机会。

对社会大环境的认识与分析：当前社会的政治、经济、科技、文化发展趋势有利于所选职业的发展吗？对自己所选的企业环境的分析：企业在本行业中的地位与发展趋势如何？面对的市场怎样？有无职位空缺？职员需要具备哪些条件？

④ 威胁分析：存在潜在危险的方面。

企业要重组？企业走向衰落？新来的上司对自己有敌意？新同事或竞争对手实力增强？领导层发生变化？

4．橱窗分析法

橱窗分析法是一种借助直角坐标系不同象限来表示人的不同部分的分析方法，它以别人知道或不知道为横坐标，以自己知道或不知道为纵坐标。

橱窗 1：自己知道、别人知道的部分，称为"公开我"，属于个人展现在外、无所隐藏的部分。

橱窗 2：自己知道、别人不知道的部分，称为"隐私我"，属于个人内在的私有秘密部分。

橱窗 3：自己不知道、别人也不知道的部分，称为"潜在我"，是有待开发的部分。

橱窗 4：自己不知道、别人知道的部分，称为"背脊我"，犹如一个人的背部，自己看不到，别人却看得很清楚。

通过 4 个橱窗可知，须加强了解的是橱窗 3 和橱窗 4，进而更加全面地分析、了解自己。

运用科学有效的方法对自己的职业兴趣、性格、能力、价值观等进行全面认识，清楚自己的优势与特长、劣势与不足。自我分析要客观、冷静，不能以点带面，既要看到自己的优点，又要面对自己的缺点。只有这样，才能避免设计中的盲目性，从而达到设计高度适宜。

三、了解工作世界

职业作为社会经济活动中的一个组成部分，其产生与演变是社会经济发展不可避免的产物。随着社会经济的不断进步，社会分工变得越来越精细。在现代社会，职业选择者面临的职业选项繁多，令人难以抉择。为了更有效地进行职业决策，我们不仅需要全面了解自己的个性特点，还必须深入了解职业领域的各个方面。

1. 分析社会环境

分析社会环境涉及对政治、经济、法律、科技和文化等宏观因素的考察，同时也包括对职业环境的评估。社会环境对大学生的职业生涯乃至整个人生的发展具有深远的影响。通过分析社会大环境，可以了解所在国家或地区的政治、经济、科技、文化、法律状况，从而寻找各种发展机会。

职业生涯机遇的评估，主要是衡量各种环境因素对个人职业生涯发展的作用。每个人均处于特定的环境之中，脱离了这个环境，便无法生存与成长。在制定个人职业生涯规划时，需要分析环境条件的特点、环境的发展变化、个人与环境的关系、个人在环境中的地位、环境对个人的要求以及环境提供的有利条件与不利条件等。只有充分了解这些环境因素，才能在复杂环境中避害趋利，使职业生涯规划具有实际意义。评估机遇主要是评价周围环境对个人职业生涯发展的影响。评估的关键因素包括政治环境、社会环境、经济环境、组织环境等。只有明确了这些基本影响因素，才有可能获得成功。

机遇因人而异，每个人都有适合自己的道路，适合他人的未必适合你，适合你的未必适合他人。这需要参考个性特点，实现人职匹配。具体来说，就是先进行个人心理分析；再分析成功职业者的性格特点；最后将两者进行比较，从而确定适合的员工和职业。管理心理学中有许多相关理论，例如霍兰德的六种职业兴趣理论等。

环境因素评估主要包括对组织环境、政治环境、社会环境、经济环境的评估。

2. 行业分析

行业分析包括对当前从事行业和未来意向行业的环境分析，涵盖行业的发展状况、国际及国内重大事件对行业的影响、行业的优势与问题、行业发展趋势等方面。

3. 职业领域分析

职业领域分析包括对职业的分类和内容、专业与职业的关系、具体职业对工作人员的要求、条件和待遇、教育方面的选择、社会对人才的素质要求、获取职业信息的方法等方面的考察。

4. 职业方向选择

职业选择的正确性直接关系到人生事业的成功与否。据调查，在职业选择错误的人群中，有 80% 的人在事业上遭遇失败。由此可见，职业选择对人生事业的发展至关重要。那么，大学生应如何进行正确的职业方向选择呢？至少应考虑以下几点：

① 性格与职业的匹配；

② 兴趣与职业的匹配；

③ 特长与职业的匹配；

④ 内外环境与职业的匹配。

对工作世界的认识是进行正确而合理的职业选择的基础。职业信息的获取与应用可以激发大学生探索职业生涯的积极性。在分析和判断职业信息时，大学生可以增强对自我及职业世界的了解，甚至引起认知或态度上的变化。

四、决策与目标的设定

在进行合理的职业生涯定向测评后，大多数学生应对自己的职业生涯有了初步的认识和理解，了解了自身的特质。此时，应当综合分析学生的个人特点、职业理想、专业需求、发展前景，以及社会政治环境、经济环境等因素，以确立职业生涯决策和目标。

（一）职业生涯决策

随着市场经济在我国主导地位的确立，个人择业自主性增强。如何根据人力资源市场的需求和个人特质合理选择或转换职业，成为每个人必须面对的问题。解决个人职业问题和做出职业决策，需要考虑个人价值观、兴趣、技能、职业信息、教育背景、工作环境等信息，并仔细分析，以进行职业选择或探索，这一过程即为"职业生涯决策"。

（二）职业生涯目标

1. 目标确立的要素

高校学生职业生涯目标的确立，基于前期职业生涯定向测评的结果，根据学生特质与理想，确立适合其发展的职业生涯前景目标，是具体化职业目标的过程。职业生涯目标是学生一生的追求，其需要具备以下五个要素。

① 明确性，能清晰反映个人理想与价值观；

② 计划性，有详细的发展方向和具体行动计划；

③ 激励性，实现目标的效价高、概率大；

④ 可行性，与学生实际情况、社会经济发展需求、企业行业提供的可能性相符合，具有可行性；

⑤ 坚定性，能持之以恒地努力向目标前进。

2. 设定目标的方法与意义

职业生涯目标是对自我长期追求目标的规划，其设定依据是个人最佳才能、最优性格、最大兴趣、最有利环境等信息，具有理想性。其实施过程由具体阶段构成，需要将发展方向与具体化目标分解，在不同阶段集中精力完成相关任务，即将其分解为阶段操作目标。阶段操作目标分为长期目标、中期目标、短期目标和人生目标四种，短期目标一般为一至二年，中期目标一般为三至五年，长期目标一般为五至十年。在设定阶段操作目标时，重点在于设定中期目标与短期目标，以切实引导现实的学习与职业活动。在设定阶段操作目标过程中，应注意两个问题：第一，各目标有机衔接，短期目标服务于中期目标，中期目标服务于长期目标；第二，切合现实又略高于现实，即通过努力能够顺利完成目标，有助于最大限度地激发学生的积极性。

职业生涯目标的设定，是职业生涯规划的核心。一个人事业的成败，在很大程度上取决于是否有正确、适当的目标。没有目标，人会如同驶入大海的孤舟，四野茫茫，没有方向；树立了目标，才能明确奋斗方向，目标犹如黑暗中的灯塔，引导你避开险礁暗石，走向成功。

3. 设定目标的步骤

通常，一个人的目标会随着时间的变化而变化，在每个重要阶段的目标可能不同。重要的是，目标既不能过高，也不能过低。设置目标的标准是：跳一跳，够得着。要经过分析评估，才能设立符合实际，并且对自己有强大促进作用的目标。以下介绍设立职业目标的 13 个步骤。

（1）步骤 1

开始编织美梦，包括你想拥有的、你想做的、你想成为的、你想体验的。现在，请坐下来，拿一张纸和一支笔，动手写下你的心愿。在你写的时候，不必考虑目标如何达成，尽量写即可。直到你觉得没有什么可以写的时候，你可以看看下面几个问题并回答它们，这些问题会引导你去了解自己内心深处的渴望，这会花一些时间，但你现在的努力，将会为下一步的丰富收获打下基础。

① 在你的生活中，你认为哪五件事最有价值？

② 在你的生活中，有哪三个最重要的目标？

③ 假如你只有六个月的生命，你会如何度过这六个月？

④ 假如你立刻成为百万富翁，在哪些事情上，你的做法会和今天不一样？

⑤ 有哪些事是你一直想做，但却不敢尝试去做的？

⑥ 在生活中，有哪些活动你觉得是最重要的？

⑦ 假如你确定自己不会失败（拥有充足的时间、资源、能力等），你会敢于梦想哪一件事情？

回答完这些问题后，把你列出的所有目标分成六个类别：健康、修养 / 知识、爱情 / 家庭、事业 / 财富、朋友、社会。

（2）步骤 2

审视你所写的，预期希望达成的时限。你希望何时达成呢？有实现时限的才可能叫目标，没时限的只能叫梦想。

在目标中选择你最愿意投入的、最令你跃跃欲试的、最能令你满足的四件事，并把它们写下来。建议你明确地、扼要地、肯定地写下你实现它们的真正理由，告诉你自己能实现目标的把握和它们对你的重要性。

如果你做事知道如何找出充分的理由，那你就无所不能，因为追求目标的动机比目标本身更能激励我们。

（3）步骤3

核对你所列的四个目标是否与形成结果的五大规则相符合。

① 用肯定的语气来预期你的结果，说出你希望的而非不希望的；

② 结果要尽可能具体，还要明确完成的期限与项目；

③ 事情完成时你要能明确知道已经完成了；

④ 要能抓住主动权，而非任人左右；

⑤ 明确目标是否对社会有利。

（4）步骤4

列出你已经拥有的各种重要的资源。当你进行一个计划时，就要知道该使用哪些"工具"，即你所拥有资源的清单，里面包括自己的个性、朋友、财物、教育背景、时限、能力以及其他。这份清单越详尽越好。

（5）步骤5

当你做完这一切后，请你回顾过去，有哪些你所列的资源你能运用得很纯熟，找出你认为最成功的两三次经验，仔细想想是做了什么特别的事，才造成事业、健康、财务、人际关系方面的成功，请记下这个特别的原因。

（6）步骤6

当你做完前面的步骤后，现在请你写下要达成目标本身所需要的条件。

（7）步骤7

写下你不能马上达成目标的原因。首先你得从剖析自己的个性开始，是什么原因妨碍你的前进？要达成目标，你得采取什么做法？如果你不确定，可以想想有哪位成功者值得你去学习。你得从最终的成就倒算，往你目前的地位一步步列出所需的做法。以你在第七条中找出的资料作为你设计未来计划的参考。

（8）步骤8

现在请你针对自己的四个重要目标，设定出实现它们的每一个步骤。别忘了，从你的目标往回设定步骤，并且自问，我第一步该如何做才会成功？是什么妨碍了我，我该如何改变自己呢？一定要记得，你的计划应包含今天你可以做的，千万不要好高骛远。

（9）步骤9

为自己找一些值得效仿的模范。从你周围的人或从名人当中找出三五位在你的目标领域中有杰出成就的人，简单地写下他们成功的特质和事迹。在你做完这件事后，请你闭上眼睛想一想，仿佛他们每一个人都会提供你一些能达成目标的建议，记下他们每一位提供的建议，如同他们与你私谈一样，在每句中重点下记下他们的名字。回想过去曾有过的重大成功事迹，将它与你新目标的图像进行置换。

（10）步骤10

使目标多样化且有整体意义。

（11）步骤11

为自己创造一个适当的环境。

（12）步骤12

经常反省所做的结果。

（13）步骤13

列一张表，写下过去曾是你的目标而目前已实现的一些事。你要从其中看看自己学到了些什么，这期间有哪些值得感谢的人，你有哪些特别的成就。有许多人常常只看到未来，却不知珍惜和善用已经拥有的。所以你要知道，成功的要素之一就是要存有一颗感恩的心，时时对自己的现状心存感激。

当你按照这些步骤设立好自己的职业目标后，几周内，你的内心会越来越稳定而且有方向感。别人会开始注意到你的改变。几个月内，你会发现自己的一些目标在一步一步变成现实。你在无形中，走到一个令自己与他人惊讶的高度。

对于在校大学生而言，首先要构建自己合理的知识结构，即构建一个以专业知识为核心，相关专业知识、基础及一般知识为支撑的稳固、宽泛的知识结构。其次是要培养职业所需要的实践能力，即具备从事本行业岗位的基本能力和某些相关专业的能力。能力比知识更重要，所以，大学生应重点培养满足社会需要的决策能力、创造能力、社交能力、实践操作能力、组织管理能力、终身学习能力、心理调适能力、随机应变能力等。高校学生于在校阶段的操作目标应根据自我的职业生涯规划而定，涵盖以下内容：文化基础知识学习目标、综合职业能力与关键能力培养目标、实践经验积累目标、职业决策与适应能力培养目标、人格完善目标等。设定操作目标的过程中应将上述项目分解到每学年、每学期、每月、每周、每天，确保每天均按目标开展相关活动，以获得相应的发展。

五、职业发展路径的选择

（一）职业发展路径概述

职业发展路径通常指组织为员工设计的自我认知、成长和晋升的管理方案，它指明了员工可能的发展方向及发展机会。在个人职业生涯规划过程中，职业发展路径指的是个人在确定职业方向后，为了达成职业目标和理想所采取的特定路径。如果缺少职业发展路径蓝图，会走许多错路、弯路，导致资源、时间、精力的浪费。

每个人在职业定向后，必须选择一条职业发展路径，使今后的学习和工作沿着预定路径发展。由于职业发展的方向各异，所需条件也有所区别，因此，在职业规划过程中，必须做出选择，确保工作、学习和各种活动能够沿着既定的职业路径和方向前进。在当前社会、经济和科技快速发展的背景下，组织管理趋向扁平化和网络化，传统的纵向职业发展路径变得越来越狭窄，促使人们通过职业的横向转换来满足职业发展的需求。职业发展路径呈现出新的趋势，即趋向于多元化。

面对多元化职业发展路径的新趋势，高校学生在选择职业发展路径时，应基于对社会职业机会、职业流动模式以及个人职业目标、综合职业能力、关键能力以及智力和非智力因素的全面客观分析，坚持方向性、适应性和灵活性原则，确保个人职业发展路径与职业目标相符，适应个人实际情况和社会需求。同时，要根据个人和环境的变化灵活调整，保证其适应性。

大学生可以运用 5W 思考法和 SWOT 分析法来分析和解决职业发展路径选择的问题，合理规划职业发展路径，提升其科学性、合理性和有效性。在确定职业后,是选择行政管理路径,还是专业技术路径,抑或是先走专业技术路径,再转向行政管理路径……由于不同的发展路径对职业发展有不同的要求,因此,在职业生涯规划中,必须做出选择,以便使个人的学习、工作和各种行动措施沿着既定的职业路径或方向前进。通常,职业发展路径的选择需要考虑以下三个问题:

① 我倾向于哪条发展路径?

② 我有能力发展哪条路径?

③ 我有机会发展哪条路径?

对这三个问题进行综合分析,有助于确定最适合自己的职业发展路径。

(二)选择职业发展路径的常用方法

1. 三分法

大学生职业生涯发展路径可以概括为"红、黄、黑"三条路(图3-1)。一条是指进入政府机关或事业单位工作,工作稳定,前途光明,故称"红路";一条是指进入企业或自主创业,以创造财富为主,黄金是财富的象征,故称"黄路";一条是指继续升学,因博士帽为黑色,故称"黑路"。

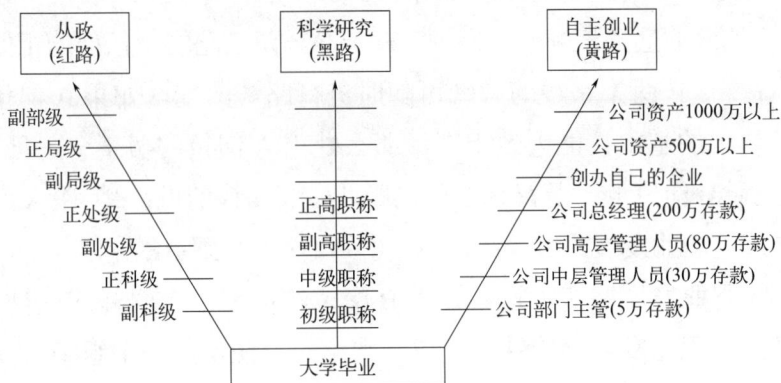

图 3-1 大学生常见的三条职业发展道路

2. 五分法

"红、黄、黑"三条路是一种非常笼统的分法,随着时代的发展,职业种类增多，社会分工细化，这三条路线显然不能囊括所有劳动者的职业发展通道，现参照霍兰德的职业分类理论，把大学生职业发展通道细化为五条，如图 3-2 所示。

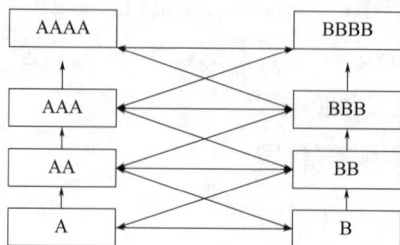

图 3-2　大学生职业发展通道

　　尽管每个人设计的职业发展路径都呈现不断上升的态势，但它仅仅指明一个发展方向。一个组织内没有足够多的高层职位为每个员工提供升迁机会，一个人也不一定终生从事同一项工作。因此，在职业生涯路径的实施过程中，个人可以根据外部条件和自身因素的变化进行路线调整，可以在两条或多条路径上平行发展，也可以在两条或多条路径的同类岗位上平移或交叉移动，从而构成网状职业生涯发展路径。

　　图 3-2 中，选择路线 A 的人会沿着"A → AA → AAA → AAAA"的职业通道不断向上发展，选择路线 B 的人会沿着"B → BB → BBB → BBBB"的职业通道不断向上发展。一旦 AB 两条路线有任何的相似点或交叉点，A、B 两条路线的人就可随时进行路线改变。如果 A 岗位与 B 岗位所要求的基本技能大致相同，那么处于 A 岗位的员工有三种选择：① 转换到 B 岗位上，沿着 B 部门的职业发展路线前进；② 在 A 部门内沿着传统的职业发展路线继续前进；③ 直接提升到 BB 岗位上，再沿着 B 部门的职业发展路线前进。处于 B 岗位的员工也有同样的三种选择，这样员工的职业发展路线就呈现出网状结构。现实中一个组织可能拥有多个具有相同技能要求的岗位，那么职业发展路径也就更为复杂。

　　网状职业发展路径设计降低了职业发展堵塞的概率，为个人带来更多的职业发展机会。当个人所在单位或部门的发展机会较少时，或个人对所从事的工作产生厌倦时，可以选择转换到新的工作领域，开始新的职业生涯。比如，有的人一开始选择了专业技术方向，但仍然对管理有兴趣，并希望能在管理领域做出一番事业，他完全可以沿着双重职业生涯路线跨越发展。即一开始从事某种技术性职业，不断积累充实专业知识，然后在适当的时候，转向专业技术部门的管理职位。

深圳华为技术有限公司多数员工的职业发展道路就是一个典型案例，如图 3-3 所示。

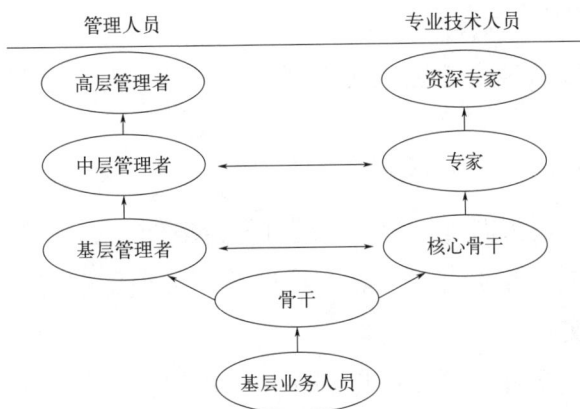

图 3-3　华为员工的职业发展道路

大学生在制定职业发展路径时存在"重管理，轻技术"的思想，不少学生为自己设计的发展道路是纯管理型路线。但现实生活中，管理类岗位毕竟只是一小部分，作为没有工作经验、不清楚各岗位所必备的工作技能，更不具备任何行业管理经验的大学生来说，一味追求向管理岗位发展，碰壁是必然的。

（三）如何选择合理可行的职业发展路径

应当围绕以下四个方面进行深入考虑。

① 希望向哪条职业生涯路径发展。这是指根据个人的爱好、兴趣、价值观、理想和成就动机等因素，分析出自己希望朝哪条路径发展，以便确定自己的职业生涯目标取向。

② 适合往哪条职业生涯路径发展。这是指综合分析自己的性格、经历、特长、学历、家庭影响等一些主客观条件，考虑适合向哪条路径发展，以确定自己的能力取向。

③ 能够往哪条职业生涯路径发展。这是指分析自身所处的社会环境、经济文化环境、政治环境和组织环境等因素，衡量自己能够向哪条路径发展，以确定自己的机会取向。

④ 选择哪条职业生涯路径更有可能取得进一步发展。主要是指选择自己希望和适合的职业生涯发展路径后，进一步综合分析各方面因素，判断这条路径是否有利于职业生涯目标的实现，是否有利于进一步发展。

（四）促进职业发展路径的落实

大学生可以从教育培训和实践锻炼两方面努力，以促进职业发展路径的落实。

1. 教育培训

教育培训就是根据目标分解，制订教育培训计划，它是提高竞争力、接近目标的重要策略。有效的教育培训计划必须是指向目标的、切合自身实际的和可实施的。

教育的形式多样，可以通过讲座、远程教育、视听影像、培训班学习等方式进行，时间可长可短。教育培训的内容主要包括基础知识、专业知识、工作技能，也包括通用能力，如团队精神、沟通能力、执行力等。

大学生为了提高职业技能，加强自身对岗位的适应性，应当积极参加学校开设的专业技能强化课程，主动参加专业培训，如报关员、单证员、口译员、网络工程师、涉外文秘等职业资格培训，利用这些机会，获得有效的自我提高。

2. 实践锻炼

实践出真知，知识的积累、技能的培养、素质的提高主要靠平时实践中的学习。实践锻炼是缩小能力差距最有效、最直接的方法。

通过参加社团活动、社会实践和职业实习等活动，了解社会的政治、经济发展趋势，认识社会以及社会对人才的素质要求，根据社会需要有计划地提高自己的专业知识、工作技能、职业精神、身心素质等，避免学习的盲目性。通过职业实习，大学生还能够更加清楚社会职业分类及职位变化，清楚不同职位对自己的意义，这有利于大学生在就业过程中正确定位、顺利就业。

六、制定行动方案与步骤

选定职业后，行动成为实现目标的关键。没有行动，目标难以达成，职业生涯的成功也无从谈起。这里所说的行动，主要是指实现目标的具体措施，包括教育、培训、实践等方面。例如，在职业素质方面，你打算学习哪些知识，掌握哪些技能，挖掘哪些潜能？你将采取哪些措施？计划用多久时间达成目标？这些计划需要特别具体、可行，便于定期检查。

一旦有了明确的计划和方案，就应按照各阶段目标，制定执行步骤并付诸行动。例如，在大学四年中，每个阶段的培养目标不同，个人制订的计划和采取的行动措施也应各有侧重。

在大一阶段，主要任务是正确认识大学、认识自我，进行职业剖析，制定职业目标；初步了解职业，特别是未来想从事的职业或与专业对口的职业；提高人际沟通能力，多与学长交流，尤其是大四学长，了解就业情况；多参加学校活动，提高交流技巧、沟通能力；利用学生手册、学校网站、讲座等途径了解学校各项规章制度。

在大二阶段，开始考虑毕业后是升学、就业还是自主创业，主要任务是提升自身基础素质。通过参加学生社团组织，锻炼各种能力，同时检验自己的知识技能。尝试兼职，最好能在课余时间从事与未来职业或本专业相关的工作，提高责任感、主动性和抗挫折能力。增强英语口语能力、计算机应用能力，通过英语、计算机等级考试，有选择地辅修其他专业的知识来充实自己。

在大三阶段，加强自身综合素质，培养职业目标所需的各种能力，提高求职技能，关注就业信息，做出升学、就业、自主择业等路径的抉择。撰写专业学术文章时，应大胆提出自己的见解，锻炼独立解决问题的能力和创造力，参加和专业有关的实践活动，和同学交流求职的心得体会，学习写简历、求职信，适当尝试求职。

在大四阶段，侧重于择业、就业或创业。对前三年的准备作一个总结，检验自己确立的职业目标是否合理，前三年的准备是否充分。开始申请工作，积极参加招聘活动。了解用人单位资料信息，强化求职技巧，进行模拟面试训练等。

七、评估与反馈

鉴于社会环境的变动及其他不可预知的因素，我们原先设定的职业生涯规划与现实情况之间难免会出现差异。正如人们常说的"计划赶不上变化"，特别是在当今职场，变化才是唯一不变的规律。职业生涯规划受到众多因素的影响，其中一些是可以预见的，而另一些则难以预测。因此，对职业目标和生涯规划进行适时的调整显得尤为重要。职业生涯的评估与反馈能够为我们带来宝贵的经验。这一过程不仅是个人对自我认知的深化，也是对社会认知的深化，是提升职业生涯效率的关键手段。评估与反馈涉及对职业选择、生涯路径、人生目标以及实施策略的重新审视和调整，可以分为以下两个阶段。

（一）评估阶段

生涯规划是个人生活与职业发展的蓝图。尽管在制定职业规划时，我们已经考虑了众多内在和外在、主观和客观的因素，但随着时间的流逝，这些因素可能会发生变化。因此，为了保证规划的实用性和有效性，必须定期对生涯规划的内容和成效进行评估。此外，在执行过程中，也会遇到当初规划时未能预见的问题和挑战。为了确保生涯规划的效果，在每个步骤实施后，有必要对规划执行的方法进行评估。

（二）反馈与修订规划阶段

在执行生涯规划的过程中，必须为未来的计划调整留出空间，修订的依据是每次评估后得到的反馈信息。计划修订的时机应考虑以下几点：首先，定期检查预定目标的实现进度；其次，在每个阶段目标实现后，根据实际效果调整后续阶段的目标和策略；再次，当客观环境变化影响到计划执行时进行修订；最后，有效的生涯设计还需要不断地反思和修正生涯目标，审视策略方案是否适宜，以适应环境的变化，并为下一轮生涯规划提供参考。

　　有效的职业生涯规划有助于我们持续地反思和修正目标与策略方案。人生宛如在未知海域中航行，我们无法预知下一刻会发生什么，现实社会中的不确定性因素会导致我们偏离最初设定的职业生涯目标。这就要求我们及时调整规划目标和行动方案，以确保我们的追求之路能够顺利持续，并使我们最终达成最高的人生理想。从这个角度来看，反馈评估确实是一个重新认识和发现自我的过程。

· 第四章 ·

价值观探索

常言道"各有所好"，当一个人决定其偏好的职业道路时，我们可将这种偏好视作其职业价值观。职业价值观是影响职业抉择的核心要素，是个人在任何情况下都不会妥协的基本原则，它揭示了一个人通过职业所期望实现的目标。设想一下，如果金钱、权力、成就、幸福、贡献或家庭是你人生中的首要追求，那么不同的追求将塑造出怎样的人生呢？本章将带领大家一同探讨价值观的内涵，认识价值观对人生观的重要性，以及它对人生的影响。通过价值观的澄清，帮助我们明确自己的真实愿望，摆脱价值观上的迷茫，确立正确的价值观。

第一节　价值观

价值观在人们认识和改变世界的过程中发挥着至关重要的导向作用。它既影响着人们对事物的理解和评价，也影响着人们改变世界的行动。

一、价值观的定义

价值观是指个人对周围客观事物（包括人、事、物）的意义和重要性的总体评价和看法。它不解释客观对象的本来面貌，不揭示其本质规律，也不预测其未来趋势，而是反映客观事物对人的意义或价值。价值观是人们行为的内在驱动力，它控制和调整所有社会行为，涉及社会生活的各个领域。从本质上讲，价值观体现了主体的根本地位，反映了主体的需求、利益、情感、愿望和追求，以及实现这些的能力和方式等主观特征，是以"信仰什么、需要什么、坚持什么和追求什么"的形式存在的精神目标系统。从功能上讲，价值观是人们心中衡量事物轻重、权衡得失的尺度。从社会整体角度看，它是人和社会精神文化系统中深层的、相对稳定的、主导性的部分；从个体角度看，它是每个人在生活和事业中最重要的精神追求、支柱和动力。简而言之，价值观就是你认为什么是最重要的，什么是你真正追求的。

价值观念是具体的。例如，民主、自由、权力、幸福、人生、求偶、求学、就业等价值观念。

价值观是关于价值和价值关系的根本看法、观点和态度，是人的自觉意识。它存在于价值观念之中，通过价值观念表现出来，但它是价值观念的核心，是最基本的价值观念。因此，价值观念与价值观实质上是具体与一般的关系。

价值观是在价值观念的基础上形成的。在日常生活中，人们在思考实践活动的预期目的和结果时，需要对参与实践的各种因素进行评价。这既是对以往实践的总结，也对未来实践具有指导意义。通过反复的生活实践，人们逐渐积累起对各种事物及其各个方面的总体印象和评价。感性认识积累到一定程度，经过多次体验、思考和评价，就会形成理性价值认识，使价值认识达到价值观念的层次。价值观念层次的认识相对稳定。人们通过对各种价值观念的积累、筛选、浓缩和经验的反复验证，形成了一种基本立场和态度，产生了更稳定的价值评价、价值目标和价值追求倾向，这就是价值观。价值观的主要表现形式是信念、信仰和理想。

二、价值观的基本特征

1. 稳定性和持久性

价值观具有相对的稳定性和持久性。在特定的时间、地点、条件下，人们的价值观总是相对稳定和持久的。例如，对某种事物的好坏总有一个看法和评价，在条件不变的情况下，这种看法不会改变。

2. 历史性与选择性

不同历史时期和社会生活环境中形成的价值观是不同的。一个人的价值观从出生开始，在家庭和社会的影响下逐步形成。一个人所处的社会生产方式及其经济地位，对其价值观的形成具有决定性影响。当然，报刊、电视、广播等媒体传播的观点以及父母、老师、朋友和公众人物的观点与行为，对一个人的价值观也有显著影响。

3. 主观性

价值观是根据个人内心的尺度来区分好与坏的标准，这些标准都可以称为价值观。

4. 可变性

根据舒伯的生涯发展理论和马斯洛的需求层次理论，个人所处的生涯阶段、社会环境的不同，甚至是某些特殊情况或突发事件，都有可能使个人的需求发生变化，从而导致价值观的变化。由于环境的改变、经验的积累、知识的增长，人们的价值观有可能发生变化。

三、价值观的重要性

价值观在塑造个人行为和自我认知方面扮演着至关重要的角色。它不仅决定了一个人的理想、信念、生活目标和追求方向，还对动机产生导向作用。在相同的外部条件下，不同价值观的人会表现出不同的动机模式和行为。例如，在突发公共卫生事件中，我们看到了不同人群的多样化表现，有无私奉献的医护人员、慷慨解囊的商人，也有囤积物资和制造假口罩的不法分子。这些行为反映了人们在价值观上的差异。价值观还反映了人们的认知和需求，是人们对客观世界和行为结果的评价和看法。

价值观作为一种基本信念，带有判断色彩，体现了个人对善恶、对错以及喜好的看法。求职者的职业目标和要求因教育背景和环境的差异而异。在面临选择时，职业价值观往往成为决定性因素，如选择工作舒适还是稳定，这些选择反映了人们内心的职业价值观。

价值观一旦形成，便对个人价值观念的发展起到指导作用，成为主导性的思想基础。例如，通过学习历史上的爱国事迹，人们认同了"天下兴亡，匹夫有责"的价值观；在国家面临外敌入侵时，人们展现出强烈的民族凝聚力和维护国家主权的意愿；在现代社会，人们认识到爱国与爱社会主义的统一，形成了爱社会主义的价值观念，这些都体现了民族的自尊心、自信心和自豪感。

价值观一旦确立，便对个人的价值观念产生统摄和制约作用，包括价值评价、价值目标和价值追求。价值评价基于价值标准，蕴含着价值目标和价值追求；而价值目标和价值追求又反过来影响价值评价。价值观的核心问题是"为谁的问题"，它体现了价值观的主体理念和价值标准，是区分不同价值观的根本标志。

价值观一旦形成，就成为一种先入为主的立场和态度，成为一种思维定式和行为倾向。在日常生活中，它表现为人们判断事物好坏的基本态度和立场，即对事物的作用、意义、价值的根本观点、态度和立场。对于一个民族而言，价值观是他们的理想、信念和精神支柱。价值观的性质决定了它对人的思想和行为具有更直接和更根本性的指导作用，这在它与世界观、人生观的关系中得到了进一步的证明。价值观是世界观、人生观的重要组成部分，它们之间不是并列关系，而是包含关系。每一种世界观、人生观的确立都意味着一种价值观的确立。价值观在不自觉状态下以隐性形式存在，在自觉状态下则以显性形式存在。不存在没有价值观的世界观和人生观。

四、价值观的种类

（一）米尔顿·罗克奇的价值观理论

美国心理学家米尔顿·罗克奇在其著作《人类价值观的本质》中提出了十三种价值观。

① 成就感：提升社会地位，获得社会认同；希望工作得到他人认可，对完成工作和挑战成功感到满足。

② 追求美感：有机会多方面欣赏周围的人、事、物，或任何自己认

为重要且有意义的事物。

③ 挑战：有机会运用智慧解决难题，舍弃传统方法，选择创新方式处理事务。

④ 健康（包括身体和心理）：工作时能够避免焦虑、紧张和恐惧，能够心平气和地处理事务。

⑤ 收入与财富：工作能够显著改善个人财务状况，能够获得金钱能买到的物品。

⑥ 独立性：在工作中拥有弹性，能够充分掌握时间和行动，享有高度自由。

⑦ 爱、家庭、人际关系：关心他人，与人分享，帮助他人解决问题；对周围的人表现出体贴和关爱。

⑧ 道德感：与组织目标、价值观和工作使命保持一致，紧密结合。

⑨ 欢乐：享受生活，结交朋友，与他人共度美好时光。

⑩ 权力：能够影响或控制他人，使他人按照自己的意愿行动。

⑪ 安全感：满足基本需求，拥有安全感，远离突如其来的变化。

⑫ 自我成长：追求知性刺激，寻求更圆满的人生，在智慧、知识和人生体验上有所提升。

⑬ 帮助他人：意识到自己的付出对团体有益，使他人因自己的行动而受益。

（二）格雷夫斯的价值观分类

由于人们的生活和教育经历各不相同，因此价值观也呈现出多样性。行为科学家格雷夫斯对不同价值观进行了分类，他通过对企业组织内不同人物的广泛调查和分析，总结出以下七个类型。

① 反应型：这类人缺乏自我意识，仅根据基本生理需求做出反应，不考虑其他因素。这类人极为罕见，类似于婴儿。

② 部落型：这类人依赖性强，遵循传统习惯和权威。

③ 自我中心型：这类人信仰极端个人主义，自私且挑衅，主要追求权力。

④ 坚持己见型：这类人无法容忍模糊不清的意见，难以接受不同的

价值观，希望他人接受自己的价值观。

　　⑤ 玩弄权术型：这类人通过操纵他人和篡改事实来实现个人目的，非常现实，积极争取地位和社会影响力。

　　⑥ 社交中心型：这类人重视被他人喜爱和与人相处，但受到现实主义、权力主义和坚持己见者的排斥。

　　⑦ 存在主义型：这类人高度容忍模糊不清的意见和不同观点，敢于对制度和权力的滥用提出批评。

　　迈尔斯等管理学家在 1974 年对美国企业的现状进行了研究，他们认为一般企业员工的价值观分布在第二和第七类型之间。对于管理人员而言，过去多属于第四和第五类型，但目前情况正在变化，第六和第七类型的人逐渐取代了前两者。

五、大学生如何践行社会主义核心价值观

　　一个民族、一个国家的核心价值观必须同这个民族、这个国家的历史文化相契合，同这个民族、这个国家的人民正在进行的奋斗相结合，同这个民族、这个国家需要解决的时代问题相适应。培育和弘扬社会主义核心价值观必须立足于中华优秀传统文化。牢固的核心价值观，都有其固有的根本。抛弃传统、丢掉根本，就等于割断了自己的精神命脉。博大精深的中华优秀传统文化是我们在世界文化激荡中稳固立足的根基。中华文化历史悠久，积淀着中华民族最深沉的精神追求，代表着中华民族独特的精神标识，是中华民族生生不息、发展壮大的丰厚滋养。中华传统美德是中华文化精髓，蕴含着丰富的思想道德资源。不忘本来才能开辟未来，善于继承才能更好创新。对历史文化特别是先人传承下来的价值理念和道德规范，要坚持古为今用、推陈出新，有鉴别地加以对待，有扬弃地予以继承，努力用中华民族创造的一切精神财富来以文化人、以文育人。大学生应在这一伟大时代努力践行以下几个方面的内容。

1. 要明确自己的角色定位

　　大学生在社会中的角色有别于其他社会群体，他们拥有年龄和知识才能方面的优势，肩负的历史使命和责任更为重大。社会对大学生的期

望是德才兼备，且"德"始终是首要的。因此，大学生要坚持全面发展，更应坚持"以德为先"，首先要学会做人，成为有思想、有道德的大学生，拥有强烈的道德荣辱感，自觉地、高标准地实践"社会主义核心价值体系"，从而提升自身的道德修养。

2. 要从自身做起、从现在做起，做好本职工作，学好技能

社会主义核心价值观涵盖了国家、社会和个人三个层面，对个人层面的要求是爱国、敬业、诚信、友善，既包括对国家的热爱，也涵盖了在社会中立足和增强竞争力的各种品质要求，与大学生成长、成才的愿望和目标完全一致，对大学生成长、成才具有积极的指导作用。大学生应结合自身实际，树立正确的人生观、价值观。要把"社会主义核心价值观"作为个人道德修养的具体准则和基本要求，从自身做起、从现在做起、从细微处做起，珍惜大学时光，认真、勤奋地完成自己的本职工作——成为一名杰出的大学生，努力学习，多学知识，多增技能，多长见识，用实际行动践行社会主义核心价值观。

3. 要积极参与社会实践活动

实践是培养大学生改造客观世界能力的活动，也是提升大学生改造主观世界能力的活动，是知与行有机统一的过程，也是内化转化和体现外化以及外化推动内化和巩固内化的过程。当代大学生必须高度重视社会实践，除了在学校学好课程外，还要积极参与各种有益的社会实践活动，在实践活动中践行社会主义核心价值观，根据自己的专业特点和特长为社会贡献力量。例如，以服务山区和农村为重点的大学生志愿者文化科技卫生"三下乡"活动，以及科教、文体、法律、卫生"四进社区"活动。这些实践活动引导大学生走进社区、工厂、农村，在实践中接受教育、增长才干、作出贡献。

4. 要自省自律、知耻改过

在中国传统道德修养理论中，自省、改过、慎独等都受到高度重视，要求人们"吾日三省吾身""过则勿惮改""君子慎其独"，这些思想在中国历史上产生了深远影响，有力地促进了中华民族优秀道德传统的形成和发展。一位哲人曾说："失去羞耻之心会使人陷入麻木，激发羞耻之心会使人改过向善。"不辨是非难处事，不知荣辱不成人。因此，在大学生荣辱观的培养中，应当积极引导大学生自觉地养成自律自省的意识和知耻改过的观念，勇于反省自己的思想和行为，明辨是非荣辱，自觉加强自我约束，使优良思想道德观念的培养成为他们主动的人生追求。

第二节　价值观与职业选择

一份最新的专业调研揭示了当前大学生在选择职业时的倾向：重视物质利益，轻视精神追求；注重个人利益，忽视社会责任；关注眼前利益，忽略长远发展。在此提醒大学生们，应该有一个清晰的认识：人生的价值在于为人类作出贡献，而不仅仅是为自己而活；人生的价值在于奉献而非索取；人生即为奋斗，时时刻刻都应学习，掌握技能，建设祖国，为人民和自己带来幸福。职业选择与一定的道德原则和社会意义紧密相关，需要有正确的价值观和明确的学习目标。在选择职业时，不仅要对职业的性质和内容有所了解，而且要保证职业与个人的兴趣和能力相匹配，选择应从个人需求出发。

亚伯拉罕·马斯洛在其 1954 年出版的著作《动机与人格》中提出，他所指的"动机"并非通常理解的"内在力量推动行为"的概念，他所言的"动机"，是指人性中固有的善良本性。动机就像大树的种子，在成长为参天大树之前，种子内已蕴含了成长为大树的所有内在潜力。人类的动机，即个人一生中成长和发展的内在潜力。因此，马斯洛的动机理论实际上是他的人格发展理论，也就是我们今天所熟知的马斯洛需求层次理论。

一、马斯洛需求层次理论概述

（一）马斯洛需求层次理论简介

马斯洛在书中将动机视为由多种不同性质的需求构成，因此称之为需求层次理论（need-hierarchy theory）。他在 1954 年出版的著作《动机与人格》中将动机分为五个层次：生理需求、安全需求、社交与归属需求、尊重需求和自我实现需求。在 1970 年的新版中，他又将这些层次扩展为七个（图 4-1）。

① 生理需求，指维持生命和繁衍后代的基本需求；

② 安全需求，指寻求保护和避免威胁以获得安全感的需求；

③ 社交与归属需求，指被接纳、爱护、关注、鼓励和支持的需求；

④ 尊重需求，指获取并保持个人自尊心的需求；

⑤ 认知需求，指对自身、他人及事物变化的理解需求；

⑥ 审美需求，指对美好事物的欣赏，以及希望周围环境有序、结构合理、顺应自然和真理的心理需求；

⑦ 自我实现需求，指在精神上达到真善美统一的人生境界，即个人所有需求或理想得到实现的需求。

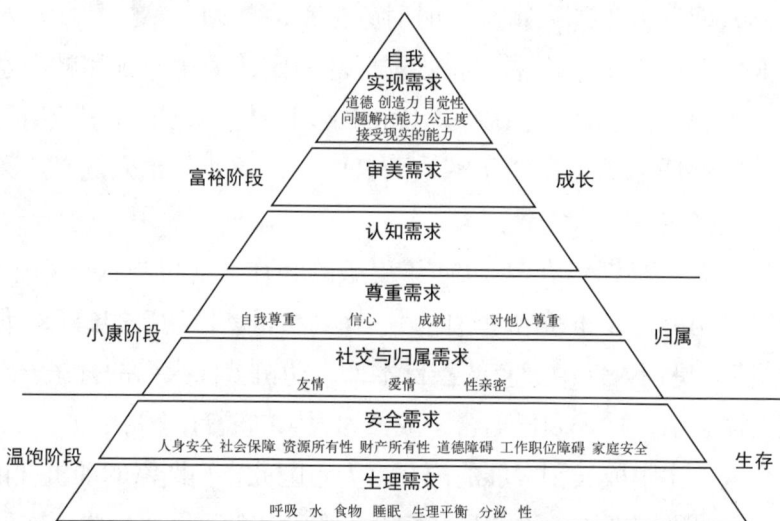

图 4-1 马斯洛需求层次理论

需求的满足与激发是并存的。马斯洛的需求层次理论将人类复杂多样的需求从低到高分为七大层次，并将前四个层次，即生理需求、安全需求、社交与归属需求、尊重需求，称为基本需求（basic needs），它们的共同特点是由于生理或心理上的某种缺失而产生，因此又称为匮乏性需求（deficiency needs）。而将后三个层次，即认知需求、审美需求和自我实现需求，称为心理需求或成长需求（growth needs）。马斯洛认为，需求之间不仅有高低之分，还有先后顺序，只有当低一层需求得到满足后，高一层需求才会出现，这与生物进化相似。需求层次越高，其完全实现的可能性越低，这种需求容易消失，同时伴随的奖励延迟也较不重要。生活在高需求层次的人通常物质条件较好、寿命较长、较少生病、睡眠质量较高、食欲较好。高层次需求的强度较弱，高层次需求的满足更为主观，如极度幸福、心情平静、内在生活丰富等。当个人环境（如经济、教育等）较好时，个人更容易满足高层次需求，当个人满足高层次需求后，更可能接近自我实现的目标。他还指出，满足个体的基本需求有助于激发更高层次的需求。

基本需求的特点是满足后不再感到需求，而成长需求的特点是越满足越会产生更强烈的需求，并激发个体强烈的成长欲望。例如，创造性人才的创造冲动比其他任何需求都更强烈，也有些人因为价值观和理想极其坚定，宁愿牺牲生命也不愿放弃。

（二）马斯洛需求层次理论的核心要点

① 人是一个整体，不能孤立地研究需求。人类需求按出现顺序和力量强弱排列成等级。一种需求的出现，取决于更优势需求的满足情况。优势需求主导意识、组织能量，非优势需求则减弱或被遗忘。满足一种需求后，更高层次的需求将主导意识，成为行为的核心，而满足的需求不再推动行为。人总是有需求的。

② 人类需求类似本能，是内在潜能或趋势，部分由遗传决定。人类需求与动物需求不同，随着种系进化，选择性变得重要。似本能需求在适宜社会条件下表现，层次越高，满足越依赖外部条件，与本能的区别越明显，似本能性质越突出，变异性、可塑性越大。

③ 人类需求分为高级需求和低级需求。生理需求和安全需求为低级需求，是人和动物共有的；认知需求、审美需求和自我实现需求为高级需求，是人类独有的。个体出生即有生理需求，可能有初步安全需求，而高级需求出现较晚。

④ 低级需求关系到生存，若不满足会导致疾病或危机，因此也称为匮乏性需求。高级需求虽不迫切，与维持生存无关，但得到满足后能使人健康、长寿、精力旺盛，产生深刻的幸福感、宁静感和内心的丰富感。

因此，高级需求也称为成长需求。

⑤ 自我实现需求是最高层次的需求，但非人人可达，仅大约 2% 的人能实现。大多数人不能实现自我，原因包括：自我实现需求微弱，易被压抑；缺乏自知之明；文化环境限制；自我实现依赖个人潜力。

（三）马斯洛需求层次理论的局限性

马斯洛将人类需求视为有组织的系统，其理论对理解人类需求有所启发。该理论在教育、管理等领域广泛应用，然而，它也存在争议。

① 马斯洛用"似本能"概念区分人类需求与动物需求，但他认为需求由遗传决定，混淆了生物性需求与社会性需求。他虽承认需求的社会性，但出发点是体质或遗传，错误地将需求发展视为生物特性发展。

② 马斯洛重视潜能和价值，但过于强调个人的自我实现，仅少数人能实现，忽视了个人实现与理想社会实现的结合。

③ 马斯洛将需求分为高低级，合理但过分强调低级需求满足后才出现高级需求，未充分认识高级需求对低级需求的调节作用。

④ 研究方法上，马斯洛采用现象学描述法，突破了仅限于精神病患者或动物的研究，但信度和效度存在问题，具有局限性。

（四）理论评价

1. 积极方面

马斯洛提出需求从低级到高级的发展过程，符合人类需求发展规律。需求层次理论指出每个时期的主导需求，对管理有所启发。该理论基于人本主义心理学，强调人的内在力量和价值实现，认为人的行为受意识支配，具有目的性和创造性。

2. 消极方面

需求层次理论存在人本主义局限性，动机由需求决定，需求归类有重叠，具有自我中心倾向，满足标准和程度模糊。

二、价值观的可变性

根据舒伯的生涯发展理论和马斯洛需求层次理论，个人需求因生涯阶段和社会环境的变化而改变，继而导致价值观的变化。例如，刚毕业的大学生可能以赚钱为首要目标，而有经济基础者则更重视兴趣和家庭生活，需求和价值观也随之改变。

此外，多元社会价值观冲击导致原有价值体系混乱或改变。职业发展上，过去强调"干一行爱一行"，现在则强调尊重个体差异，发挥个人才能。个人须探索价值观，明确生涯目标，以便在现实与理想冲突时做出决策。价值观清晰者更易抉择，价值观模糊者则难以选择。

三、职业选择与职业价值观

（一）职业价值观

职业价值观（work values）这一概念最初由舒伯（Super）在其职业发展理论中提出。尽管关于职业价值观的研究众多，但至今未有统一的定义。研究者们基于各自的研究成果，从不同视角对职业价值观进行了定义。舒伯视职业价值观为工作目的的表达，反映了个人对工作的认同和尊重；罗斯则从终极状态和信念的角度出发，认为职业价值观是人们对于从职业中获得的终极状态（如高收入）或行为方式（如团队合作）的信念；施瓦茨则从工作目标和报酬的角度，将职业价值观视为人们通过工作实现的目标或获得的报酬。这些是个人价值观在职业生活中的体现。

通常认为，职业价值观涉及职业选择、职业生活意义及职业等级的价值判断，主要体现在职业价值取向、职业选择原则和对职业活动报酬的期望上，强调了职业价值观对职业选择倾向性的影响和指导作用。还有观点认为，职业价值观是人们对社会职业需求的评价，是人生价值观在职业问题上的体现，强调了人的内在需求和职业价值观的来源，属于一般价值观的范畴。另外，职业价值观也被认为是人们对待职业的信念和态度，或是在职业生活中表现出的价值倾向，是价值观在职业选择上的体现。还有研究指出，职业价值观是人们基于自身和社会需求，对待职业、职业行为和工作结果的稳定、概括性且具有动力作用的信念系统，是个体在长期社会化过程中形成的关于职业经验和感受的结果，属于个性倾向性概念。

针对大学生实际情况，在进行生涯规划时，职业价值观指的是人生目标和态度在职业选择方面的具体体现，即个人对职业的认识、态度以及对职业目标的追求和向往。价值观测评有助于职业决策和提升工作满意度。

理想、信念、世界观对职业的影响，集中反映在职业价值观上。常言道，"人各有志"，这个"志"在职业选择上体现为职业价值观，它是一种具有明确目的性、自觉性和坚定性的职业选择态度和行为，对个人职业目标和择业动机起着决定性作用。

由于每个人的身心条件、年龄阅历、教育背景、家庭影响、兴趣爱好等方面存在差异，因此人们对各种职业有着不同的主观评价。从社会角度看，由于社会分工的发展和生产力水平的相对落后，各种职业在劳动性质、劳动难度和强度、劳动条件和待遇、所有制形式和稳定性等方面存在差异。加之传统思想观念的影响，各类职业在人们心目中的声望和地位也有所不同，这些评价形成了人的职业价值观，并影响着人们对就业方向和具体职业岗位的选择。

每种职业都有其独特性，不同人对职业意义的认识和对职业好坏的评价及取向各异，这就是职业价值观。职业价值观决定了人们的职业期望，影响着职业方向和目标的选择，决定着人们就业后的工作态度和劳动绩效水平，从而决定了人们的职业发展情况。哪个职业更合适？哪个岗位适合自己？从事某项具体工作的目的是什么？这些问题都是职业价值观的具体体现。

由此可见，职业价值观作为价值观的重要组成部分，是一种复杂的心理现象，它展现出内涵的丰富性、层次的多样性以及个体体验的差异性等特点。

（二）职业价值观的分类

1. 收入与财富

工作能显著改善个人财务状况，薪酬成为选择工作的关键因素。工作的目的或动力主要源于对收入和财富的追求，以此提升生活质量，彰显个人身份和地位。

2. 兴趣特长

将个人兴趣和特长作为选择职业的主要依据，能够发挥优势、避免劣势，选择自己喜爱的工作，从而在工作中获得乐趣和成就感。人们往往会拒绝从事自己不感兴趣或不擅长的工作。

3. 权力地位

具有较高的权力欲望，希望影响或控制他人，使他人按照自己的意愿行动；认为高权力地位能使自身获得他人尊重，带来强烈的成就感和满足感。

4. 自由独立

在工作中寻求弹性，避免过多约束，能够自由掌控时间和行动，追求高自由度，不愿与太多人建立工作关系，既不希望受制于人也不愿制约他人。

5. 自我成长

工作提供培训和锻炼的机会，使个人经验与阅历在一定时间内得到丰富和提升。

6. 自我实现

工作提供平台和机会，使个人的专业和能力得到全面运用和展示，实现个人价值。

7. 人际关系

高度重视工作单位的人际关系，渴望在一个和谐、友好甚至充满关爱的环境中工作。

8. 身心健康

工作能够避免危险、过度劳累，远离焦虑、紧张和恐惧，确保个人身心健康不受影响。

9. 环境舒适

工作环境舒适宜人。

10. 工作稳定性

工作稳定，无需担忧裁员或辞退，免于频繁更换工作。

11. 社会需求

能够响应组织和社会的需求，为集体和社会作出贡献。

12. 追求新意

期望工作内容不断变化，使工作和生活更加丰富多彩。

（三）影响大学生职业价值观的因素

在大学生就业问题中，职业价值观扮演着不可或缺的角色。它是在社会化过程中逐渐形成的一个复杂的心理因素，是由内部和外部因素共同作用的结果。外部因素主要包括家庭、学校和社会的影响，而内部因素则涉及个人的需求、兴趣、能力、爱好、性格和气质。

1. 家庭因素的潜移默化

在大学生接受大学教育或社会化教育之前，家庭教育是他们首先接触的。因此，大学生职业价值观的形成不可避免地受到家庭因素的影响。父母的价值观、教育方式和行为举止会在潜移默化中影响孩子的价值观，进而影响他们对职业的看法和选择。不同家庭背景的大学生在职业认知和择业标准上存在差异。中国传统的家庭观念也影响着毕业生的择业，许多毕业生在选择职业时会考虑父母的意见，包括地域和职业类型的选择。

2. 大学教育的专业化影响

专业化大学教育是影响大学生职业价值观形成的直接因素。与中学教育不同，大学教育旨在培养学生的专业素养和能力。大学生入学时便接受按专业门类划分的有计划、有目的的专业性教育。入学前，他们对专业的认识可能是模糊的，但毕业时，他们对专业的理解会更加深入和全面，不仅能掌握专业知识和技能，还能宏观把握专业研究现状和发展趋势，从而形成职业设想、职业认知、职业选择和评价。

3. 社会环境的变迁

社会环境是不断变化的，它的发展变化打破了原有的利益格局，导致社会职业数量、结构、层次发生变化，进而改变了人们的职业价值观。大学生作为活跃而敏感的群体，其职业价值观更容易受到社会环境变迁的影响。现代社会中，人们更加关注物质利益和个人价值的实现，这些观念对在校大学生的职业选择产生了深远的影响，使他们在选择职业时更多地考虑经济因素和个人发展。

4. 个人因素的独特性

调查发现，尽管一些大学生的家庭背景、大学教育背景和社会环境背景相似，但他们的职业价值观却各不相同。这是因为职业价值观的形成除了受上述因素影响外，还与个人的兴趣、爱好、能力、性格、气质等个体因素有关。兴趣和爱好是形成职业价值观的前提性因素，大学生选择专业和职业往往基于兴趣和爱好；能力是形成职业价值观的基础因素，任何职业都需要一定的能力，只有具备相应能力，才能做好工作，并形成正确的职业认知和评价；气质和性格是形成职业价值观的稳定因素，不同气质和性格的人对职业有不同的适应性，职业对气质和性格的要求也不同，且气质和性格不易改变，这使得大学生对职业的看法和评价具有一定的稳定性。

（四）价值观与职业选择

每个人追求的最终目标是成功和快乐。这些目标在日常生活中体现为人们在乎和重视的东西，即价值。对于就业决策感到困惑的同学，如果被问及在工作中最想得到什么、最在乎什么，答案会多种多样，如收入、稳定、学习和培训机会、他人肯定、环境等。这些对每个人来说重要或渴望的东西，构成了个人的职业价值观，也称为工作价值观或择业观。人们在面对得失选择时，价值观起着决定性作用。

职业价值观分为内在和外在两种。内在价值观涉及工作的内容和社会作用；外在价值观则关注薪酬、工作地点和环境等外在因素。价值观是后天习得的，形成后通常具有相对稳定性，并在较长时间内发挥导向和动力作用。职业价值观反映了社会现象，随着社会变化而变化，体现了时代的变迁。因此，在不同的时代和制度环境下，人们会有不同的职业价值观。即使在同一时代，由于成长环境、家庭背景、教育程度、性别、个性追求等因素的差异，人们的喜好也会有所不同。例如，有人认为具有挑战性、发展潜力大、公司名气大和薪水高的工作是好工作；而有人则认为稳定、环境好、人际关系融洽的工作才是好工作。

一个人重视什么价值，实际上是一个难以确切回答的问题。在择业时，有人追求高收入和福利待遇；有人偏爱社会地位高的职业；有人喜欢轻松愉快的工作环境；而更多的受过高等教育的年轻人则将能否充分发挥才能视为择业的首要标准。职业价值观作为人们对待职业的信念和态度，决定了人的职业期望，影响着职业方向和目标的选择。当人们按照自己的价值观生活时，会感到最大程度的满足。对自身价值观有清晰认识的人，在进行生涯规划时更容易做出决策。澄清个体价值观是有效生涯规划的重要部分。

第三节　价值观探索与澄清

如何正确认识价值观对人生道路选择的重要导向作用？一个人走什么样的人生道路，选择什么样的生活方式，都是在一定的世界观和价值观的指导下进行的。寻找正确的价值观就是寻找人生的真谛。下面将带领大家详细了解如何对个人价值观进行探索和澄清。

一、价值观探索

（一）价值观市场

步骤：

① 参照列举的价值观，从中挑选出五种对你来说重要的价值观，分别写在五张小纸条上，如果你认为重要的价值观在其中没有列出，也可以另写。

价值观列举：

人际关系、归属感、团队合作、物质保障、高收入、稳定、安全、创造性、多样性、变化性、新鲜感、乐趣、自由独立、被认可、受尊重、能帮助他人、能发挥自己的才能、成就感、成功、名誉、地位、有意义、有学习、发展、成长的机会、权力、领导他人、影响他人、有益社会、挑战性、冒险、竞争、符合自己的道德观、工作环境、工作地点、工作生活的平衡、健康、家庭、朋友、亲情、亲密关系、爱、信仰、幸福、为社会服务、和谐、平等……

② 给每一条对你来说很重要的价值观下定义并在纸上写下来，即要达到什么样的水平你才能满意，不同的人对同一种价值观的定义可能并不相同，比如对于物质保障的理解，有的人可能认为是月薪三千元以上，有的人可以接受两千元月薪的工作，但一定要有医疗保险。

③ 如果你不得不放弃其中一条，你会放弃哪一条？将写有准备放弃的价值观的纸条与其他人交换。

④ 保留刚才别人给你的纸条，放在一边。现在你又不得不继续放弃其他剩下四条中的一条，你会放弃哪一条？再次与另一个人交换。

⑤ 继续下去，直到最后一条。这是否是你无论如何也不愿意放弃的？

我的五种重要价值观及其定义（按重要程度排序）

A. _____

B. _____

C. _____

D. _____

E. _____

讨论：通过这个活动，你对自己的价值观有了什么样的了解和想法？

_____

_____

你的价值观与你的职业选择和产生有什么样的关系？

_____

_____

_____

（二）最开心的事情

1890 年，威廉·詹姆士提出一种基于价值观的理解途径：行动反映我们的价值观，即我们在乎的东西，或者生活的动力。价值观提供目标，从而使得生涯中的愿望、需求、喜好、目的、意向、信念、欲望、梦想、原则、践行等说法变得可能。

挑选一件你最近自己做得最开心的 1~3 件事（或者是令你觉得骄傲的、你长期坚持的一种活动或生活方式），与同学分享该故事，然后请思考：

① 你那样做的目的和意向是？

② 与这件事相似的经历你可以追溯到生命的哪几个阶段？有什么重要的人和事吗？

③ 这些故事让你看到你重视的是？

④ 假如你重视的这些成为你生活或工作中的重要部分，你觉得生命里会发生什么不同吗？

⑤ 你所重视的这些是普世的原则吗，还是只对自己而言有意义？

⑥ 未来你会做些什么（比如如何学习、如何工作、如何生活）从而让你觉得你在践行你所看重的价值？

（三）我的蝴蝶大梦

不用考虑现实的可能性，放下你现在所有的角色，让你的思绪离开现在的座位，飞出教室，思维无限发散，跨越古今中外，从小说人物、历史人物、影视人物或现代商业名人中寻找灵感，写下 5~10 种截然不同的职业 / 人生。

完成后在每个职业 / 人生后面写上吸引你的原因。

◆ 可否分类？

◆ 具有哪些共同点？找出关键词、共性。

◆ 说明什么？

◆ 在现实世界中寻找具有这些特征的职业。

职业 / 人生	吸引你的原因
例：教师	稳定，社会地位，收入，受人关注
例：马云	财富，独立，智慧，影响力
①	
②	
③	
④	

⑤ ＿＿＿＿＿＿＿＿＿＿＿＿＿＿＿＿＿＿＿

⑥ ＿＿＿＿＿＿＿＿＿＿＿＿＿＿＿＿＿＿＿

⑦ ＿＿＿＿＿＿＿＿＿＿＿＿＿＿＿＿＿＿＿

⑧ ＿＿＿＿＿＿＿＿＿＿＿＿＿＿＿＿＿＿＿

⑨ ＿＿＿＿＿＿＿＿＿＿＿＿＿＿＿＿＿＿＿

⑩ ＿＿＿＿＿＿＿＿＿＿＿＿＿＿＿＿＿＿＿

通常我感兴趣的职业特质是：＿＿＿＿＿＿＿＿

＿＿＿＿＿＿＿＿＿＿＿＿＿＿＿＿＿＿＿＿＿

＿＿＿＿＿＿＿＿＿＿＿＿＿＿＿＿＿＿＿＿＿

＿＿＿＿＿＿＿＿＿＿＿＿＿＿＿＿＿＿＿＿＿

＿＿＿＿＿＿＿＿＿＿＿＿＿＿＿＿＿＿＿＿＿

（四）有关价值观的完形填空

完成下面的句子，每一句话建议用一张纸来写，在空白处填上出现在你脑海中的第一反应：

① 如果我有 100 万元，我将用来＿＿＿＿＿＿＿

② 在生活中我最想成为的是＿＿＿＿＿＿＿＿

③ 我最关心的是＿＿＿＿＿＿＿＿＿＿＿＿＿

④ 我最想得到的是＿＿＿＿＿＿＿＿＿＿＿＿

⑤ 我认为我生命中最大的喜悦是＿＿＿＿＿＿

⑥ 如果我只剩下 24 个小时，那我将＿＿＿＿＿

⑦ 如果我在一场火灾中只能救出一件东西，那么它将是＿＿＿＿

⑧ 我的工作必须能给我＿＿＿＿＿＿＿＿＿＿

（五）标准化测评——职业价值观测评

如果此刻你对自己的职业价值观模糊不清，就请参考下面的标准化测评，进一步了解自己的职业价值观。

说明：下面有 52 道题目，每道题目都有 5 个备选答案，请根据自己的实际情况或想法，在题目后面圈出相应字母，每题只能选择一个答案。通过测试，可以大致了解自己的职业价值观。

A——非常重要

B——比较重要

C——一般

D——较不重要

E——很不重要

1. 工作必须经常解决新的问题。A B C D E

2. 工作能为社会福利带来看得见的效果。A B C D E

3. 工作奖金很高。A B C D E

4. 工作内容经常变换。A B C D E

5. 能在工作范围内自由发挥。A B C D E

6. 工作能使同学、朋友非常羡慕你。A B C D E

7. 工作带有艺术性。A B C D E

8. 工作能使人感觉到你是团体中的一分子。A B C D E

9. 不论怎么干，总能和大多数人一样晋级和涨工资。A B C D E

10. 工作使自己有可能经常变换工作地点、场所或方式。A B C D E

11. 工作中能接触到各种不同的人。A B C D E

12. 上下班时间比较随便、自由。A B C D E

13. 工作使自己不断获得成功的感觉。A B C D E

14. 工作赋予自己高于别人的权力。A B C D E

15. 在工作中，能试行一些自己的新想法。A B C D E

16. 在工作中不会因为身体或能力等因素被人瞧不起。A B C D E

17. 能从工作的成果中知道自己做得不错。A B C D E

18. 工作经常要外出，参加各种集会和活动。A B C D E

19. 只要做这份工作，就不想再被调到其他意想不到的单位和工种上去。A B C D E

20. 工作能使世界更美丽。A B C D E

21. 在工作中，不会有人常来打扰你。A B C D E

22. 只要努力，工资就会高于其他同年龄的人，升级或涨工资的可能性比其他工作大得多。A B C D E

23. 工作是一项对智力的挑战。A B C D E

24. 工作要求自己把一些事务管理得井井有条。A B C D E

25. 工作单位有舒适的休息室、更衣室、浴室及其他设备。A B C D E

26. 工作让自己有可能结识各行各业的知名人物。A B C D E

27. 在工作中，能和同事建立良好的关系。A B C D E

28. 在别人眼中，自己的工作是很重要的。A B C D E

29. 在工作中经常能接触到新鲜的事物。A B C D E

30. 工作使自己能常常帮助别人。A B C D E

31. 在工作单位中，有可能经常变换工作。A B C D E

32. 工作作风使自己被别人尊重。A B C D E

33. 同事和领导人品较好，相处比较随便。A B C D E

34. 工作会使许多人认识你。A B C D E

35. 工作场所很好，比如有适度的灯光，安静、清洁的工作环境条件，甚至恒温、恒湿等优越的条件。A B C D E

36. 在工作中，为他人服务，使他人感到很满意，自己也很高兴。A B C D E

37. 工作需要计划和组织别人的工作。A B C D E

38. 工作需要敏锐的思考。A B C D E

39. 工作可以使自己获得较多的额外收入，比如，常发实物，常购买打折扣的商品，常发商品的提货券，有机会购买进口货等。A B C D E

40. 工作中自己是不受别人差遣的。A B C D E

41. 工作结果应该是一种艺术而不是一般的产品。A B C D E

42. 工作中不必担心会因为所做的事情领导不满意而受到训斥或经济惩罚。A B C D E

43. 工作中能和领导有融洽的关系。A B C D E

44. 可以看见努力工作的成果。A B C D E

45. 工作中常常需要提出许多新的想法。A B C D E

46. 由于自己的工作，经常得到许多人的感谢。A B C D E

47. 工作成果常常能得到上级、同事或社会的肯定。A B C D E

48. 工作中，可能做一个负责人，虽然可能只领导很少几个人，但信奉"宁做兵头，不做将尾"的俗语。A B C D E

49. 从事的工作经常在报刊、电视中被提到，因而在人们的心目中很

有地位。ＡＢＣＤＥ

50.工作有数量可观的夜班费、加班费、保健费或营养费等。ＡＢＣ
ＤＥ

51.工作比较轻松，精神上也不紧张。ＡＢＣＤＥ

52.工作需要和影视、戏剧、音乐、美术、文学等艺术打交道。ＡＢ
ＣＤＥ

【评分与评价】

上面的 52 道题分别代表 13 项工作价值观。每圈选一个 A 得 5 分、
B 得 4 分、C 得 3 分、D 得 2 分、E 得 1 分。请根据表 4-1 中每一项价值
观前面的题号，计算每一项价值观的总得分，并把它填在表中每一项的
得分栏上，然后在表格下面的填空题中依次列出得分最高和最低的 3 项。

表 4-1 评价表

得分	题号	价值观	说明
	2. 30. 36. 46.	利他主义	工作的目的和价值，在于直接为大众的幸福和利益尽一份力
	7. 20. 41. 52.	审美主义	工作的目的和价值，在于能不断地追求美的东西，得到美感的享受
	1. 23. 38. 45.	智力刺激	工作的目的和价值，在于不断进行智力的操作，动脑思考，学习及探索新事物，解决新问题
	13. 17. 44. 47.	成就感	工作的目的和价值，在于不断创新，不断取得成就，不断得到领导与同事的赞扬，或不断实现自己想要做的事
	5. 15. 21. 40.	独立性	工作的目的和价值，在于能充分发挥自己的独立性和主动性，按自己的方式、步调或想法去做，不受他人的干扰
	6. 28. 32. 49.	社会地位	工作的目的和价值，在于所从事的工作在人们的心目中有较高的社会地位，从而使自己得到他人的重视与尊敬
	14. 24. 37. 48.	权力控制	工作的目的和价值，在于获得对他人或某事物的管理支配权，能指挥和派遣一定范围内的人或事物
	3. 22. 39. 50.	经济报酬	工作的目的和价值，在于获得优厚的报酬，使自己有足够的财力去获得自己想要的东西，使生活过得较为富足
	11. 18. 26. 34.	社会交际	工作的目的和价值，在于能和各种人交往，建立比较广泛的社会联系和关系，甚至能和知名人物结识
	9. 16. 19. 42.	安全感	不管自己能力怎样，都希望在工作中有一个安稳局面，不会因为奖金、涨工资、调动工作或领导训斥等经常提心吊胆、心烦意乱
	12. 25. 35. 51.	舒适安逸	希望能将工作作为一种消遣、休息或享受的形式，追求比较舒适、轻松、自由、优越的工作条件和环境

续表

得分	题号	价值观	说明
	8. 27. 33. 43.	人际关系	希望一起工作的大多数同事和领导人品较好，相处在一起感到愉快、自然，认为这就是很有价值的事，是一种极大的满足
	4. 10. 29. 31.	追求新意	希望工作的内容应该经常变换，使工作和生活显得丰富多彩，不单调枯燥

从得分最高和最低的三项中，可以大致看出自己的价值倾向，在选择职业时就可以加以考虑。

得分最高的三项是：

◆ ＿＿＿＿＿＿＿＿＿＿＿＿＿＿＿＿＿；

◆ ＿＿＿＿＿＿＿＿＿＿＿＿＿＿＿＿＿；

◆ ＿＿＿＿＿＿＿＿＿＿＿＿＿＿＿＿＿。

得分最低的三项是：

◆ ＿＿＿＿＿＿＿＿＿＿＿＿＿＿＿＿＿；

◆ ＿＿＿＿＿＿＿＿＿＿＿＿＿＿＿＿＿；

◆ ＿＿＿＿＿＿＿＿＿＿＿＿＿＿＿＿＿。

需要注意的是，职业价值观测评只是给出一个解释的可能、一个参照的途径，但不代表就一定要严格按照它的解释去执行。

二、真实价值观澄清

每个人都有自己独特的价值观，而且无论喜欢与否，生活中重要的人（如同学、父母、师长等）的价值观也常常会对我们产生影响。重要的不是去评判这些价值观的对错，而是去考察它们给自己和职业发展带来的影响，并适时做出调整。同时也需要认识到，很少有工作能够完全满足一个人所有的重要价值观。因此，我们总是要不断做出妥协或放弃。这是不可避免的，也是必要的。只有对自己的价值观进行澄清和排序，才能知道如何取舍。

在价值观探索活动中，可能有人会发现对价值观的取舍和排序是一个艰难的过程，甚至做完了这个活动，仍然不清楚自己想要的到底是什么。比如在"价值观市场"活动中，有人发现最后留下来的那一条也不见得是对自己最重要的，出现这种情况是正常的，因为大学生还处于建立和形成个人价值观的生涯探索期，有一些混乱是必然的，重要的是对自己的职业和生活要进行不断的思考和探索。价值观的澄清本身也不是一劳永逸的事情。因此，有必要进行进一步的探索并在生活中进行不断的反思。

拉舍（Raths）等学者指出，真实价值观需要具备以下一些基本要素。

1. 选择

① 它是你自由选择的，没有来自任何人或任何方面的压力吗？

自由的选择：经过自由选择后所产生的价值观念，无论有无权威势力的监视，都具有引导个人言行的效力。换言之，个人经过自由而积极的选择后，愈能觉得所得的价值是其思想的中心。

② 它是你从众多的价值观里面挑选出来的吗？

从不同途径中选择：价值的定义是基于个人选择的结果，当个人知觉没有选择余地时，价值范畴所包含的内容就失去了意义，选择途径越多，我们越能发现真正的价值所在。

③ 它是在经你思考后所做出选择的结果中被挑选出来的吗？

经过考虑后才选择：个人对各种不同途径的后果加以深思熟虑，衡量比较后做出的选择才是明智的选择。

2. 珍视

④ 你是否珍视你的价值观，或者为你的选择而感到自豪？

重视与珍惜自己的选择：珍惜和重视我们的选择，以它为荣，并将其作为我们生活的准绳。

⑤ 你愿意公开和承认你的价值观吗？

公开表示自己的选择：当我们的选择是在自由、自主情况下，经过慎重考虑后才做的决定，那我们便自然愿意对外公开，假设我们以所做的选择为耻，则表示它就不是真正的价值了。

3. 行动

⑥ 你的行动是否与你选择的价值观一致？

根据自己的选择采取行动：个人的价值能左右你的生活，并能表现于日常行为上，若只会"坐而言"，而从不"起而行"，光说不练，那么这种价值则不在我们界定范围之内。

⑦　你是否始终如一地根据你的价值观来行动？

重复施行：某个人的某种信念和态度若已到价值的阶段，必会一再反复表现在行为上，价值趋向永久性，并成为人类生活形态的重要因素。

对于某件事情，如果你能对上述所有问题都做出肯定的回答，那么，就说明你确实认为它有价值，如果对其中一些问题的回答是否定的，那么你需要思考一下自己看重的、想要得到的到底是什么。例如，有很多人常说健康很重要，但在实际生活中所采取的实际行动却往往与健康的生活方式背道而驰，例如常常为了学习而晚起晚睡、不注重饮食和休息等。如果进一步分析，我们会发现，对于这样的人，学习所代表的"成就感"，或是学习成绩好所带来的"被认可"的感觉更为重要。

为了澄清真实的价值观，请回想一下过去一两个月中你所做出的 10 个相对重要的决定。比如你是如何运用自己的时间、精力和金钱的？你希望如何运用它们，而实际上又把它们花在了哪些方面（如有必要，你也可以从现在开始每天对此进行记录，在一个月之后再进行回顾，以便得出更准确的结果）？你和什么样的人相处？你做了一些什么样的事情？在一些举棋不定的事情上，你最终做出了怎样的选择？当你回顾这些决定时，其中是否浮现出来什么模式？这样的生活形态是你想要的吗？比较一下你在自我探索活动中和价值观测评中所得出的价值观，与你在实际做决定时所选择的是否有所不同。如果这两者之间有差异，思考一下：你是否需要调整自己的选择，以求更符合自己所宣称的价值观？还是说那些反映在你行动中的价值取向，其实才是你真正相信的呢？

回答这些问题的过程，就是价值澄清。价值澄清需要投入时间和精力，但这样的投入是值得的，因为它有助于个人从整体出发，更好地为自己的全面发展做出考虑和选择。当你依据符合自己健康发展要求的真实价值观行动时，会感觉到很大的满足。

第五章

兴趣探索

兴趣乃心理倾向之关键，它基于特定需求，在社会实践中孕育并成长。它揭示了人们对特定刺激的渴望，以及客体活动与个人特质之间的互动状态，阐释了活动与主体间特征的契合度。众多研究揭示了兴趣与工作满足感、职业稳定性和成就感之间的紧密联系。当人们投身于喜爱的工作中时，他们能释放出 80%~90% 的潜能；反之，在不感兴趣的工作中，潜能的释放仅限于 20%~30%。多数心理学家和职业规划专家均认同兴趣是影响工作满足感、职业稳定性和成就感的关键因素，它在职业生涯规划的自我探索中占据核心地位。本章将带领大家一起探索职业兴趣的奥秘。

第一节　兴趣与职业兴趣

经过 30 年的深入访谈研究，美国芝加哥大学的心理学教授米哈里发现了一个现象：当人们全神贯注地投入某项活动，甚至达到忘我境界时，他们体验到的快乐和满足感最为强烈。这种能让人达到忘我状态的活动，无疑是他们的兴趣所在。这一研究揭示了兴趣与工作满意度、职业稳定性和成就感之间存在显著的正相关性。因此，兴趣在我们的职业生涯规划中扮演着至关重要的角色，是我们自我探索的关键因素。它不仅能够激发我们的内在动力，还能帮助我们在职业选择上做出更明智的决策，从而提高我们的工作满意度和生活质量。

一、兴趣

（一）兴趣的定义

兴趣，是人们对客观事物的偏好态度，表现为一种积极的心理倾向，即人们渴望认识或参与某项活动的倾向。它也是人对客观事物是否满足自己的需要而产生的态度体验。例如，当某人对某事物产生浓厚兴趣时，他会对该事物保持高度关注，并展现出积极的态度和探索行为。兴趣可以是短暂的，也可以是持久的，它能够引导我们去探索未知的领域，激发我们的创造力和想象力。

每个人都会优先关注并积极探索自己感兴趣的事物，并表现出一种向往的状态。例如，美术爱好者会认真欣赏和评价各种画作和展览，收藏和模仿优秀作品；钱币收藏者则会努力收集和研究各种钱币。兴趣使我们愿意投入时间和精力去深入了解和学习，从而在这一过程中获得知识和技能。

兴趣不仅仅是对事物表面的关注，它源于通过获取知识或参与活动所体验到的情绪满足。例如，对舞蹈感兴趣的人会主动寻找机会参与舞蹈活动，并在跳舞时感到快乐和放松，体验到乐趣，并表现出积极和自愿的态度。兴趣驱使人们更愿意投入喜爱的事物中，从而获得参与感和成就感。这种情感上的满足感是兴趣的核心，也是推动我们不断前进的动力。

兴趣与个人的认知和情感紧密相连。没有认知，就不会有情感，也就不会产生兴趣。认知越深入，情感越丰富，兴趣就越浓厚。例如，集邮爱好者认为邮票不仅有收藏价值和观赏价值，还有助于自身增长知识和陶冶情操，收藏越多，情感越专注，兴趣越深，最终发展成为一种爱好。兴趣是爱好的前提，而爱好则是兴趣的进一步发展和实践，表现为对事物的优先关注和实际行动。例如，对绘画感兴趣并开始学习绘画，就表明对绘画有了爱好。

兴趣和爱好受到社会环境、职业和文化层次的影响，不同背景的人兴趣和爱好各异。兴趣和爱好的品位高低直接影响个性特征的优劣。例如，对公益活动和高雅艺术感兴趣的人，表现出高雅的个性品质；而对低俗事物感兴趣的人，则表现出低级的个性品质。兴趣和爱好不仅反映了个人的内在世界，也是社会文化的一部分，它们在一定程度上塑造了我们的社会身份和地位。

兴趣和爱好有时也受遗传影响，父母的兴趣和爱好会直接影响孩子，因此父母的教育方式非常重要。年龄的增长和时代的变迁也会对兴趣产生影响。从年龄角度看，少儿可能对图画和歌舞感兴趣，青年可能对文学和艺术感兴趣，而成年人可能对职业和工作感兴趣。这反映了随着年龄的增长和知识的积累，兴趣中心在逐渐转移。从时代角度看，不同的时代背景和物质文化条件也会对兴趣产生重大影响。例如，在科技迅速发展的今天，许多青少年对编程和人工智能产生了浓厚的兴趣，这与他们所处的时代背景密切相关。

无论兴趣是什么，它们都是以需求为基础的。人们需要什么，就会对什么产生兴趣。由于需求包括生理需求和物质需求、社会需求和精神需求两大维度，因此兴趣也表现在这两个方面。生理需求或物质需求通常是暂时的，容易满足；而社会需求或精神需求则是持久的、稳定的、不断增长的。例如，对人际交往、文学艺术的兴趣和对社会生活的参与是长期的、终生的，并且是人们不断追求的。兴趣是在需求的基础上产生的，也是在需求的基础上发展的。大学生需要知识，知识越多，兴趣就越广泛、越浓厚。因此，大学教育不仅要传授知识，还要激发学生的兴趣，培养他们的创新精神和实践能力。

（二）兴趣的分类

兴趣种类繁多，但总体上可以分为两大类。

① 物质兴趣和精神兴趣。物质兴趣主要指人们对舒适物质生活（如衣、食、住、行）的兴趣和追求；精神兴趣主要指人们对精神生活（如学习、研究、文学艺术）的兴趣和追求。大学生由于人生观和世界观尚未完全形成，因此无论是物质兴趣还是精神兴趣，都需要师长的积极引导，以避免物质兴趣的畸形发展和精神兴趣的消极发展。

② 直接兴趣和间接兴趣。直接兴趣是指对活动过程的兴趣。例如，一些大学生富有想象力和创造力，喜欢制作各种模型，在制作过程中表现出浓厚的兴趣。间接兴趣主要是指对活动结果的兴趣。例如，一些大学生业余喜欢绘画，每当完成一幅画作，都会对自己取得的成果表现出极大的兴趣。直接兴趣和间接兴趣是相互联系、相互促进的。没有直接兴趣，活动过程会变得乏味；没有间接兴趣的支持，活动就难以持久。因此，只有将直接兴趣和间接兴趣有机结合，才能充分发挥个人的积极性和创造性，持之以恒，目标明确，取得成功。

（三）兴趣的特性

兴趣具有倾向性、广阔性和持久性等特性。兴趣的倾向性指的是个体对什么感兴趣。由于年龄、环境、层次属性的不同，人们的兴趣指向也不同。例如，有的大学生喜欢文科，有的喜欢理科或工科，他们的兴趣倾向就不同。兴趣的广阔性指的是兴趣的范围。兴趣范围因人而异，有的人兴趣广泛，有的人兴趣狭窄。一般来说，兴趣广泛的人知识面更广，在事业上更有成就。但也要注意，兴趣过广可能导致缺乏深入和专注，最终一事无成。兴趣的持久性指的是兴趣的稳定性。兴趣的稳定性对学习和工作非常重要，只有稳定的兴趣，才能促使人系统地学习知识，坚持完成工作，并取得成就。

对于当代大学生而言，兴趣的倾向性、广阔性和稳定性至关重要，它们直接关系到大学生未来的职业发展方向和成就的大小。兴趣的倾向性决定了大学生的专业选择和职业规划，兴趣的广阔性有助于他们在跨学科学习和研究中取得突破，而兴趣的持久性则保证了他们在长期的学习和工作中保持动力和热情。

（四）兴趣的发展阶段

兴趣的发展一般要经历从有趣到乐趣，最终成为志趣的过程。

① 有趣是兴趣发展的初级阶段，也是低级水平，它通常易起易落，非常不稳定。处于这一阶段的兴趣通常与人们对某事物的新奇感相关，随着新奇感的消失，兴趣也会自然消退。例如，青少年可能对新鲜事物充满好奇，但这种兴趣往往不会持续太久。

② 乐趣阶段，又称为爱好阶段，是在有趣的基础上定向发展的中级水平。在这一阶段，人们的兴趣会向专一和深入的方向发展。例如，对无线电有兴趣的人不仅会学习相关知识，还会亲自装配和修理，并参与相关兴趣小组。乐趣阶段的兴趣更加稳定和持久，它能够激发个人的潜能和创造力。

③ 当乐趣与个人的社会责任感、理想和奋斗目标相结合时，就会转化为志趣。这是兴趣发展的高级水平。志趣是取得成就的根本动力，是成功的重要保障，具有社会性、自觉性和方向性三个特点。志趣不仅能够为个人带来满足感，还能为社会带来积极的影响。例如，科学家对探索宇宙奥秘的兴趣，最终可能转化为对人类进步的巨大贡献。

（五）兴趣与其他个性特征的关系

兴趣在我们的各种心理特征中扮演着基础角色。在人格特征、能力、潜能、价值观、需求和动机中，都可以看到兴趣的作用和表现。然而，兴趣与其他心理特征并不总是协调一致的，有时甚至会发生冲突，因为这些心理特征的形成除了受兴趣的影响外，还受到其他多种因素的影响。你可能喜欢但不擅长的事情很多，当前最需要的东西可能与你的兴趣不符。因此，在认识自己的兴趣时，我们也要清醒地意识到，这是我的兴趣，但它并不代表我已经具备了这样的能力，也不一定适合我。我们需要在兴趣的引导下，不断学习和成长，以实现个人潜能的最大化。

二、职业兴趣

（一）职业兴趣的含义

职业兴趣指的是个人渴望从事某项职业的意愿。在规划职业生涯时，我们特别关注职业兴趣。兴趣本身并非为特定职业而存在，但可依据职业类别进行划分，形成不同的职业兴趣类型。这种分类有助于我们发现个人兴趣与未来职业之间的关联。

（二）职业兴趣的重要性

职业兴趣在个人职业活动及生存发展中扮演着关键角色。它首先影响职业定位和选择。求职时，人们会不自觉地考虑自己是否喜欢某项工作或是否对某项工作感兴趣。其次，职业兴趣能提升人的工作能力，激发其探索和创新精神。研究表明，对工作感兴趣的人能发挥其才能的80%~90%，且能长时间保持高效工作而不易感到疲倦；而缺乏兴趣的人仅能发挥20%~30%的才能，且容易感到疲劳和厌倦。此外，对美国成功人士的调查显示，超过94%的人从事着自己喜爱的工作。职业兴趣还能增强适应力，帮助人们更快适应职业环境和角色。

或许有人会问：人的兴趣众多，是否每种兴趣都能转化为职业兴趣？是否每种兴趣都能找到对应的职业和专业？一个人的所有兴趣是否都应在职业中得到满足？

兴趣与职业紧密相连，尽管兴趣可被分为职业兴趣和非职业兴趣，但观察非职业兴趣会发现，它们几乎都与职业生涯相关。例如，爬山兴趣可发展为登山或户外运动职业；逛街、购物兴趣可转变为采购或时尚指导工作；甚至玩电脑游戏的兴趣也可能成为游戏设计职业。当然，由于兴趣的广泛性和现实因素，因此不是所有兴趣都应在职业中得到满足。兴趣可通过兼职、志愿活动、社团参与、业余爱好等多种途径实现。尽管兴趣或职业兴趣在职业选择和生涯发展中不是决定性因素，但实现工作与个人兴趣的适度结合是非常重要的。

（三）兴趣的评估与分类

为了更科学地研究职业兴趣，众多心理学家和职业指导专家设计了职业兴趣测评工具。1927年，斯特朗推出了《斯特朗职业兴趣量表》，这是首个职业兴趣测验。1999年，库德发布了《库德职业兴趣调查表》。霍兰德职业兴趣理论提出后，对职业指导产生了深远影响。许多流行的测评工具都基于霍兰德职业兴趣理论，通过测评，人们通常会获得一个由三个字母组成的霍兰德代码，以及与之相匹配的职业选项。这些工具可作为个人进行自我探索的有效手段。

1. 选择评估工具

在挑选评估工具时，应优先考虑那些正规且权威的测试，确保它们满足心理测量的基本要求，比如拥有良好的信度和效度，提供参考常模，对于自助评估，还应具备清晰的评估报告。国内已有众多引进和自主研发的测试，网络上也有许多免费资源，因此在进行评估前，需要仔细筛选。

2. 进行评估及解读结果

使用评估工具时，务必仔细阅读指导语，并遵循施测要求。对于结果的解释，除了自助评估外，通常需要生涯辅导专家来执行评估并提供专业的解释，以帮助被评估者正确理解评估含义。

3. 职业兴趣分类

可根据不同职业种类将职业兴趣划分为多种类型，详见表 5-1。

表 5-1　职业兴趣分类

类型	特点描述
农业兴趣	喜欢播种、耕地、观察庄稼生长、收割谷物，喜欢饲养牲畜和家禽
艺术兴趣	喜欢用颜料、黏土、织物、家具、服装等来表达美和色彩协调
运动兴趣	喜欢体育活动，如跑步、跳跃和团队运动，通过运动保持身材，喜欢看体育节目等
商业 / 经济兴趣	喜欢参加销售、贸易产品和服务等商业活动，喜欢拥有企业或在企业里从事管理工作，喜欢参与财政事务，关注经济结果
档案 / 办公室工作兴趣	喜欢从事作商业记录、整理资料、打字、撰写报告、为计算程序准备数据等注重细节、准确和整洁性的工作
沟通兴趣	喜欢通过写作、演讲或抽象的形式来表达自己的思想和学识的活动，喜欢向别人讲述故事或提供信息
电子兴趣	喜欢电子方面的工作，如电报、拆收音机或电视机、组装或修理计算机等
工程兴趣	喜欢进行工程、机械、建筑、桥梁和化工厂等方面的设计
家务兴趣	喜欢家务活动，如打扫屋子、看管孩子、做饭和管理家务等
文学兴趣	喜欢阅读小说、诗词、文章、论文等，喜欢读书、看杂志并讨论其中的观点
管理兴趣	喜欢为自己和别人制订计划、组织事务和监督他人
机械兴趣	喜欢用机械工具进行工作、修理物品，在学校选修实践研讨课
医学 / 保健兴趣	喜欢能帮助人和动物的活动，喜欢诊治疾病和保健工作
音乐兴趣	喜欢拨弄乐器，喜欢参加音乐活动，如参加音乐会、唱歌等
数学兴趣	喜欢与数字打交道，喜欢代数、几何、微积分等数学课程
团队兴趣	愿意作为团体或小组的一分子，并会为了自己所在的公司、机构、部门的进展而牺牲个人的一些爱好
户外 / 自然兴趣	大多数时间都喜欢待在户外，喜欢户外活动，喜欢饲养动物和培育植物

续表

类型	特点描述
表演兴趣	喜欢在人前活动、在聚会中给人娱乐、在戏剧中扮演角色或表演话剧等
政治兴趣	喜欢参加政治活动，希望拥有权力、进行决策、制定政策来影响自我和他人
科学兴趣	喜欢对自然界进行研究和调查，喜欢学习生物、化学、地理和物理等课程，喜欢用理性、科学的方法寻求真理
手工操作兴趣	喜欢安装或操作机器、装备和工具，喜欢使用木制品或铁器，喜欢驾驶小轿车、大卡车和重型设备，愿意当木匠、机械维修工、管道工、汽车修理工、焊工、工具或金属模型加工师
社交兴趣	喜欢与人打交道，关心他人的福利，愿意为大众解决问题、教人技术、为人们提供服务（如环保、保健和交通等方面的服务）
技术兴趣	喜欢兼具管理和责任于一身的服务于人的工作（如当工程师），喜欢承接汽车、电子、工业和产品工业等技术性的项目

（四）大学生职业兴趣现状

尽管职业兴趣评估存在局限性，但它基于科学原理，并且正不断完善。通过职业评估，不仅可以了解个人职业兴趣状况，为职业选择提供参考，还可以通过分析群体评估结果来掌握特定群体的职业兴趣特点。当前大学生职业兴趣的特点主要体现在以下几个方面。

① 职业兴趣不明确。许多学生，特别是低年级学生，由于生活安逸和受到各种诱惑，缺乏对职业生涯的足够认识，对职业兴趣关注不多，对自己的职业喜好和倾向了解模糊。这是一个普遍现象。

② 职业兴趣受污染。这指的是个体，尤其是大学生，受到多元价值观和外部多样化、不切实际的社会信息的影响，导致对职业的倾向偏离了自身本性。大学生易受外部信息影响，多元价值观和复杂、消极的信息会冲击他们的职业选择，甚至影响到其接近本性的职业兴趣，使之表现出与本性不符的特点。许多大学生对职业兴趣的回答往往表现为好高骛远和只注重表面及结果。

③ 职业兴趣沮丧。主要指经常对自己所学的专业和未来职业感到不满，或喜欢的专业和职业难以从事，从而导致内心产生沮丧的情绪。

④ 职业兴趣范围狭窄。许多学生认为自己的兴趣点少、内容不丰富。根据个体内心体验和外在表现的明显程度，职业兴趣可分为显性兴趣和隐性兴趣。显性兴趣是指个体能明显体验到对某一职业的心理倾向，

并有明显的外部行为表现。隐性兴趣是指个体通过了解和认识职业后可能产生的兴趣，但由于缺乏外部刺激而未明显表现出来。人的隐性兴趣范围很广。相关数据显示，除了专业兴趣较为明显外，其他兴趣得分普遍较低。这主要是因为许多大学生思想不够开放，缺乏认识和实践，未能将隐性职业兴趣转化为显性职业兴趣。

⑤ 兴趣稳定性不足，结构不合理。人的兴趣和其他心理特征一样，都在不断发展变化，但保持一定时期内基本兴趣的稳定性是良好心理品质的体现。只有具备稳定兴趣的人，才能持续工作并取得成就。大学生职业兴趣稳定性不足，持续时间短，且有从众心理。在兴趣结构上，许多大学生没有表现出层次感，兴趣程度相似或易偏移，没有形成稳定的中心职业兴趣。这对他们未来的发展会产生不利影响。

⑥ 兴趣效能低，职业倾向差。兴趣效能是指个体兴趣推动工作或活动的力量。根据兴趣效能水平，一般将兴趣分为高效能兴趣和低效能兴趣。高效能兴趣能成为工作和学习的动力，促进个体能力和性格的发展。低效能兴趣很少甚至不能产生实际效果，仅是一种向往，或一种懒惰的表现。大学生的兴趣很多对学习和工作无益，且缺乏一定的职业倾向，无效的兴趣较多，如多数学生喜欢上网聊天、打游戏、玩扑克，甚至睡觉，这都是一种懒惰、消极享受的心理表现。提高学生兴趣效能，引导其原有兴趣的职业倾向，是非常必要的。

⑦ 兴趣发展水平较低，对兴趣对象的了解和付出较少。根据兴趣的深度、范围和稳定性，兴趣可分为有趣、乐趣、志趣三个由低到高的水平。有趣是最初级的兴趣水平，当有趣趋向集中，并对某一客体产生特殊爱好时，就成为乐趣。志趣是在乐趣的基础上发展起来的，是兴趣的第三个阶段和高级水平。志趣具有很高的社会价值，且与个人的远大理想和目标联系起来。大学生对一种事物或职业产生兴趣多数是凭个体感觉，对兴趣对象没有足够的了解和认识，且不愿付出太多行动，这也是造成大学生职业兴趣不稳定的原因之一。

⑧ 对兴趣职业信心不足。现代社会竞争激烈，高校毕业生数量逐渐增多，加上就业形势严峻，巨大的就业压力导致大学生择业时产生悲观情绪，对职业兴趣的关注减少。有数据显示：56% 的学生认为与专业相

关的工作几乎不存在，84%的学生表示在找工作时会考虑兴趣爱好，但迫于就业压力，对职业兴趣的关注会减少。此外，学校重视高就业率，忽视学生职业兴趣的发展方向和对职业后续发展的支持，这也是影响学生对兴趣职业信心的一个方面。学生对自身能力、市场需求等认识不足，则是造成他们信心不足的主观原因。

大学生职业兴趣倾向于企业型、艺术型、社会型：企业型特点的人通常精力充沛、自负、热情、自信，富有冒险精神；艺术型特点的人通常善于表达，直觉力强，创造力和想象力丰富；社会型的人则喜欢那些需要与人建立关系、与群体合作、与人相处及通过谈话来解决问题和困难的工作环境。在校学生在这三个方面的倾向较为明显，这表明大学生具有想象、冲动、直觉、理想化、有创意、不重实际、不善于事务性工作的特点。他们不喜欢从事现实的、常规的和研究性的工作，内心较为浮躁，想法不切实际。

（五）兴趣与职业相适应的理论

兴趣通常被视为一种个性特质。舒伯反复强调，职业选择是自我认识的拓展与实现。目前，众多研究揭示了不同职业群体倾向于拥有特定的性格特质。例如，研究发现，对科学领域感兴趣的个体往往性格内向。还有证据表明，《斯特朗职业兴趣量表》的得分与人格量表（如《爱德华个性偏好量表》）的得分之间存在显著的相关性。许多心理学家认为，职业选择反映了个人深层的情感需求，而职业调整通常是生活节奏调整的关键部分。因此，对职业兴趣的评估，或者更确切地说，寻找与个人态度和兴趣最匹配的职业群体，已成为理解不同人格特质的关键。

美国学者霍兰德（John Holland）是这一观点的支持者之一。他认为，职业偏好是一种生活方式的选择，它体现了个体的自我认识和核心性格特征。心理学家罗伊也持有类似的看法。

在第二章中，我们已经探讨了霍兰德的职业兴趣理论，该理论将职业划分为六种类型：现实型（R）、艺术型（A）、企业型（E）、社会型（S）、研究型（I）和常规型（C）。大多数人可以归类为这六种职业类型中的一种，或者多种类型的组合。具有某种人格（兴趣）类型或类型组合的个体，在相应的职业类型或类型组合中能够更好地满足职业需求，展现职业兴趣，发挥职业能力。

每种职业都有其主导的兴趣类型，而一个人可能同时拥有多种职业兴趣。关键在于识别自己最强的职业兴趣，结合社会需求和个人能力优势来选择和确定主要的职业兴趣。在选择学业或规划人生职业道路时，同学们应将职业兴趣与个人的职业能力、人格特质相结合。

第二节　兴趣与职业选择

在选择职业时，兴趣扮演了三个关键角色：首先，它是衡量个人对某职业是否感兴趣的标准；其次，它是预测个人是否能在职业中发掘潜力、取得成功的标准；最后，它是判断个人是否能适应特定职业环境和角色的标准。当人们有了职业兴趣，他们会对自己的工作充满热爱，坚定追求职业目标，在工作中全力以赴，发挥自己的智慧。

一、职业生涯中兴趣的作用与联系

（一）兴趣的作用

《留学》杂志 2014 年 5 月刊登了一篇文章，题为《放手派妈妈把"三无"儿子送入哥大》，文章讲述了一位名叫王乾的学生的故事。他来自一所非"985"和"211"的工程院校，家庭背景普通，父亲是机床厂维修技师，家庭收入有限。他的英语成绩也仅仅是中等水平。然而，就是这样一个背景平凡的学生，却获得了哥伦比亚大学研究生院机械工程专业的录取通知书。那么，是什么让哥伦比亚大学对他如此青睐呢？

王乾从小就对机械玩具和智能模型，如机器人等，表现出浓厚的兴趣。他总是和父亲一起制作小玩具，并自豪地向妈妈展示。高三时，他经常与家人讨论大学专业选择，他对机械工程的热爱始终未变。大学四年，是他将个人兴趣转化为专业基础的关键时期。他注重基础，掌握了手工绘图能力，并在大学期间选修了与机械制造领域发展趋势相关的课程，通过了计算机等级考试。大二时，他参与了课程设计大赛并获奖。大三暑假，他获得了实习机会，参与了具体项目的设计和测试。这些经历使他的职业规划更加明确。因此，王乾选择机械工程专业并非一时冲动，哥伦比亚大学研究生院的录取也绝非偶然。正是他对机械工程的浓厚兴趣、独到见解和不懈努力，打动了哥伦比亚大学研究生院。

在职业生涯发展中，兴趣的作用主要体现在以下几个方面。

① 兴趣作为一种特殊的意识倾向，是动机产生的主要原因，也是产生创造性态度和行为的重要条件。良好的职业兴趣能充分发掘人的职业潜能，推动其不懈努力和创造性劳动，从而取得事业成功。兴趣能促进潜能的发挥，主要表现在：一是兴趣能促使人最大限度地发挥主动性；二是兴趣能促进积极的感知和持久的注意力；三是兴趣能成为学习的自觉动力，促使人积极思考和探索；四是兴趣能调整情绪，使人产生积极的情感体验，克服困难；五是兴趣能促进智力结构（如想象、记忆、操作等）的发展。

② 兴趣的情绪色彩是认识倾向的一个重要特征。它基于认识和探索事物的需要，是保持工作活力和提高工作效率的最活跃因素。对特定工作产生兴趣的人，会发现工作充满乐趣，即使是再辛苦的劳动也会从中感到快乐，并可能产生享受般的情感体验。兴趣对提高工作效率的影响主要体现在：一是兴趣能全面调动人的精力，使人专注于特定任务；二是兴趣能让人忘却疲劳，保持高效工作；三是兴趣能让人适应多变的工作环境和角色变化，形成新的适应。

③ 兴趣能促进事业成功。因为兴趣与人的职业目标、成就、动机、理想、价值观紧密相连，所以兴趣会使人在职业行为中趋向预期目标，即成功。研究也表明，一旦获得浓厚的职业兴趣，人们会对工作非常执着，全身心投入，这是成功的关键。如果一个人选择的职业正是自己的兴趣所在，那么他可能已经选择了通往成功的职业道路。

（二）兴趣与职业生涯的关系

兴趣与职业生涯的关系，可以从以下三个方面来阐述。

1. 兴趣有利于提高工作效率

个体依靠专业知识和技能参与职业活动，兴趣作为最好的老师，能促使个体不断学习，提高职业技能。同时，兴趣作为个性心理倾向，能使人增强工作动机，调动潜能，提高积极性，充分发挥才干。兴趣从"能力"和"活力"两个方面改善个体，从而提高其职业活动水平。

2. 兴趣有利于提高职业满意度

兴趣代表了个体的心理偏好，职业兴趣表明了个体对职业的偏好。从事感兴趣的职业，能获得更高的职业满足感，这是保证职业稳定性和工作满意度的重要因素。

3. 兴趣为个体职业生涯规划指引方向

个性具有整体性，个人很难对不感兴趣的职业产生热情。个性的其他因素测评复杂，而兴趣相对容易把握，因此兴趣为职业生涯规划指引了方向。大学生在规划职业生涯时，应以"我"的兴趣为依据，而非他人的兴趣。尽管可以征求家长和老师的意见，但最终决定应基于个人兴趣。做自己喜欢的事，才能获得更大的职业满足感和持久的热情。

（三）职业兴趣对职业生涯发展的影响

1. 职业兴趣影响职业定向和职业选择

著名职业经理人李开复的职业选择深受职业兴趣的影响。他最初选择法律专业，但后来发现自己对法律不感兴趣，也没有成为律师的意愿，反而对计算机产生了浓厚的兴趣。这种兴趣促使他夜以继日地在电脑室探索和研究。在老师的鼓励下，他进行了自我分析，然后便在大二转入了哥伦比亚大学的计算机系。他感慨地说，如果不是那次决定，他可能不会在计算机领域取得成就，而是成为一个不成功也不快乐的律师。

2. 职业兴趣能够开发人的潜能，激发人的探索与创造热情

职业兴趣是创新的源泉。良好的兴趣使人具有高度的自觉性和积极性，最大限度地挖掘潜能，在职业活动中施展才华，创造出新的业绩。反之，对职业不感兴趣会影响积极性的发挥，不利于工作成就。一位30多岁的医生，因对写作的热爱，最终放弃医学，成为著名作家渡边淳一。而百岁老人摩西在76岁开始画画，80岁举办个人画展，101岁去世时留

下 1600 幅作品。

3. 职业兴趣能够增强人的职业适应性和稳定性

从事感兴趣的工作时，人们能快速熟悉和融入新环境，在工作中产生强烈兴趣和满足感，成为职业活动的主人，积极主动地分析和设计工作环节，长时间保持高效率，并对岗位产生深厚感情。反之，如果对工作不感兴趣，工作容易成为负担，个体会感到痛苦和无奈，消极怠工。总之，职业兴趣使人们明确主观兴趣，找到最适宜的活动情景，投入最大的关注与能力，从而增强职业适应性和稳定性。

二、兴趣对择业的影响

兴趣，这个词在我们的生活中扮演着至关重要的角色。它不仅仅是一个简单的心理倾向，更是推动我们去认识、掌握某种事物的内在动力。当一个人对某项职业产生了浓厚的兴趣时，他们往往会对这项职业活动表现出极大的热情和肯定的态度。这种积极的心理状态能够激发他们全身心地投入职业活动中，不断地开拓创新，努力工作，最终在事业上取得令人瞩目的成就。反之，如果一个人被迫从事自己并不感兴趣的职业，那么他的意识、精力和才能就会被白白浪费，最终只会感到劳神费力，事倍功半，甚至可能一无所获。

历史上，无数的例子证明了兴趣是最好的老师。无论是古代的科学家还是现代的行业领袖，他们之所以能在自己的领域取得卓越的成就，很大程度上是因为他们对所从事的工作怀有极大的热情和兴趣。比如，爱因斯坦对科学的热爱引领他走进了科学的迷宫，最终成为了科学巨匠；门捷列夫对化学的痴迷使他发现了化学元素周期律；巴斯德对化学反应的专注到了忘我的程度，以至于他甚至忘记了自己重要的婚礼；而我国的数学家陈景润，对数学研究的热爱让他在艰苦的条件下废寝忘食地进行手算，努力攻克数学界的皇冠——哥德巴赫猜想，他的演算稿纸堆满了几麻袋，但他从未感到辛苦，反而认为这是莫大的幸福。这些故事无不说明，兴趣对于一个人的成功具有不可估量的影响。

人的兴趣并非与生俱来，而是在人类的生产和生活实践中逐渐形成、发展和培养起来的。兴趣的形成需要一定的个人素质作为基础，如果一个人缺乏对某职业的了解或完全不了解，那么他很难对该职业产生真正的兴趣。在职业心理的发展过程中，人们会经历有趣、乐趣、志趣这三个阶段，在此之后，兴趣的社会性、自觉性和方向性才能得以确立，形成真正意义上的职业兴趣。这种兴趣会驱使人们承担起社会责任，并朝着自己的理想和目标前进。

由于社会生活的复杂性、丰富性以及职业的多样性和多变性，人们的兴趣类型也会表现出显著的个体差异。例如，有人对自然科学（如天文、地理、化学等）领域感兴趣；有人对社会科学（如经济、哲学、法律等）领域感兴趣；还有人对写作、操作、运动、艺术等领域感兴趣。正是这种兴趣的个体差异性，促使人们选择与自己兴趣相符的职业。在选择职业时，人们会根据自己的兴趣广度、兴趣目标、兴趣稳定性、兴趣效能以及兴趣的客观性等多方面因素进行综合考虑。

在通常情况下，兴趣对择业的影响主要表现在以下几个方面。

1. 兴趣广度的差异

兴趣广度的差异指的是，有些人兴趣广泛，对许多事物都感兴趣，乐于探索；而另一些人则兴趣单一，习惯于在狭窄的范围内进行探索活动。前者可能拥有广博的知识，形成了广泛的职业兴趣，为职业选择提供了更大的空间。而后者则可能因兴趣的局限而面临职业选择的困难。例如，一个对多个领域都有兴趣的人可能会在多个行业找到适合自己的职业，而一个兴趣单一的人则可能只在特定的领域内找到合适的工作。

2. 兴趣目标的差异

兴趣目标的差异指的是，有些人虽然兴趣广泛，但兴趣分散，难以将广泛的兴趣集中到一个中心目标上，因此难以使专业知识深入发展，也难以在职业生涯中取得成功。而兴趣目标明确的人则容易在明确的目标下将兴趣与职业相统一，集中精力完成一件事。例如，一个对多种活动都感兴趣但没有明确目标的人可能会在多个领域浅尝辄止，而一个有明确兴趣目标的人则可能在某一领域深耕细作，最终取得显著成就。

3. 兴趣稳定性的差异

兴趣稳定性的差异指的是，有些人的兴趣一旦形成便持久不变，甚至可能越来越强烈；而另一些人的兴趣则多变，短期内对某项活动感兴趣，但不久后又被另一项活动所吸引。具有稳定职业兴趣的人容易产生深入研究问题的动力，并在事业上取得成功。而兴趣不稳定的人在职业生涯发展中，容易出现频繁更换目标的情况，不利于职业适应，在职业选择上也容易因犹豫不决而错失机会。例如，一个对某项工作有持久兴趣的人可能会在该领域不断进步，而一个兴趣多变的人则可能在多个领域之间徘徊，难以找到适合自己的职业。

4. 兴趣效能的差异

兴趣效能指的是兴趣所产生的实际效果。有些人能够将兴趣转化为实际行动，而有些人则仅停留在期望和等待中。在职业选择中，前者会积极主动地克服困难，实现职业理想；后者则缺乏主动性，被动等待，难以获得满意的职业。例如，一个能够将兴趣转化为行动的人可能会在自己感兴趣的领域取得成功，而一个仅停留在兴趣阶段的人则可能在职业道路上遇到重重阻碍。

5. 兴趣的客观性差异

兴趣的客观性差异指的是，有些人的兴趣脱离现实客观条件，过于理想化，因此难以实现；而有些人的兴趣则建立在切实可行的基础上，既符合主观条件，也符合客观条件。在职业选择中，前者往往错误地估计条件，导致人职匹配失败，而后者则容易实现愿望。例如，一个对某项工作有理想化兴趣但缺乏实际条件支持的人可能会在职业选择上遇到挫折，而一个兴趣与现实条件相符合的人则可能更容易找到适合自己的工作。

三、如何实现兴趣与职业的匹配

兴趣对人生事业的发展至关重要，因此在职业选择时，兴趣自然是一个需要考虑的重要因素。为了帮助大家根据自己的兴趣选择合适的职业，以下介绍《加拿大职业分类词典》中提到的各种职业兴趣类型的特点及其对应的职业。通过了解这些信息，我们可以更好地理解自己的兴趣所在，并找到与之相匹配的职业道路。

① 愿与事物打交道，喜欢接触工具、器具或数字，而不喜欢与人打交道。相应的职业如制图员、修理工、裁缝、木匠、建筑工人、出纳员、记账员、会计、勘测员、工程技术员、机器制造人员等。这些职业通常要求个人具备良好的动手能力和对工具的熟练操作能力，适合那些喜欢独立工作、解决问题的人。

② 愿与人打交道。这类人喜欢社交，愿意与人接触，对销售、采访、传递信息等活动感兴趣。相应的职业如记者、推销员、营业员、服务员、教师、行政管理人员、外交联络人员等。这些职业需要良好的人际交往能力和沟通技巧，适合那些喜欢与人互动、乐于帮助他人的人。

③ 愿与文字符号打交道，喜欢常规的、有规律的活动。习惯于在预先安排好的程序下工作，愿意从事有规律的工作。相应的职业包括邮件分类员、办公室职员、图书馆管理员、档案整理员、打字员、统计员等。这些职业适合那些喜欢有条不紊、注重细节的人。

④ 愿与大自然打交道，喜欢地理、地质类的活动。相应的职业如地质勘探人员、钻井工、矿工等。这些职业通常要求在户外工作，适合那些喜欢探索自然、对地质学感兴趣的人。

⑤ 愿从事农业类、生物类、化学类工作，喜欢种养、化工方面的试验性活动。相应的职业如农业技术员、饲养员、水文员、化验员、制药工、菜农等。这些职业适合那些对农业、生物、化学等领域感兴趣，并愿意从事实验性工作的人。

⑥ 愿从事社会福利类的工作，喜欢帮助别人解决困难。这类人乐于助人，试图改善他人的状况，喜欢从事与社会福利和帮助他人相关的工作。相应的职业如律师、咨询人员、科技推广人员、医生、护士等。从事这些职业需要具有同情心和责任感，适合那些愿意为社会作出贡献的人。

⑦ 愿做组织和管理工作，喜欢掌管一些事情，以发挥重要作用，希望受到众人尊敬和获得声望。相应的职业是各级各类组织领导、管理者，如行政人员、企业管理干部、学校领导和辅导员等。这些职业适合那些有领导才能、愿意承担责任的人。

⑧ 愿研究人的行为和心理，喜欢谈涉及人的主题，对人的行为举止

和心理状态感兴趣。相应的职业大都是与研究人、管理人相关，如心理学、政治学、人类学、人事管理、思想政治教育等领域的工作者，以及教育工作者、行为管理工作者、社会科学工作者、作家等。这些职业适合那些对人类行为和心理有深刻兴趣的人。

⑨ 愿从事科学技术事业，喜欢通过逻辑推理、理论分析、独立思考或实验发现并解决问题，对分析的、推理的、测试的活动感兴趣，擅长于理论分析，喜欢独立地解决问题，也喜欢通过实验有新的发现。相应的职业如生物、化学、工程学、力学、自然科学等领域的工作者及工程技术人员等。这些职业适合那些喜欢科学探索、逻辑思维和创新实验的人。

⑩ 愿从事有想象力和创造力的工作。喜欢创造新的式样和概念，喜欢独立的工作，对自己的学识和才能颇为自信。乐于解决抽象的问题，而且急于了解周围的世界。相应的职业大都是科学研究工作者和实验室工作者，如从事社会调查、经济分析、化验、新产品开发的职业，以及演员、画家、作家或设计人员等。这些职业适合那些具有创新精神和艺术天赋的人。

⑪ 愿做操作机器的技术工作，喜欢通过一定的技术来进行活动，对运用一定技术操作各种机械制造新产品或完成任务感兴趣，喜欢使用工具，特别是大型的、马力强的先进机器，喜欢具体的东西。相应的职业如飞行员、驾驶员、机械制造人员等。这些职业适合那些喜欢技术操作、对机械有浓厚兴趣的人。

⑫ 愿从事具体的工作，喜欢制作看得见、摸得着的产品并从中得到乐趣，希望能很快看到自己的劳动成果，并从完成的产品中得到满足。相应的职业如室内装饰、园林、美容、理发、手工制作、机械维修等相关人员及厨师等。这些职业适合那些喜欢动手制作、对成果有即时反馈需求的人。

根据这种分类，一种兴趣类型可以对应许多种职业，同时绝大多数的职业也都与几种兴趣类型的特点相近，而每一个人往往又都同时具有其中几种类型的特点。假如你要成为一名护士，那你就应属于愿与人打交道（类型②）、愿热心助人（类型⑥）、愿做具体工作（类型⑫）这三方面的兴趣类型。如果你对其中的某一方面缺乏兴趣，那就应努力培养和发展这方面的兴趣，以适应护士职业的要求。否则，还是选择更适合你兴趣类型的职业为好。

第三节 探索职业兴趣的途径

随着高等教育规模的扩张，高学历人才数量不断上升，社会竞争愈发激烈。在庞大的求职大军中，大家都能体会到求职的不易，而寻找一份既满意又适合自己的工作更是难上加难。那么，我们应该如何应对这一挑战呢？如何才能找到适合自己的工作呢？在了解了职业与兴趣之间的联系后，我们需要对自己的职业兴趣进行探索。

一、职业兴趣的探索

了解个人职业兴趣有两种途径，即职业兴趣测试和经验法。

（一）职业兴趣测试

通过使用现成的职业兴趣测试问卷，可以发现自己的职业兴趣所在。采用这种方法的好处是，在职业概念尚不明确时，问卷测试有助于了解自己的兴趣领域。而且，这些问卷经过科学验证，测试结果相对可靠。但是，由于测试过程较为复杂，因此通常需要专业人士协助进行评分和解释。

最早的职业兴趣测验始于 1927 年，以斯特朗编制的《斯特朗职业兴趣量表》（简称 SVIB）为标志。1934 年，库德根据同质性分类划分了十个职业兴趣领域，包括：户外、机械、计算、科学、游说、艺术、文学、音乐、社会服务和文书。根据这十个领域，制定了十个同质性量表，受测者完成这些量表后，通过得分高低确定主要兴趣领域。这个问卷简称为"KOIS"。与前述方法不同，霍兰德在职业理论的指导下，将职业兴趣分为六个维度：现实型、研究型、艺术型、社会型、企业型和常规型，并相应地将职业分为六个领域。通过评估个体在这些维度上的得分，可以在相应的职业分类表中找到适合的职业。这里主要介绍《ACT 职业兴趣测验表》。该测验表由美国大学考试中心编制，基于霍兰德的六种职业类型设计，适用于初中生至成人，对早期职业规划和职业转换都有指导作用。为了减少性别差异对测试结果的影响，编制者在项目选择和常模构建上都做了相应调整。最初，ACT 兴趣问卷采用霍兰德的六个维度，后来简化为"数据 - 观念"和"事物 - 人"两个维度，分类更为简洁，可与霍兰德的六角形模型相互转换。

表 5-2 为《ACT 职业兴趣测验表》，表中列出了一些与职业相关的活动，请根据个人情况在喜欢或擅长的活动项目后选择"符合"，在不喜欢或不擅长的项目后选择"不符合"。

表 5-2 ACT 职业兴趣测验表

序号	活动项目	符合	不符合
1	了解恒星的形成		
2	素描和绘画		
3	帮助人们做出重要决策		
4	组织会议		
5	点钱、算钱		
6	使用医学器械		
7	了解大脑的活动机制		
8	作曲或改编音乐		
9	急救伤员		
10	制定规章和政策		
11	在商店里做问卷调查		
12	修理玩具		
13	考察科学博物馆		
14	摄影艺术创作		
15	给孩子们示范怎样做游戏或运动		
16	参加政治竞选		
17	填写和核对工资表		
18	操作挖土机		
19	听著名科学家的报告		
20	写短篇小说		

续表

序号	活动项目	符合	不符合
21	参加社会福利募捐		
22	当众介绍情况		
23	建立财会账目		
24	当森林消防员		
25	研究生物学		
26	了解当代作家的写作风格		
27	帮助新来者结识人		
28	与推销员讨论骗人的广告		
29	预算经费		
30	制作家具		
31	测量试管中的化学物质		
32	给杂志中的故事配插图		
33	参加小组讨论		
34	为他人制订工作计划		
35	结算账目		
36	学习雕磨宝石		
37	设计一座新型结构的建筑物		
38	写电影剧本		
39	帮人树立信心		
40	向人们解释公民的合法权利		
41	商品的分类、记数和保存		
42	在暴风雨后补救损坏的树木		
43	研究植物疾病		
44	向当地广播站推荐音乐节目		
45	帮助救援处于危险中的人们		
46	为新产品写说明书		
47	计划每月的预算		
48	动物饲养		
49	阅读关于新的科学发现的书或杂志		
50	从事室内装潢工作		
51	帮助调停朋友间的纠纷		
52	管理工厂		

续表

序号	活动项目	符合	不符合
53	检查财政账目中的错误		
54	在奖品或徽章上刻字或图案		
55	研究化学		
56	画漫画		
57	做导游		
58	做推销人员		
59	计算货船的停泊费		
60	操作吊车或电影放映机		
61	使用显微镜或实验室设备		
62	设计金属雕塑		
63	帮助有困难的朋友		
64	打电话处理商务		
65	制图		
66	建筑施工		
67	了解地球、太阳和恒星的起源		
68	在乐队里演奏		
69	培养人们的新爱好		
70	就公司中的问题访谈工人		
71	计算贷款利息		
72	观察技师修理电视机		
73	对蝴蝶进行观察并分类		
74	写戏剧评论		
75	为残疾人服务		
76	监督和管理他人工作		
77	管理开支项目		
78	修剪植物		
79	研究维生素对植物的作用		
80	设计海报		
81	以开玩笑或讲故事的方式使他人开心		
82	从事商业经营活动		
83	检查报告图表中的错误		
84	在图书馆里管理书籍		

续表

序号	活动项目	符合	不符合
85	了解鸟的迁徙		
86	参加演出		
87	从事教学工作		
88	挨家挨户进行民意调查		
89	打字		
90	检查次品		

计分方法：

上述 90 个题目，按照霍兰德的六种职业类型设计，即研究型（I）、艺术型（A）、社会型（S）、企业型（E）、常规型（C）和现实型（R）。90 个项目循环排列，1、7、13、19 等 15 个题目属于研究型计分项目，2、8、14、20 等 15 个题目属于艺术型计分项目，以此类推，符合计 1 分，不符合计 0 分。分别计算六种职业类型的总分。

测验结果可在霍兰德三字母职业代码对照表中查询。

（二）经验法

通过评估职业兴趣。如果对职业有所了解，可以从熟悉的职业入手，确定最喜欢的职业。这种方法的优点是快速、简便，但如果熟悉的职业种类有限，那么选择范围就会相应缩小，不利于发现个人的职业潜力。

根据凯利的个人建构理论发展出的职业偏好比较活动，可以辅助我们进行职业兴趣探索。

第一步，请在《职业偏好比较表》的最上一列各栏中填写七种最熟悉的职业名称。注意：至少填写一项填答者目前从事的职业，也可以填写一项以上愿意从事的职业；所填写的职业应尽可能具体，不重复，避免雷同，以便于比较。如果自己无法区分，可以参考报刊或询问身边亲友的职业，选择几个熟悉的职业填写。

第二步，比较所填写的第一个职业与第二个职业的偏好程度，即在这两个职业中，哪一个你更愿意去做？并请在对应栏目中写下愿意从事该工作的理由。职业偏好的理由可以填写一项以上，并尽量详细。如果两个职业都不愿意从事，仍需选择一个相对愿意从事的，并写下理由。

如果偏好第一个职业，则将偏好理由写在表格上；如果偏好第二个职业，则将不喜欢第一个职业的理由写在表格上，并在不喜欢的理由前加上一个"×"，表示不喜欢。如果一时想不出两个职业的区别，可以使用以下指导语进行引导：两个职业有什么不同？对我来说，它们有什么不同的意义？先引导求职者完成一至两个职业比较，使其熟悉填写方式，然后让其自行填写，并鼓励其在遇到困难时提问。

第三步，在完成各项职业偏好程度的比较后，请填答者从所列七个职业中选择一项最愿意从事的工作，并用该职业下的各项偏好理由，对照提供的职业价值观分类表，作为检查、反思和讨论个人职业价值观的参考。

这种方法可能不如测验法准确全面，但在没有测验工具的情况下，如果求职者对理想职业有一定认识，这也不失为一种简便易行的方法。

二、个人优势与职业抉择

个人对自身优势和行为倾向进行分析是职业自我认知的一种途径。有研究者提出，如果将人的学科成绩和日常生活中的行为倾向作为选择职业的依据，那么，至少存在一些职业群体与人的学习优势和生活活动倾向及表现相契合。通过分析研究，这一假设得到了证实：学科成绩、业余爱好活动的表现，可以作为了解自我职业并进行职业选择的参考。

学科成绩优势与相应的职业如下。

① 数学优势者适合的职业有：工程师、化学家、建筑设计师、制图员、计算机及信息类职业、会计、营业员、银行职员、出纳员、保险公司职员、数学教师、统计员、机械工程师、测量员、经济学家、哲学家以及其他与理学、工程相关的职业。

② 物理优势者适合的职业有：与船舶制造、电机制造、机械制造、物理、化学、气象学、电力、核工程、矿业工程相关的职业，以及设计师、建筑工程师、机械工、电工、安装维修员、飞行员、制模工、领航员、无线电修理工等。

③ 化学优势者适合的职业有：牙科医生、药剂师、兽医、原子科学家、实验室技术员、护士、临床检验师、农技员、美容师、地质学家、

皮肤科医生，以及与冶金工业、化学工程、化学研究、生物化学、营养学、植物学、动物学等相关的职业。

④ 生物优势者适合的职业有：人类学、动物学、营养学、植物学、遗传学、免疫学等学科研究人员，以及博物馆管理员、实验室技术员、内外科医生、农场工人、园林工人等。

⑤ 语文优势者适合的职业有：编辑、作家、评论家、记者、教师、演员、图书管理员、办公室职员、翻译、秘书、法官、律师、作曲家等。

⑥ 美术优势者适合的职业有：舞蹈家、画家、广告设计师、服装设计师、城市规划师、园林设计师、舞台设计师、建筑师、艺术教师、裁缝、理发师、摄影师、形象设计师、制图员等。

⑦ 外语优势者适合的职业有：演员、作曲家、外交官、导游、律师、外事工作人员、图书管理员、翻译、教师、宾馆服务员等。

⑧ 体育优势者适合的职业有：运动员、体育教师、军人、船员、导游、救生员、体育理论研究人员、体育编辑、侦探、公安人员、警卫员、教练、裁判等。

⑨ 音乐优势者适合的职业有：音乐家、歌唱家、演员、教师、诗人、剧作家、演奏员、音乐评论家、作曲家等。

三、塑造你的职业兴趣

（一）塑造职业兴趣的方法

有计划地规划自己的职业生涯，可以有意识地塑造自己的兴趣。从职业兴趣的产生和发展来看，通常要经历从有趣到乐趣最终到志趣的过程。如何在这个过程中塑造自己的职业兴趣，可以参考以下几点。

1. 就业前扩展职业视野

在就业前，你了解的职业种类越多，对职业的性质理解得越深入，你的职业兴趣就会越广泛。职业兴趣越广泛，你的择业动机就越强，择业范围也会相对扩大。

2. 必要的社会责任感

当就业环境和自身条件迫使你必须从事自己不喜欢的工作时，你应该展现出对社会负责的态度，培养自己的职业兴趣，即所谓的"干一行，爱一行"。实际上，在就业时，大多数人都不一定能够选择到自己理想的职业。当你还不能选择到满意的职业时，就必须尽快调整职业期望值，适应就业环境，在不理想的职位上，培养职业兴趣，成就一番事业。"把没有意思的工作做得有意思"，美国钢铁大王卡耐基这样提醒人们。

3. 先就业，再择业

多数人的就业经历表明，获得职位的方式多种多样，有的是别人安排的，有的是自己找到的。除去自己找到的职业外，其他就业方式都是被动的。被动得到的职业，你也可以逐渐对其产生兴趣，方法是先就业、再择业。许多职业，你最初从事时可能毫无兴趣。但是随着时间的推移和职业技能的提升，加上对职业生涯意义的全面理解，特别是当你能够在这些职位上取得一定成就时，你的职业兴趣就会显著增加。只要你专心致志、深入地从事某种职业，你就会发现它有一种吸引你的魅力。

4. 量身定制

陶行知先生曾经说过一段引人深思的话："我认为中学生面临的一个大问题，就是择业问题。我认为在选择职业时，应该根据个人的才能和兴趣。做事要有乐趣，因此我们要根据个人的兴趣来选择职业。"要想成功，就必须具备相应的才能。才能，通常指的是你最擅长的某些知识或技能。在一般情况下，才能与兴趣有着相互促进的作用，即兴趣催生才能，才能增强兴趣；同时才能也能催生兴趣，兴趣又会加强才能。因此，在初次选择职业时，应该依据自己所拥有的才能（即擅长的知识和技能）来选择职业。因为根据自己的才能所适应的职业状况来选择职业，往往更接近于人尽其才、才尽其用的最佳状态。在这种最佳状态下，你的工作会越来越有趣，才能也会逐渐增长，最终的结果可能会使你成为某一职业领域内的专家。

（二）职业兴趣塑造过程中需要注意的问题

通过对职业兴趣的自我检测和诊断，同学们能明确自身的兴趣所在，并能通过对照职业代码找到与自身兴趣相符的职业类型。通过检测，我们可以发现，有的同学的自我测评结果与自我判断基本一致，但有些同学可能与检测前的判断有很大出入，这是为什么呢？实际上，这与同学们之前没有认真分析自身的职业兴趣、没有结合自身实际而设定理想有很大关系。这也提醒我们，要不断进行职业兴趣分析与探索活动，加深对自身职业兴趣的认识。同时，我们也应该认识到职业兴趣是可以塑造的，通过不断满足社会的职业需求，就可以在一定的学习与教育条件下塑造积极、健康的职业兴趣。在职业兴趣塑造中应注意以下几个问题。

1. 应塑造广泛的兴趣

广泛的兴趣不仅可以让生活更加丰富多彩，还可以为其自身成长和成才提供动力。广泛的兴趣既可以让我们拓展知识、开阔视野，也可以开拓创新思维和提升想象力。在专业学习和职业实践中，只有知识丰富、思维敏捷，才会在研究自己专业和职业领域的事物时有更多创意，也更容易取得成就。

2. 要有意识地明确职业兴趣

兴趣广泛是成功的基石，它们可以激发我们保持一颗不断探索的心。但人的精力和时间都是有限的，如果没有既定的职业兴趣，那么我们在众多事物和众多方向的职业中就会迷失方向，三心二意、浅尝辄止，难以有所作为。没有明确自己的职业兴趣，就会走很多弯路。所以，要采取科学合理的检测方式，明确自身的职业兴趣，并有意识地塑造自己的职业兴趣。

3. 职业兴趣应与实际情况相符合

我们在确定和塑造职业兴趣时，必须结合个人、学校和社会的实际情况，不能一味追求高远和新颖。结合自己所学专业，认真分析社会的职业需求以确定和塑造自身职业兴趣，就会使自身的职业兴趣有良好的客观基础，经过自身努力后，人生目标更容易实现。所以，在职业生涯中，要注意寻找切实的职业兴趣。此外，兴趣有很多种，有的是业余爱好，有的是职业兴趣，在选择和决定时最好经过深入思考并进行科学评估，选择更有发展机会的选项。

4. 要注重职业兴趣的稳定性

兴趣的稳定性即兴趣持续时间的长短，也称持久性。兴趣只有稳定而持久，才能推动人去深入研究问题，从而获得系统的科学知识，取得良好的工作成绩。有些人的兴趣缺乏稳定性，他们对任何事物都可能产生浓厚的兴趣，甚至达到狂热和迷恋的程度，但这种兴趣又会很快被另一种兴趣所取代。这类人常常朝三暮四，缺乏恒心，不论是在生活中还是在实践领域中，他们都不可能取得最佳成果。个体只有在某一方面有稳定而持久的兴趣，才能有更多的精力深入研究，也就更容易成功。

·第六章·

能力探索

　　"能力"这个词，通常被用来描述我们所掌握的技能，它是我们进行各种规划时不可或缺的关键因素。本章将深入探讨能力与技能的定义、种类、探索技巧以及提升途径。通过编写成就故事、利用技能词汇表等策略，指导大学生从自己的过往经历中识别出自己的优势技能。同时，本章也将深入分析职业所需技能，并详细阐述如何在简历和面试中恰当地展示个人技能，以实现自我展示和自我推销的目标。本章还提供了了解职业技能需求的资源和方法，帮助大学生在校园期间明确自己应发展和培养哪些能力，以便能够胜任未来理想的工作。

第一节　能力

　　能力是完成特定活动所必需的心理特质，它与活动紧密相关，并直接作用于活动效率，在具体活动中得以体现。因此，认识自己的能力对于个人而言至关重要。

一、能力的定义

　　心理学中，能力是指那些能够促进活动顺利进行并影响活动效率的个性心理特质。拥有某种能力意味着个体具备掌握相关知识和技能的潜力，能力的高低反映了掌握和运用知识技能的顺畅程度。这些能力是通过学习、劳动、运动等多种活动获得的。

能力是个性心理特质的一部分，指的是人们在心理活动中经常和稳定展现的心理特征。例如，一些人性格开朗，而另一些人则沉默寡言；一些人注重细节，而另一些人则不拘小节；一些人自私，而另一些人则无私；一些人行动果断，而另一些人则犹豫不决。这些差异都源于个性心理特质的不同。

能力的形成和发展与人的先天条件有关，但更重要的是与人的社会活动紧密相连。在个性心理特质中，只有那些直接影响活动效率、确保活动顺利完成的因素，才能被称为能力。能力与完成特定任务紧密相关，因此，离开了具体活动，既无法展现人的能力，也无法促进能力的发展。尽管活泼开朗、沉默寡言等心理特征可能与活动的顺利进行有关，但它们通常不是直接影响活动的基本条件，因此不能被称作能力。例如，节奏感和曲调感对于音乐活动至关重要；准确估计比例关系对于绘画活动不可或缺；观察的细致性、记忆的准确性、思维的敏捷性是完成许多活动的基础。缺乏这些心理特征将影响相关活动的效率，因此，这些心理特征是确保活动顺利完成的关键，也就是我们所说的"能力"。

二、能力的个体差异

人与人之间在能力上存在显著的个体差异，这些差异主要体现在以下三个方面：

① 能力水平的差异，即通常所说的能力大小之分。一些人可能较为愚笨，而大多数人属于中等水平。例如，在大学校园中，大多数学生之间的智力差异不大，只是特点各异。

② 能力表现早晚的差异，指的是人的能力发挥有早有晚。一些人在少年时期就展现出卓越的能力，被称为"早熟人才"；而另一些人的能力则在晚年才充分发挥，被称为"大器晚成"。

③ 能力结构类型的差异，指的是能力中各种成分的构成方式不同。例如，在智力方面，一些人观察能力和记忆能力强，而思维能力和想

象能力弱；一些人模仿能力强，但缺乏创造力，而另一些人则同时具备模仿能力和创造力。更具体地说，在记忆方面，一些人主要是依靠形象记忆，一些人主要是依靠词语的抽象逻辑记忆，而另一些人则介于两者之间。以形象记忆为主的人对人物、图画、颜色、声音等材料的记忆效果较好，而以词语逻辑记忆为主的人则对概念、数字等材料的记忆效果较好。

三、影响能力发展的因素

1. 素质因素

素质是有机体天生具有的解剖生理特点，尤其是神经系统（主要是大脑）、感觉器官和运动器官的解剖生理特点。素质是能力形成和发展的自然基础，没有这个基础，能力的发展就无从谈起。例如，双目失明的人难以发展绘画能力，天生聋哑的人难以发展音乐能力，无脑儿不仅难以发展各项能力，甚至难以生存。

素质本身并非能力，也不能直接决定一个人的能力，它仅提供能力发展的可能性。只有通过后天的教育和实践活动，这种可能性才能转化为现实。素质与能力并非一一对应，在相同的素质基础上可以形成不同的能力，同一种能力也可以在不同的素质基础上形成，这完全取决于后天条件。即使在某些素质方面存在缺陷，也可以通过机能补偿作用，促进相关能力的发展。

2. 环境和教育因素

环境对人的能力的影响是指每个人一生中所处的具体环境对人施加的影响，包括家庭和社会各方面的因素。一个人的发展方向很大程度上取决于家庭环境、生活方式和家庭成员的影响。例如，家庭成员的职业、文化修养、素质、兴趣和爱好等对个体的影响较大。在一个谦虚、礼貌、真诚、自信的家庭环境中成长，更有利于个体不断获得新能力，促进正常发展。在环境的影响中，社会环境的因素更为重要。儿童出生后若有人照顾，有人经常与之交流，其语言表达能力就会快速发展；若将其置于照顾不周的孤儿院中，其能力发展则明显迟缓。环境对人的影响主要是通过教育来实现的。

实验表明，受过教育的人比未受教育者的能力形成更快且更早，特别是早期教育对儿童能力的发挥有重要影响。此外，学校教育对个人能力的发展起着决定性作用。教育者通过安排预定的教育内容和方法，对受教育者进行系统的正面影响。例如，学校通过传授丰富的专业知识，以及帮助个体改进学习方法，培养观察能力、记忆力、想象力、思考能力等，从而塑造具有优秀品格和潜力的个体。

3. 实践因素

外部条件对人的影响必须通过个人的实践来实现。人的智力和能力是在实践活动中逐步形成和发展的。实践是检验真理的唯一标准，通过实践可以验证知识和认识的正确性，并使个体的素质和潜力得到发挥。在掌握大量知识的基础上，通过实践反复运用知识，才能不断验证和学习，不断总结并积累，从而不断进步，将知识转化为真正的技能。历史上许多杰出人物、创新能手之所以表现出惊人的才能与成就，都是因为他们参与了社会历史变革的实践。人的知识能力、特殊才能也是通过积极活动、认真锻炼而逐渐发展起来的。人的能力还与他们所从事的职业活动紧密相关，不同的职业活动对人们提出了不同的要求，从而使人发展出相应的能力。实践活动越多样，劳动分工越精细，人们能力的差异也就越明显。

4. 个性品质因素

优秀的个性品质对能力的形成和发展具有重要意义，例如勤奋、谦虚和有毅力等都有助于能力的形成和发展。有些人虽然天资聪颖，但由于缺乏勤奋，最终事业无成；有些人虽然天生智力并不突出，但通过勤学苦练，也能取得事业的成功。

四、能力的分类

（一）依据获取途径（天生与后天培养）分类

主要分为"能力倾向/天赋"与"技能"两大类。

① 能力倾向/天赋（aptitude），指的是每个人天生具备的特殊才能，

例如音乐和运动能力。尽管这种能力是与生俱来的，但如果未得到适当开发，其也可能被浪费。例如，在中国约 14 亿人口中，尽管并非人人都能像苏炳添那样跑得飞快，但肯定有人拥有与苏炳添相似的节奏感和身体协调能力，只是他们未曾有机会去挖掘和发展这些天赋。遗传、环境和文化等因素都可能影响天赋的发展。

② 技能（skill）则是指通过后天学习和练习所获得的能力，如阅读能力、人际交往能力和表达能力等。在成长过程中，从一个什么都不会做的婴儿成长为一个能够自理、看、听、说、行走、阅读和写字的成年人，我们每个人都已经学会了无数的技能。

在现实生活中，个人的能力水平通常是能力倾向和技能两者的结合。例如，刘翔在跨栏比赛中获得奥运冠军，这既得益于他先天良好的身体素质，也离不开他后天的刻苦训练。然而，我们应当区分这两者。有时人们会说"我这方面的能力不行"，这可能是因为缺乏天赋，也可能是缺乏培养和练习的机会。实际上，像人际交往和沟通等技能，主要依赖于后天的练习。许多人在这些方面技能不佳，往往是因为在青少年时期家庭教育的偏颇，例如只重视学业成绩而忽视了其他技能的培养。成年后，他们可以通过参加讲座、阅读书籍、向他人请教或寻求心理咨询等方式来提升这些技能。正如中国古语所说的"勤能补拙"，先天不足可以通过后天努力来弥补。例如邓亚萍，作为乒乓球运动员，尽管她的先天条件并不优越，但通过后天的刻苦训练，她还是取得了巨大的成功。每个人都有无限的学习和成长潜力，但许多人成年后便停止了前进。如果我们能像孩子一样勇敢、勤于学习，不畏失败和挫折，那么许多技能是可以通过练习获得的。正如《卖油翁》中所言："无他，惟手熟尔。"

（二）依据性质分类

主要分为一般能力和特殊能力。

① 一般能力是指完成各种活动所必需的基础能力，如注意力、观察力、记忆力、想象力和思维力等。这些在认识活动中表现出来的一般能力通常被称为智力，也称为智能或智慧。其中，思维能力是智力的核心。

智力的测量通常使用《斯坦福 - 比奈量表》。斯坦福大学心理学教授推孟提出了智商（IQ）的概念和计算公式，即智商＝智龄／实龄×100，也就是 IQ=MA/CA×100。智龄是一个绝对数值，不便用于比较不同儿童的智力差异，而智商作为相对值，便于进行比较。采用推孟教授提出的智商计算公式得出的智商为比率智商。比率智商在成人中的使用具有局限性，因此《斯坦福－比奈量表》的后续修订版和其他量表多采用离差智商来表示一个人的智力水平在同龄人中的位置。例如，一个人的离差智商为 100，意味着在同龄人中，有 50% 的人智力水平高于他，也有 50% 的人智力水平低于他。又如，一个人的离差智商为 132，意味着在同龄人中，有 2% 的人智力水平高于他，有 98% 的人智力水平低于他。离差智商的计算公式为：$IQ=15(X-M)/S+100$，其中 X 为个人测得分数，M 为该人所在年龄组的平均分数，S 为该年龄组得分的标准差。

② 特殊能力是指完成特定活动所必需的能力，它与职业活动紧密相关。

职业（career）是一个人在其整个工作生涯中选择从事的总的行为活动。职业既具有共性，也有其特殊性。职业能力既与一般能力相关，更与特殊能力密不可分。人们从事的职业活动都是具体的。因此，人的职业能力倾向主要指的是人的特殊能力，它是从业人员胜任职业所必需的能力。职业规划在人们的职业决策过程中是不可或缺的。它有助于人们发现自己的人生目标，平衡家庭与朋友、工作与个人爱好之间的需求，以做出更好的职业选择。

一般能力和特殊能力是相互关联的。一方面，一般能力在特定活动领域得到特别发展时，可能成为特殊能力的重要组成部分。例如，一般听觉能力既存在于音乐能力中，也存在于言语能力中。没有一般听觉能力的发展，就不可能发展出音乐能力和言语能力；另一方面，在特殊能力发展的同时，一般能力也会得到发展。观察力属于一般能力，但在画家身上，由于绘画能力的特殊发展，因此画家对事物的观察力也会相应增强。在完成特定活动时，通常需要一般能力和特殊能力的共同作用。总之，一般能力的发展为特殊能力的发展提供了更好的内部条件，特殊能力的发展也会积极促进一般能力的发展。

在我国，对能力的评价，对个人而言主要是自我体验；由他人评价时，则主要是"听其言，观其行"。使用的能力因素指标主要是理论思维能力、逻辑推理能力、动手操作能力、创造能力、语言文字表达能力、社会交往能力、组织管理能力等更为直接的能力。近年来，通过引进或介绍，也逐渐使用测量方法，开发出了适应我国使用的测量工具，如《BEC 职业能力测验 I 型》和《BEC 职业能力测验 II 型》等。

五、多元智力理论

经过多年的实验研究，哈佛大学教授、发展心理学家加德纳提出了多元智力理论。他在 1983 年出版的《智力的结构》一书中阐述了这一理论，他认为智力并非由一两种核心能力构成，而是由多种能力组成，这些能力各自独立，不以整合形式存在。加德纳的理论指出，人类至少拥有 7 种不同的智力。

① 言语 - 语言智力，涉及听、说、读、写的能力，能够有效利用语言描述事件、表达思想和进行交流。例如，丘吉尔从记者到演说家、作家和政治家的转变。

② 逻辑 - 数理智力，包括运算和推理的能力，对事物间的关系（如类比、对比、因果和逻辑等关系）敏感，并能通过数理运算和逻辑推理进行思考。例如，爱因斯坦作为物理学家在科学领域作出了许多贡献。

③ 视觉 - 空间智力，指感受、辨别、记忆、改变物体空间关系的能力，以及通过平面图形和立体造型表达思想和情感的能力。例如，画家毕加索在视觉艺术领域的突出表现。

④ 音乐 - 节奏智力，涉及感受、辨别、记忆、改编和表达音乐的能力，对音乐的节奏、音调、音色和旋律敏感，并能通过作曲、演奏和歌唱等方式表达音乐。例如，莫扎特是杰出的作曲家、指挥家、演奏家。

⑤ 身体 - 动觉智力，指运用四肢和躯干的能力，能够控制身体、做出恰当的身体反应，并通过身体语言表达思想和情感。例如，篮球运动员迈克尔·乔丹在体育领域的卓越表现。

⑥ 交往 - 交流智力，指与人相处和交往的能力，能够察觉、体验他人情绪、情感和意图，并做出适宜反应。例如，马丁·路德·金既是牧师，

也是具有影响力的社会活动家。

⑦ 自知 - 自省智力，指认识、洞察和反省自身的能力，能够正确意识和评价自身的情感、动机、欲望、个性、意志，并形成自尊、自律和自制的能力。例如，哲学家柏拉图在哲学领域的深刻见解。

这 7 种智力在个体的智力结构中都占据重要位置，每个人都有这七种相对独立的智力，它们的不同组合方式和程度使得每个人的智力独具特色。例如，爱因斯坦、贝多芬、达·芬奇、姚明、奥黛丽·赫本和特蕾莎修女等杰出人物，他们在各自领域展现了不同的聪明才智。加德纳的多元智力理论强调，不存在谁更聪明的问题，只有在哪些方面聪明和怎样聪明的问题。每个人都是独特的，同时每个人又都是出色的。教育的起点在于如何使个体变得聪明，在哪些方面变得聪明。加德纳教授认为，智力的核心在于解决实际问题和创造社会所需有效产品的能力。

六、技能的分类

表达技能的词汇，即用于说服雇主雇佣自己的词汇。无论是投递简历还是面试，目标都是向雇主证明自己具备胜任工作的能力。因此，面对"我为什么要雇你"这样的问题，简历和面试中的回答应以与工作相关的能力为主线。任何能证明能力的事情，都会增加获得工作的机会。为此，需要清楚认识自己的能力，并了解具体职业所需的技能。最后，在简历和面试中，要以恰当的语言和事例充分表达与职业相关的技能。

个人技能的认识建立在对技能分类的了解上。辛迪·梵和理查德·鲍尔斯将技能分为三种类型：专业知识技能、自我管理技能、可迁移技能（或称通用技能）。人们往往容易想到自己所具有的知识技能，但实际上后两种技能更为重要。它们使我们有可能不局限于所学专业，可以在更广的范围内选择职业；它们对于我们在竞争中胜出具有关键性的作用，并且使我们能够在工作中得以更长久地发展；雇主们对它们的重视程度，也往往超过了对单纯知识技能的重视。

1. 专业知识技能

专业知识技能是指通过教育或培训获得的特别知识或能力，如个人所学习的科目、所懂得的知识。例如：掌握外语、中国古代历史、电脑编程或化学元素周期表等知识。知识技能一般用名词表示。

专业知识技能不可迁移，它们是一些特殊的词汇、程序和学科内容，必须经过有意识的、专门的培训才能掌握。它们常常与我们的专业学习或工作内容直接相关。因此，许多大学生在找工作时面临两难：一方面，他们认为找工作必须"专业对口"，但他们并不喜欢自己的专业，不想将之作为一生的职业；另一方面，如果"专业不对口"，他们则会担心自己与对口专业出身的应聘者相比缺乏竞争力，甚至觉得难以跨越专业的鸿沟。在这种情况下，似乎唯一可行的方式就是通过考研来改换专业。

实际上，专业知识技能并非只有通过正式的专业教育才能获得。除了学校课程之外，课外培训、专业会议、讲座、研讨会、自学、资格认证考试等方式都可以帮助个人获得知识技能。此外，很多公司也会为新员工提供相关的上岗培训。例如，某著名的会计师事务所在对新员工的培训中，第一年的主要内容即是针对非专业学生补充财会基础。由此可见，即使是一些专业要求较高的职业，如会计师等，其专业技能也可以在就职后的培训中获得。实际上，越是大的公司，越是看重个人的综合素质（也就是"自我管理技能"与"可迁移技能"），而不那么在意个人是否已经具备专业知识。不少外企在校园招聘时都已不再区分学生的专业背景。

因此，如果想从事本专业之外的工作而不愿或不能重新选修一个专业的话，仍然有许多途径可以帮助我们获得相关的专业知识技能。在招聘中，专业知识技能绝对不是用人机构所重视的唯一技能。当前现存的状况是专业知识技能的重要性被夸大，以至于许多学生在校内选修很多的课程，在校外参加各种培训班并考取一大堆认证。他们在简历上以大篇幅列举的学习成绩、获得的证书、拿到的一等奖学金等所有这一切，无非都只证明了个人的专业知识技能。殊不知一大堆互不相干的专业知识技能堆砌在简历上，只能给人以庞杂的感觉，不能让招聘人员明白它们与所要应聘的职位之间有多大关系。实际上，所有得到面试机会的人，应该说其简历上表述的知识技能都已基本达到了应聘职位的要求（当然，这一点还需要在面试中加以审核），而进入最后一轮面试的人，实际上都是能够达到该职位专业技能要求的人。而最终使人获得工作机会，并在工作中能够长久发展的，还是自我管理技能和可迁移技能。

现实中，大学生就业难在一定程度上也与此有关。因为大学生在校时往往更重视专业知识的学习，而忽视了自我管理技能和可迁移技能的培养。事实上，作为接受过国家正规高等教育的合格大学生，就专业知识而言，都应该能够达到工作的要求。但为什么企事业单位普遍对刚毕业的大学生不满意呢？从一些用人单位对大学生的反馈中可以得知：大学生通常不缺乏专业知识技能，但常常缺少敬业精神、沟通能力等自我管理技能和可迁移技能。因此，大学生在校期间，一定要在学好专业知识的基础上，加强对自我管理技能和可迁移技能的培养。

2. 自我管理技能

这种技能通常被视为个性特质，而非技能，因为它描述了人们所具备的特征。它关乎个体如何在不同情境下管理自己：是创新还是遵循常规，是认真还是敷衍，能否在压力下保持冷静，对工作是否充满热情，是否自信等。这些特征或自我管理能力有助于个人更好地适应环境。它们通常以形容词和副词的形式呈现。

优秀的自我管理技能有助于个体更好地适应环境、应对工作挑战，因此它也被称为"适应性技能"。一个人如何运用自己的专业知识、以何种态度工作，这比工作内容本身更为关键。正是这些品质和态度，使个人在众多拥有相似专业知识技能的竞争者中脱颖而出，获得工作机会，并在新环境中适应、取得成就，从而获得晋升和加薪的机会。因此，有人称它们为"成功所需的品质、个人最宝贵的资产"。

实际上，人们被解雇或离职的原因往往是因为缺乏自我管理技能，而非因为专业知识技能不足。例如，因个性问题而导致与他人产生冲突等。用人单位对新毕业生的反馈中，常提到"缺乏敬业精神、服务意识差、眼高手低、不认真踏实、缺乏主动进取精神"等，这些都与自我管理技能相关。许多大学生由于从小受到父母和老师的过度保护，缺乏这方面的意识，因此在处理工作问题和人际关系上显得不成熟，以自我为中心。他们未意识到企业需要的是成熟、负责、能独立解决问题的成年人。因此，在大学生从校园走向社会之前，培养良好的自我管理能力，学会如何与人相处，是至关重要的。

自我管理技能无论是天生的还是后天培养的，都需要通过实践来锻炼。它们可以从非工作（生活）领域转移到工作领域。例如，耐心、负责、热情、敏捷等能力并非通过专门课程学习获得，而是在日常生活中逐步培养的。比如，一位大四学生在回顾自己的实习经历时提到："这次实习经历为我毕业后进入社会打下了坚实的基础。我明白了，除了良好的知识技能，良好的社交能力也是在工作中营造和谐氛围的关键。工作中要积极主动，虚心向同事和前辈学习，面对困难不退缩，不为自己的失误找借口。平时要多与同事交流，保持良好的关系。"

3. 可转移技能

可转移技能指的是个人所具备的能够适用于不同工作类型的技能，如教学、组织、说服、设计、安装、帮助、计算、考察、分析、搜索、决策、维修等。这些技能通常用行为动词来描述。它们的特点是可以在生活中的各个领域，尤其是在工作之外的环境中发展，并能应用于不同的工作之中。例如，在宿舍中处理电话使用冲突时，宿舍长可以组织室友开会讨论，协商公平使用电话的方法。在这个过程中，就运用了组织、协商、解决问题、管理等重要的可转移技能。几乎所有的工作都会在一定程度上用到这些技能。因此，可转移技能也被称为"通用技能"。

可转移技能是个人最能持续运用和最可靠的技能。随着信息时代的到来和新技术的快速发展，知识更新的速度不断加快。这意味着个体需要不断学习新的知识、技能以跟上时代的步伐。例如，二三十年前，我们对手机、电脑几乎一无所知，但现在它们在我们的生活中扮演着极其重要的角色，与之相关的行业知识也是近年来才出现并迅速发展的。因此，当今时代越来越强调"终身学习"。"学习能力"（可转移技能）已经比获得某个专业的硕士学位（专业知识技能）更为重要。

与专业知识技能相比，可转移技能不会过时，无论个人需求和工作环境如何变化，它们都能得到应用。随着工作经验和生活阅历的增长，可转移技能也会不断进步。它们在许多工作中都不可或缺，因此其重要性不容忽视。索尼技术中心会计部经理曾表示："在招聘时，我最看重的是应聘者的人际沟通能力。这项能力至关重要，因为必须能够与人交流才能获取重要信息……我将 80% 的时间用于与其他部门沟通，我的员工也将大量时间花在与部门外的人的交流上。"

实际上，专业知识技能的运用都是建立在可转移技能之上的。例如，你的专业知识技能可能是动物学，但你将如何应用它呢？是"教授"动物学知识，还是作为宠物医生"治疗"宠物，或是"撰写"科普文章宣传野生动物保护，又或是在流浪动物协会"照顾"动物？这些加引号的词都是可转移技能。你可能没有正式担任过教师，但通过做家教、在课堂上汇报小组科研项目等经历，你已经具备了"教学"的技能。当你将"教学"技能与"动物学"知识结合时，你就有资格申请相关职位了。

从这个意义上说，在求职时，即使你没有从事过某个职位，但只要你实际上具备了该职位所需的各种技能，你就可以证明自己有资格从事它。因此，即使你并非科班出身，你仍然有机会跨专业从事你向往的职业，尤其是那些对专业知识技能要求不高而可转移技能更为重要的职业。例如，你可能不是营销专业的学生，但凭借良好的人际交往技能，你曾担任某杂志的校园代理，并在地区销售评比中获得第二名。从可转移技能的角度看，这样的经历足以让你成功应聘公司的销售职位。

学习文学、历史、哲学等人文专业的学生常常感到困惑，因为他们所学的专业似乎不如计算机、建筑、机械等理工科专业实用。实际上，人文专业的学习除了让他们掌握一些专业知识外，还使他们获得了许多可转移技能，例如：沟通技能（在课堂上有效倾听、小组讨论、撰写论文）、问题解决技能（分析和抽象思维、找出问题的不同解决方案、说服他人采取既定方案）、人际关系技能（与同学合作完成任务、与室友和睦相处）、研究技能（搜索数据库或检索书面资料、发现和构建主题、收集和分析数据、调查问题）等。

总体而言，可转移技能具有可转移性、普遍性和实用性。

① 沟通表达技能：通过口头或书面形式，以及其他适当的方式，准确清晰地表达意图，与他人进行双向或多向信息交流，以实现相互理解、沟通和影响的目的。

② 数学运算技能：运用数字工具，获取、采集、理解和运算数字符号信息，以解决实际工作中的问题。

③ 创新技能：在前人的发现或发明的基础上，通过自身努力，创造性地提出新的发现、发明或改进方案。

④ 自我提升技能：在学习和工作中进行自我归纳、总结，识别自己的优势和劣势，扬长避短，不断进行自我调整改进。

⑤ 团队合作技能：与他人相互协调配合，互相帮助。包括正确认识自我，尊重和关心他人，对他人的意见、观点、做法持正确态度。

⑥ 问题解决技能：在工作中将理想、方案、认识转化为操作或工作过程和行为，并最终解决实际问题、实现工作目标。

⑦ 组织策划技能：具备计划、决策、指挥、协调、交往的能力。

⑧ 信息处理技能：运用计算机处理各种形式的信息资源的能力。

⑨ 外语应用技能：在工作和交往中实际运用外语的能力。

⑩ 学习技能：善于发现并记录，坚持不懈地克服困难、持续学习的能力。

⑪ 管理技能：包括管理自己、信息、他人和任务的能力。

这些可转移技能对大学生就业和自身发展具有重要作用，在校大学生应努力培养良好的可转移技能。在职业规划中，当需要描述个人最核心的技能时，可转移技能是需要优先和详细阐述的。因为它们是你最能持续运用和最可靠的技能。实际上，专业知识技能的运用都是建立在可转移技能之上的，但我们往往过分强调了专业知识技能的重要性。

七、自我效能感

自我效能感是一个与能力相关的核心概念，它深刻地描述了个人对自己能力的信心以及预期使用这些能力可能产生的结果。

众多研究显示，在日常生活和职业活动中，影响个人行为的往往不是实际能力的大小，而是自我效能感的强弱。例如，一项关于性别薪酬差异的研究表明：产生性别间薪酬差异的部分原因在于女性在数学上的能力通常不如男性，而高薪职业往往要求较高的数学技能。女性在数学上的不足并非天生，而是因为她们相对于男性更缺乏信心，导致自身在数学学习上投入的时间较少。这种信心的缺乏，实际上反映了她们较低的自我效能感。

　　同样地，成年人学习人际交往或英语并不比儿童学习走路或说话更困难，区别可能仅在于我们从不怀疑孩子学不会走路或说话，却经常怀疑自己能否掌握人际交往或流利使用英语。在心理辅导中，我们也常见到一些人虽然能力出众且得到他人认可，却因自卑而限制了自己，行动犹豫不决，无法完全展现自己的才华。这些例子都强调了自我效能感对个人成长的重要性。

　　大学生可以通过亲身经历、观察他人经验或接受他人建议等方式增强自我效能感。自我效能感越高，越有可能实现目标。例如，学生在不仅明白认真听课能带来好成绩，而且相信自己能够理解教师所讲的内容时，才会真正投入地听课。自我效能感的提升有助于学生实现预期目标。自我效能感是预测个人行为的关键指标。一个相信自己能妥善处理各种事务的人，在生活中会更加积极主动。这种"能做什么"的信念体现了个体对环境的掌控感。自我效能感在表现上等同于自信，即个人自信心的水平。自我效能感强的人通常自信满满，更有信心应对各种挑战，从而取得良好的行为结果。

第二节　能力与职业选择

　　对日常生活及职业活动的观察和研究揭示了能力与人的职业活动和个人发展之间的紧密联系。人们的职场技能各有特色，有的人擅长沟通交流，有的人擅长动手操作，有的人擅长理论分析，还有的人擅长处理日常事务。每个人都有其独特的技能组合。多数职业岗位都需要特定的技能组合，只有具备了这些技能，才能在相应的职业岗位上表现出色。

一、生涯发展与能力的关系

　　心理学家罗圭斯特与戴维斯经过多年的个体工作适应性研究，提出了明尼苏达工作适应理论（图 6-1）。他们提出：当工作环境满足个人需求时，个人会感到"内在满意"；而当个人满足工作要求时，则会达到

"外在满意"（即让雇主和同事感到满意）。当个人同时达到内在和外在满意时，个人与环境之间的关系较为和谐，工作满意度较高，能在该领域持续发展。

在衡量"内在满意"和"外在满意"这两个指标时，能力扮演了关键角色。罗圭斯特与戴维斯指出："外在满意"可通过评估个人职业技能与工作技能需求的匹配程度来衡量；而"内在满意"则主要通过评估个人价值观与企业文化及奖惩制度的契合度来衡量。不难发现，从事自己擅长的工作，提升和发展个人能力，发挥潜能，通常是个人在选择职业时希望实现的需求，这些需求与能力相关。因此，能力与个人的职业满意度、工作适应性及职业稳定性存在直接的联系。

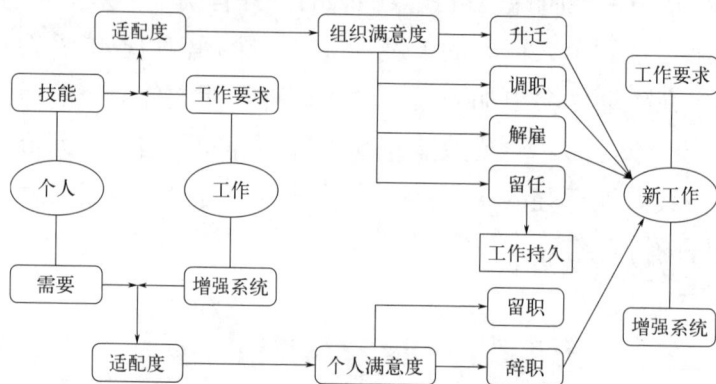

图 6-1 明尼苏达工作适应理论

当个人能力与工作要求相匹配时，最易激发潜能并获得满足感。反之，若从事超出能力范围的工作，可能会感到焦虑和挫败。而当个人能力远超工作要求时，又可能感到工作缺乏挑战性，变得单调乏味。因此，在选择职业时，我们应寻求个人能力与职业技能要求的匹配。我们需要了解能力的分类，明确自己拥有哪些能力，以及职业需要哪些能力。

二、"技能－工作"分类方式

人们在能力上的差异是普遍存在的，每个工作因性质、环境和条件的差异，对个人的能力、知识积累、技能、性格特点、气质以及心理素质等方面都有其特定的要求。

众所周知，婚姻速配是基于对两个人性格的分析，并通过历史数据来验证他们是否合适。职业速配的逻辑与婚姻速配相似，即把个人的分析结果与潜在的职业目标进行匹配。通过多种工具进行深入的自我分析，综合所有分析结果，找出可能适合的职业目标。通过职业速配找到的潜在职业目标，并不意味着是职业生涯的最终目标。因为个人的性格倾向会随着时间的推移和经历的积累而发生变化。更重要的是，所有评估工具提供的结果都基于统计数据，速配的主要目的不是找到正确答案，而是避免犯错。

在选择职业时，不仅要考虑个人的兴趣和适应性，还要考虑是否有潜力和素质胜任工作。这些素质通常与个人的性格和成长经历密切相关，很难通过短期培训和学习来提高。大学生可以根据自己的职业目标有意识地培养自己的能力，或者根据自己的能力水平选择合适的职业。无论采取哪种方式，都必须经历一段痛苦而漫长的磨炼。

可以说，大学生的一般能力，即智力水平，彼此之间差异不大，都可以在广泛的职业范围内进行有效的职业劳动。如果一个人选择职业不仅仅是为了谋生，还想体现自身的特殊意义和价值，那么他在选择职业时的差异主要由个人的特殊能力决定。因此，什么样的能力最适合什么样的职业，成为了至关重要的问题。根据职业所需的特殊能力类型，可以将特殊能力与职业进行如下分类。

① 擅长与物品互动。例如，制图员、勘测员、建筑师、机械制造工程师、会计、出纳等。

② 擅长与人交流。例如，记者、销售员、教师、服务员、行政管理人员、外交联络员等。

③ 擅长规律性工作，习惯在预先设定的程序下工作。例如图书档案管理员等。

④ 喜欢从事社会福利和助人工作。例如，律师、医生、护士、咨询师等。

⑤ 具有领导和组织能力。例如，行政人员、企业管理人员等。

⑥ 擅长研究人的行为。例如，心理学、政治学、人事管理、思想政

治教育等领域的职业。

⑦ 擅长科学技术研究，对分析、推理活动感兴趣，喜欢通过实验发现新问题、独立解决问题等。例如科研人员等。

⑧ 擅长抽象、创造性工作。例如，经济分析师，以及各类科研、化验、社会调查等领域的职业。

⑨ 擅长操作机器的技术性工作。例如，机械制造工程师、驾驶员、飞行员等。

⑩ 喜欢具体的工作，愿意从事看得见、摸得着，能迅速看到自己劳动成果的工作。例如，手工、装饰、维修等领域的职业。

……

著名数学家陈景润是位天才数学家，他成功证明了哥德巴赫猜想。但由于他性格内向，不擅长语言表达，因此他完全不适合担任教师。他虽然才华横溢，但缺乏教育学生的能力。因此，只有正确分析自己的能力倾向，确保能力水平与职业层次相匹配，才能有所作为。

能力的不同会导致职业选择的差异，从能力差异的角度来看，在职业选择时应遵循以下原则。

1. 确保能力类型与职业相匹配

人的能力类型存在差异，即人的能力发展方向不同，职业研究显示，可以根据工作的性质、内容和环境将职业划分为不同的类型，并且不同的职业对人的能力有不同的要求，因此应确保能力类型与职业类型相匹配。同时，还应充分发挥优势能力的作用。每个人都有一个由多种能力构成的能力系统，在这个系统中，各方面能力的发展是不平衡的，通常某方面的能力占优势，而其他能力则不太突出。对于职业选择和职业指导而言，应主要考虑人的最佳能力，选择最能发挥其优势能力的职业。同样，在人事安排中，如果能注重一个人的优势能力并为其分配相应的工作，会更好地发挥一个人的作用。

2. 注意一般能力与职业相匹配

一般能力包括注意力、观察力、记忆力、思维能力和想象力等。不同的职业对人的这些一般能力有不同的要求，有些职业对从业者的智力水平有绝对的要求，如律师、工程师、科研人员、大学教师等都要求有很高的智商。智力在很大程度上决定着一个人所从事的职业类型。

3．注意特殊能力与职业相匹配

特殊能力是指从事某项专业活动的能力，也可称为特长，如计算能力、音乐能力、动作协调能力、语言表达能力、管理事务能力、空间判断能力、形态知觉能力等。要顺利完成某项工作，除了要具有一般能力外，还要具有该项工作所要求的特殊能力。例如从事教育工作需要有阅读能力和表达能力；从事数学研究工作需要具有计算能力、空间想象能力和逻辑思维能力；法官应具有强大的逻辑推理能力，而不一定要有强大的动手能力；而建筑工应有一定的空间判断能力，却不需要良好的语言表达能力。

4．能力与职业相适应

能力是指一个人顺利完成某种活动所必须具备的心理特征。人与人之间存在着能力类型差异和能力水平差异。能力类型差异即个体能力发展方向的差异。能力水平差异指能力有四级：能力低下、能力一般、才能、天才。

意大利诗人但丁说过：如果白松的种子落在英国的石头缝里，它只会成长为一棵矮小的树，但如果它被种在南方肥沃的土地上，它就能长成一棵大树。

不同的职业对能力有不同的要求，每个人都有自己的优势和劣势。首先应注意的是能力类型应与职业相适应。例如，有的人擅长形象思维，有的人擅长逻辑思维，还有的人擅长具体行动思维。如果根据思维能力类型来选择职业，形象思维的人更适合从事文学艺术方面的工作，逻辑思维的人更适合从事哲学、数学等领域中理论性强的工作，具体行动思维的人更适合从事机械修理方面的工作。如果不考虑能力类型，而让其从事与能力不匹配的工作，效果就不会理想。

5．能力水平与职业层次相适应或基本一致

对于一种职业或职业类型来说，由于所承担的责任不同，又可以分为不同的层次。不同层次对人的能力有不同的要求。因此，在根据能力类型确定了职业类型后，还应根据自身所达到或可能达到的能力水平确定相适应的职业层次，只有这样，才能使能力与职业的适应具体化。每

个人都具有一个由多种能力构成的能力系统，在这个系统中各方面的能力发展是不平衡的，每个人都有优势能力，而其他能力则不太突出。随着生产力的不断提高，社会分工越来越细，各种职业都对人们提出了越来越高的要求。

例如，想成为一名营销策划师，必须具备以下能力：

① 主动性，旺盛的求知欲和强烈的好奇心。

② 存疑性，对一切现存的事情不盲从，敢于怀疑。

③ 洞察力，富有直觉，对环境有敏锐的感受力，对信息有准确的判断力。

④ 独立性，较少的依赖性，不轻易附和他人，能使自己的创意成功实施。

⑤ 独创性，不管有多少现成的好方法，都有独到的见解、与众不同的方法，勇于弃旧图新，永远相信答案总比问题多。

⑥ 自信心，深信自己所做的事情的价值，一往无前，不达目的誓不罢休。

⑦ 坚持力，创意的完成需要百折不挠、锲而不舍的毅力和意志。确定目标后，就坚定地朝着它前进。

⑧ 兼容并包，能理解别人提出的创意，领会其创新之处，并加以借鉴，以激活自己的思维，开发出更新更有效的方案和构想。

⑨ 想象力，这有利于揭开创造的序幕，缺乏想象力的人是无法成为策划家的。

⑩ 严密性，只有具备严格的逻辑分析能力，才能使灵感的火花变成现实的财富。

⑪ 变通性，思路通畅，善于举一反三，闻一知十，触类旁通。

三、雇主最看重的技能

雇主在寻找大学毕业生时，通常会考虑他们的教育背景、工作经验以及态度等综合素质，这些因素决定了毕业生是否具备担任特定职位的资格。虽然某些领域（如医学、编程、化学等）的职业需要特定的知识或证书，但大多数职业更看重的是普遍适用的技能和素质（即可迁移技能和自我管理技能）。根据美国"全美大学与雇主协会"（National Association of Colleges and Employers）的调查，美国雇主最看重的技能和个人品质依次为：

① 沟通能力。

② 积极主动性。

③ 团队合作精神。

④ 领导能力。

⑤ 学习成绩。

⑥ 人际交往能力。

⑦ 适应能力。

⑧ 专业技术。

⑨ 诚实正直。

⑩ 工作道德。

⑪ 分析和解决问题的能力。

观察可知，上述列表中的①、④、⑥、⑦、⑪属于可迁移技能，②、③、⑨、⑩属于自我管理技能，而⑤、⑧则是专业知识技能。

美国劳工部和美国国家生涯发展协会（National Career Development Association）对雇主的另一项调查也揭示了雇主对员工自我管理技能和可迁移技能的高度重视。具体如下：

① 学习能力强。

② 具备良好的读写算能力。

③ 具备优秀的交际能力，包括倾听和表达。

④ 具备创造性思维和问题解决能力。

⑤ 自尊心强，积极向上，有明确目标。

⑥ 具有促进个人和职业发展的开拓能力。

⑦ 具备良好的交际、谈判技巧以及团队精神。

⑧ 拥有出色的组织和领导才能。

实际上，国内雇主同样重视这些能力。企业在招聘时不仅关注求职者的学习成绩，更看重其他综合能力，例如优秀的沟通和表达技巧、强大的分析和组织能力以及领导能力，特别是团队合作精神。

第三节 能力探索的方法

下面重点介绍技能中专业知识技能、自我管理技能和可迁移技能的探索方法及大学生能力培养的途径。

一、如何发现自己的成就及技能

1. 发现成就的方式

（1）可衡量的业绩

方法：回顾一下，在你过往的历史中，有哪些业绩是可以量化的？除了一些常见的如"期末考试全年级总评第三"或"连续三年获得一等奖学金"以外，还有没有一些其他的事情是可以用数字来说明你的成果的？如"作为校学生会文艺部长，成功组织了300人的大型表演活动""在兼职 X 化妆品牌销售期间，提高了 10% 的当月部门销售额"等。这样的一些数据可以非常具体翔实地说明你取得的成绩，能给人以更深刻的印象。当然，如果你要在简历或面试中提及这些例证，最好要说明在这些事例中你使用了什么样的技能来帮助你取得好的成绩。

我所取得过的可衡量的业绩：

_____

_____

（2）他人的认可与称赞

方法：这种认可可能以你所得到的奖励（如获得校演讲比赛二等奖）、升职（如被同学们选举为班长）的形式体现，也可能以他人对你直接的书面或口头表扬的形式出现（比如你的服务对象对你的好评）。不过，更多的时候，它也许只是一种微妙的认可，需要细心思考和回顾。

你是否曾经从数人中被选出来担当更多或更大的责任？比如被老师选出来专门负责某一项事务。而这是否意味着你在某个方面的能力比其他同学更加出色，或是更认真负责？

你的同学、朋友或上司是否总是依靠你来完成某件事情？他们认为你特别擅长做的事情是什么？

如果一个了解你的人（老师、领导、雇主、同学、服务对象、同事）要向别人推荐你，他／她可能会说些什么？

如果你离开了现在的位置（无论是你的宿舍还是你在学生社团或兼职实习的位置），你的同学或同事会因为你的离去而感到不适或困难吗？

所有这些问题的回答，都有可能反映出你个人所擅长的、为人称道的能力和品质。如果你感到回答这些问题有困难，可以直接与周围的人谈谈，请他们帮助你。也可能，你觉得自己跟周围的人交往都太少，那么，是时候扩大你的人际交往系统了。别总是埋首于书本之中，应该行动起来，多参加一些实践活动。

我所得到过的来自他人的认可与称赞：

（3）撰写你的成就故事

方法：回忆一下自己取得的成就，也就是那些自己做过的、自认为比较成功或是感觉很不错的事情。这些事件不一定要是工作上或学业上的，它们可以是在课外活动、家庭生活中发生的。成就不一定都是惊天动地的大事，它也可能只是一次"悄无声息的胜利"。比如筹划了一次同学聚会、为家人出谋划策、修理好某个电器装置、及时帮助他人等。只要它们符合以下两条标准，它们就可以被视为成就：一是你喜欢做这件事时体验到的感受，二是你为完成它所带来的结果感到自豪。如果同时你还获得了他人的认可和表扬那就更好了，不过这并不重要。

请写下生活中令你有成就感的具体事件然后对其进行分析，看看你在其中使用了哪些技能（尤其是可迁移技能）。理想的情况下，可以写7个故事，并在三人小组中逐一进行分析讨论。最后看一看在这些故事中是否有重复出现的技能，它们就是你喜爱施展也擅长的技能。将这些技能按优先次序加以排列。

在撰写成就故事时，每一个故事都应当包含以下要素。

① 你想达到的目标，即需要完成的事情。

② 面临的障碍、限制、困难。

③ 你的具体行动步骤：你是如何一步步克服障碍、达成目标的？

④ 对结果的描述：你取得了什么成就？

⑤ 对结果的量化评估：可以证明你成就的任何衡量方法或数量。

我所使用的技能：

_____

_____

（4）内省探索

要想了解自己有哪些技能，其实最好的办法就是先进行自我反思，想一想你是个什么样的人，你有哪些长处，你有哪些短处，你的优势是什么，你的劣势是什么，你的价值在哪里，你能做什么事……想清楚这些问题的过程，其实就是一个完完全全的自省过程，认识了自我，自然也就知道自己的技能优势在哪里了。

方法：在 5 分钟内尽可能多地写下自己的优点、缺点，综合分析自己所拥有的能力。

我的优点、缺点：

_____

_____

（5）实践探索

实践出真知，不妨自己去实践一下吧，看看自己能做到什么，通过一些细微的行为，发现自己的优势技能。

方法：对下面的经历进行分析，尽可能全面地列出你所掌握的知识技能，再从中分别挑出你自己感觉比较精通的和你在工作中经常应用或希望应用的知识技能，最后排列出对你来说最重要的五项知识技能。（可以根据自身实际情况，适当增加经历条目。）

我从学校课程中学到的：

_____

_____

我从爱好、娱乐休闲、社团活动、家庭职责中学到的：

_____

我从兼职或实习中学到的：

_____

我从志愿者工作中学到的：

_____

（6）交际探索

人是群居动物的一种，假如你想了解自己有哪些技能，那不妨就把自己大胆地融入集体中，通过集体生活找到自己的价值和技能，也许别人不会的你却会，也许别人想不到的你想得到，这些都是你的过人之处，也是你引以为傲的特殊技能。

方法：通过他人对自己的反馈了解自己是一个很好的方式。向你身边的亲朋好友询问一下，如果让他们用三到五个词来形容你，他们会说什么？你可以通过面谈、打电话、发短信或电子邮件等多种方式来完成。

得到他人的反馈以后，看一看他们对你的描述中，有哪些是你知道的，有哪些是你以前没有想到过的，他们所说的符合你对自己的评价吗？

他人眼中的我：

_____

（7）通过 PAR 法来发现自己的成就

一是要知道你的工作单位存在什么问题（problem）；二是要清楚你采取了什么行动（action）来解决问题；三是你的行动取得了什么样的有益结果（result）。

（8）使用技能问卷或技能分类卡

可以使用《EUREKA 技能问卷工作表》《工作相关能力问卷》（IWRA）及《GCDF 职业技能分类卡》。

（9）观察探索

都说生活中并不缺少美，只是缺少一只发现美的眼睛，假如你想探索自己有哪些技能，你也可以采用观察的方式，用自己的双眼去看到自己的长处，发现自己的价值，给自己树立信心，让自己勇往直前。

（10）语言探索

假如你想探索自己有哪些技能，你还可以采用语言探索的方式，从别人的语言中去发现自己的技能。正所谓"旁观者清，当局者迷"，作为当事人，无法全面了解自己是很正常的，而周围的人却往往能清晰洞察。因此，只要你具备某项技能，周围的人一定会给你最中肯的评价，其中更多的是赞赏，亦不乏些许的羡慕。

（11）工作探索

假如你想探索自己的个人技能，也可以让自己去认真地工作，人生三件大事即生活、情感和工作，通过工作，你既可以实现人生价值，也可以发挥自己的长处和技能，实现心灵和价值的双重提升，让自己活得开心、幸福。

2. 技能的结合与表达

当你将可迁移技能、专业知识技能和自我管理技能结合在一起时，你就能对自己所具有的技能提供非常具体的证明。特别是在简历撰写中，当你将三种技能结合起来表达时，可以向招聘者全面展示自身的技能。

3. 对职业技能的辨识和了解

① 以会计这一职业为例，进行小组讨论和举例讲解，列出你认为会计这一职业所需要的重要技能，在黑板上列出讨论结果，总结说明会计这一职业所要求的技能。

② 通过做生涯人物访谈，向实际从事某一职业的人了解该职业的技能要求。

二、大学生能力的培育

1. 大学四年的培育重点

一年级——探索期。初步探索职业世界，特别是自己未来意向从事的职业或与专业对口的职业，提升人际交流技巧。多与学长、学姐，尤其是大四毕业生交流，了解就业情况；利用课余时间参与学校活动，增进交流技巧；学习计算机知识，利用计算机和网络辅助学习；为可能的转专业、双学位、留学计划做好资料收集和课程准备工作；充分利用学生手册，掌握相关规定。

二年级——定向期。明确未来深造或就业方向；参与学生会或社团等组织，锻炼各项能力，检验知识技能；尝试兼职、社会实践活动，培养责任感、主动性和抗压能力；提升英语口语和计算机应用能力，通过相关证书考试，有选择地辅修其他专业知识。

三年级——冲刺期。临近毕业，专注于提升求职技能、搜集公司信息，并决定是否考研。撰写专业学术论文时，提出独立见解，锻炼解决问题和创新思维能力。参与与专业相关的暑期工作，与他人交流求职经验，学习撰写简历、求职信，了解搜集工作信息的渠道，积极加入校友网络，了解往年求职情况。有意向出国留学的学生，接触留学顾问，参与留学活动，关注留学考试信息，准备托福考试、GRE 考试，这样既能提升信息收集能力，也能加强人际交往能力。

四年级——分化期。确定工作申请或考研、留学目标，总结前三年所做的准备，检验职业目标的明确性和准备的充分性；积极参加招聘活动，用实践检验知识和能力的积累；利用学校资源，了解就业指导中心提供的公司资料信息，强化求职技巧，进行模拟面试训练，尽可能在充分准备后进行演练。

2. 能力获取途径

（1）勤工俭学

学生可利用课余时间参与勤工俭学活动，锻炼自我，积累经验，增加收入，提升独立能力。高校通常提供勤工俭学机会，尤其是为家境困难的学生提供岗位。勤工俭学活动多样，如家教锻炼耐心和表达能力，超市收银员培养细心和交往能力，网络维护员需要运用计算机技能，办公室管理员考验基本工作能力。还可以参与与专业相关的工作，如计算机专业网页制作、系统维护等，通过实践强化专业知识，实现"学以致用"。

校内勤工俭学方便、安全、可靠，校外勤工俭学更具专业性和挑战性，需要付出更多精力和成本，但回报更丰厚。学生在勤工俭学中应平衡兼职与专业知识学习，注意保护自身权益。

（2）社团活动

社团是基于共同兴趣或目的组织的校园业余团体，包括学术、体育、文艺等类型。学生可依兴趣和特长选择社团活动，以丰富课余生活、培养兴趣特长、加深专业知识。通过参与和组织活动，可以锻炼人际交往能力和组织管理能力。用人单位通常青睐社团骨干分子。

（3）社会实践

学生可以利用假期或周末参与社会实践，树立理想、拓宽视野、增长才干、服务社会。要求学生结合所学知识与社会问题，提出可行方法并解决问题。学校会对社会实践提供资助，学生需要准备和策划实践方案，通过评审和答辩获得资助。项目实施须接受监督，最终成果须上报展示。参与社会实践需要投入时间和专业知识，暑期通常是社会实践的高峰期。

优秀的社会实践经历对职业生涯发展有益。在准备社会实践时，须确保参与者有足够的专业知识基础，并积极与赞助和实践单位联系，团队领导须具备组织协调能力，结题时需要发挥表达能力和研究能力。

（4）各类竞赛

大学是青年学子展现才华的舞台，校园竞赛是展现自我、培养能力的好机会。如"挑战杯"中国大学生创业计划竞赛等，激发学生将专业知识与社会实践结合，组成团队，提出有市场前景的技术、产品、服务，完成创业计划。企业为吸引人才也会举办竞赛，如"欧莱雅"商业策划大赛、"联合利华"商业夏令营，为参与者提供真实的企业环境体验，帮助他们发掘潜能，竞赛中的佼佼者有机会进入企业工作。

（5）实践课程

实践课程是每位学生在步入社会前都会参加的课程，它为学生提供了一个了解社会和工作的窗口。绝大部分高校都会在大三安排实践课程，并将其纳入课程体系和学分要求中。我们必须认识到实践课程的重要价值和意义。参与实践课程的目的不仅仅是撰写一份实践报告，也不仅仅是获得几个学分，我们不应满足于这些表面的成就。对于那些有职业抱负、渴望真正学习和积累经验的人来说，实践课程是一个极佳的机会，可以帮助他们接触社会、了解行业和职业，因此，每个人都不应轻率对待实践课程，否则就是在浪费宝贵的时间。

对于有不同职业规划的学生，实践课程具有不同的意义。对于那些将来打算工作的学生，实践课程可以帮助他们认清自己的能力和特点，了解行业和职位的具体情况，有助于他们做出更好的选择。有时，一次优秀的实践经历甚至可以直接带来一份工作。对于那些打算继续深造、致力于研究的学生，实践课程可以帮助他们认识到现实与书本知识的差异，为他们未来的研究提供启发，甚至可能帮助他们发现真正感兴趣和想学习的领域，从而改变他们的人生道路。总之，实践课程可以全面提升一个人的人际交往能力、专业知识技能、组织协调能力和表达能力。

寻找实践课程的机会多种多样，可以通过就业指导中心获取信息，浏览各大求职网站，接受师长、学长、亲友或同学的推荐，或者主动与公司联系等。在实践过程中，重要的是调整好自己的心态，不要畏惧困难和挫折，要虚心向他人学习，并注意维护自己的合法权益。通过实践积累经验、丰富阅历、提升能力，为未来的职业生涯打下坚实的基础。

（6）担任学生干部

在大学生活中，锻炼的机会无处不在，关键在于你是否愿意抓住机会。你可以通过自荐的方式担任学生干部，无论是在学生会、团委中，还是班级、宿舍中，任何职位都可以成为你展示才华、服务同学的舞台。

不要认为担任学生干部是浪费时间，因为"一分耕耘，一分收获"，你投入多少努力，就能获得多少回报。首先，担任学生干部可以锻炼你的组织管理能力和决策能力。无论是组织班会、传达信息，还是统计资料，都需要你协调各方、组织人员参与，并做出决策和选择。这些能力在未来的工作中至关重要，往往是企业选拔人才的重要标准之一。其次，担任学生干部需要与众多同学、老师交流，这有助于培养你的交际技巧，并为你建立良好的人际关系基础，帮助你扩大社交圈，结交众多朋友。这实际上是一笔宝贵的资源和财富。最后，担任学生干部可以培养良好的品德。服务他人的奉献精神、合作的态度、勤奋踏实的工作作风、迎难而上的斗志……这些都可以在学生工作中得到培养和锻炼。需要强调的是，担任学生干部不应只看重头衔的光环，而应更加注重自我锻炼，即使没有担任领袖的机会，只要有一颗服务同学的心，善于观察、学习他人之长，也能提升这些能力。

3. 培养能力的方法

能力的范畴非常广泛，我们都希望拥有出色的能力。要想具备出色的能力，就需要保持正确的态度、开放的思维，并不断学习新知识，这样才能逐步提升综合能力。

（1）保持正确态度

事物的发展遵循积累的过程，只有经过积累，才能实现厚积薄发。能力的形成是一个漫长的过程，没有捷径可走。不要期望从别人的口中了解事物的深浅，只有亲自体验才能真正了解。因此，不要试图快速掌握、寻找捷径，因为通过捷径获得的能力通常不会成为一个人的核心竞争力。只有保持正确的做事态度，正视能力的形成过程，清晰地认识到自己的不足，并有意识地去改善，才能从中获得真正的收获。

（2）善于学习

人不是生来就什么都知道的，每个人都需要通过后天的学习和实践来不断获取知识和提升能力。在工作中，学习比经验更为重要。只有拥有良好的学习能力，掌握高效的学习方法，才能更快地获得更多有益的知识，使自己在职场中走得更快、更远，永远保持竞争力。多读书可以使人明理、开阔视野、发散思维，同时也有助于指导工作。同时，还应多参与实践，将理论与实践相结合，反复验证所学知识，提高对知识的敏感度，使用链式学习法将知识积累、沉淀转变为能力。通过阅读书籍、查阅网络资料等多种学习途径和方法，不断弥补自身短板，使自己变得更加强大。

（3）沟通请教

有效的沟通能够营造出愉快的工作氛围，还能提升工作效率、快速解决问题，以便更好地开展工作。新员工遇到问题时及时与老员工沟通并请教，可以快速发现、定位问题的根源，在沟通中梳理思路，养成良好习惯；老员工遇到问题时，及时与同事或上级领导沟通请教，在此过程中可以进行头脑风暴，找到解决问题的最佳方法。无论是新员工还是老员工，都可以通过沟通、请教快速解决问题，少走弯路，确保工作的高效性和完成度。

（4）总结思考

学习而不思考就会迷茫，能力的形成也是如此。在完成工作的过程中遇到问题时，及时记录并深入分析，长远考虑，找出问题的根源，采用合适的方法、制订合理的计划解决问题，然后思考整个过程并进行总结，以便在遇到类似问题时能够举一反三。对于失败的事情，要善于反思原因，找到问题所在，有针对性地使用正确的方法锻炼自身能力，将遇到、学到的知识和经验不断总结，并转化为智慧，使其能够为自身所用。同时要具备换位思考的能力，根据不同的处事场景调整自己的角色位置，这样可以思考得更全面、更透彻，从而达到最佳效果。

（5）持之以恒

能力的形成和提升不仅需要正确的学习方法，更重要的是需要持之以恒。即使有再多的方法，不去坚持使用也是无法进步的。人天生有惰性，在惰性的驱使下人很容易半途而废、一事无成。优秀的人才之所以优秀，通常都离不开持续学习的习惯。在知识、技术不断更新的时代，坚持学习是非常必要的。应坚持在不同阶段给自己设定不同的学习目标，将大目标分解为易于执行的小目标，逐一攻克，并学以致用，培养学习成就感，激发自我驱动意识，从而养成坚持学习的习惯，为能力的提升不断注入新鲜血液。

在当今社会竞争日益激烈的情况下，要在竞争中脱颖而出，一方面要依靠企业提供的发展平台，更重要的是依靠个人的能力。因此，只有认清自己的真实能力，了解自己的优点和不足，并有强烈的改变和提升意识，才更有利于能力的提升和成长。在此基础上，应采用正确的提升方法，逐步落实，使自己逐渐转变成一个优秀的复合型人才。

· 第七章 ·

性格探索

人们各自拥有独特的个性，每种个性都适合不同的职业领域。不论自己的个性如何，我们都应当接纳它，并根据自己的个性去探索合适的职业道路。当职业与个性相契合时，我们便能更高效地工作。本章将探讨个性与职业选择的关系，主要基于MBTI职业性格理论，深入分析个性对职业生涯的影响。

第一节　性格

你对生命的追求是"海阔凭鱼跃，天高任鸟飞"的壮阔，还是依偎在"小溪旁的茅屋"静观"落日余晖"的宁静？在面对职业与人生重大抉择时，你是目光远大、果敢且有胆识，还是只顾眼前、犹豫不决？认识性格是我们理解自我与他人的一把钥匙。

一、性格的定义

通常人们会用哪些词来描述你？是"内向"还是"外向"？是"活泼"还是"沉稳"？这些词汇通常与一个人的性格紧密相关。性格是一个人独有的心理特征的集合，也被称为人格特质，是一个人在日常生活中对人、对事、对己、对环境所展现的稳定反应模式。每个人在其成长历程中，都可能受到生理、遗传、家庭教育、文化背景、学习经历等多方面因素的共同影响，从而塑造出自己独特的个性，在不同场合表现出特定的气质。国外心理学文献中指出，"性格"一词源自古希腊语，意为雕刻的痕迹或印记的痕迹。这个概念强调了个人典型的行为表现和由外部环境所塑造的行为。现代心理学家对性格的定义多种多样，但普遍认同的看法是：性格是一个人对现实的稳定态度以及与之相应的习惯化行为模式。例如，一个学生热爱学习，勤奋探索，不畏艰难，对人热情和善，关心他人并乐于助人；而另一个学生则对学习不感兴趣，学习态度马虎，待人不真诚，不守信用，喜欢占小便宜。这些都属于性格上的差异。

你是否曾经对朋友说过"这不像你"之类的话？是否有人也对你说过"你今天的举止完全不像你"之类的话？我们日常展现的一系列复杂的习惯、行为、态度和特点等构成了我们每个人的独特性。一个人的性格会频繁且习惯性地体现在其言行、工作等方面。某大学生通常表现得非常稳重，但有一次却意外地对工作对象发火。这位学生的性格本质上依然是稳重的，这次的急躁只是偶然的，不能代表他的性格。一个人的性格是在社会实践中逐渐塑造的，一旦形成便相对稳定，但并非不可改变。生活中某些重大变故可能会使一个人的性格发生巨大变化，例如某人得知自己患有绝症后，性格可能变得沉默寡言。

二、性格特征的分类

人的性格包含多方面的特征，可以根据不同的标准对其进行分类。按照心理活动的倾向性和发生及进行的方式，可以将性格特征分为以下几类。

（一）性格的态度特征

这种对待现实的态度特征，又可以细分为对社会、对他人、对自己的态度等方面。

① 对社会、对集体、对他人的性格特征。例如爱国、爱民、爱集体，对人诚实、正直、热情、守信用、有礼貌、有同情心和正义感，不随波逐流、不恃强凌弱、不仗势欺人等。

② 对学习、工作和劳动方面的性格特征。例如勤奋好学、刻苦钻研、独立思考、勇于创新、治学严谨、一丝不苟、工作负责、不怕困难、有始有终、不屈不挠等。

③ 对待自己的性格特征。例如谦逊、谨慎、自尊、自信、自立、自强，或者骄傲、自负、任性、自卑、自暴自弃等。

（二）性格的意志特征

性格的意志特征体现在人是否具有明确的目标，并能根据目标来调整行动的性格特征。

① 自觉性。这是指无论做什么事都有明确目标的性格特征。个人对自己行动的目标和意义理解得越清晰，行动的自觉性就越高；反之，如果做某件事却不清楚目的，不了解行动的后果，这就是缺乏自觉性。

② 自制力。这是指人能有意识地控制自己行动的性格特征。在困难和紧急情况下，不退缩、不动摇，能克服恐惧情绪；在愤怒时能控制自己不发脾气，能抑制非理性的冲动：这些都是具有自制力的表现。

③ 果断性。这是指在复杂或困难的情况下，经过思考能迅速而准确地做出决策的性格特征。遇事犹豫不决、优柔寡断是缺乏果断性的表现。

④ 坚韧性。这是指无论在何种外界诱惑或困难条件下，都能坚定不移地实现既定目标，不退缩、不妥协、不投降并坚持到底的性格特征。

（三）性格的情绪特征

当人的情绪活动形成了稳定的特征后，就成为人的性格特征。情绪的性格特征表现在强度、稳定性、持久性和主导心境等方面。

① 强度。有的人情绪一旦爆发就非常强烈，整个人被强烈的情绪所控制，意志对情绪的控制力很弱；而有的人情绪体验不强，情绪受意志控制，不会被情绪左右。

② 稳定性。即情绪不易受外界事件的影响而波动。情绪不稳定的人，一件小事、一句话、一个不友好的表情都可能引起其心境的变化。

③ 持久性。这是指情绪状态持续的时间。例如，多血质的人遇到不幸的事也会悲伤，但他们不会长时间沉浸在悲痛中，不会伤害身体；而抑郁质的人，不幸的事会使其长时间陷于悲痛中，影响身体健康。

④ 主导心境。这是指在一段较长的时间里，哪种心境占据主导地位，例如是乐观还是悲观，是快乐还是忧郁。人们日常的主导心境不同，就表现出不同的性格特征。有的人整天乐观开朗，有的人则经常愁眉不展。

（四）性格的理智特征

性格的理智特征表现在人的感知觉、注意、记忆、想象、思维等方面。

① 在感知觉方面，有的人感知敏锐，观察全面、系统、细致；有的人则感知觉迟钝，观察事物粗枝大叶、零乱而无系统性。

② 在记忆方面，有的人识记迅速而准确，保持的时间长，应用时能立即提取出储存的信息；而有的人则容易遗忘，难以识记和保持。有的人擅长记忆事物的逻辑关系；而有的人擅长记忆事物的具体形象。前者可以把一篇文章的思想观点记忆得十分清楚，而后者则能把见过的陌生人描绘得生动具体。

③ 在想象方面，有的人倾向于脱离实际的幻想，而有的人则善于利用已有知识进行科学的想象；有的人只能根据别人的描述进行想象，而有的人则擅长进行独立的、创造性的想象。

④ 在思维方面，有的人只能按照传统的模式，或者受思维定式的影响进行推理和判断；而有的人则能突破传统和思维定式的束缚。

人的各种性格特征是相互联系、相互制约的统一整体，而不是互相分离、独立存在的，对性格的分类只是为了便于对人的性格进行全面的了解。例如：一个热爱人民的人，他必然会关心他人、帮助他人，也会工作负责、办事认真；而一个以自我为中心的人，就不可能具有严于律己、见义勇为、无私奉献等性格特征。

人的性格特征也总是处于不断发展和完善的过程中。例如在儿童时期，各种性格特征可能会产生矛盾和不一致，如有时对他人表现出同情，而有时又会欺侮弱小的同学，缺乏同情心，但到了大学时期或以后，性格特征之间的矛盾和不一致现象就比较少见了，更多地融合为一个相对完整协调的系统。

三、影响性格的因素

1. 生理因素

人的性格与人的生理基础有一定的关系，巴甫洛夫的高级神经活动学说认为，人一面有着先天的品质，另一面也有着为生活情况所养成的品质。有一位思想家说过："人的性格是先天组织与人在自己的一生中，特别是在发育时期所处的环境这两方面的产物。"这种见解与巴甫洛夫关于性格是先天的神经类型与后天形成的暂时神经联系之间的"合金"的思想相一致。

2. 环境因素

环境因素包括家庭、自然、社会因素，这些因素对人的性格的形成和发展都起着潜移默化的作用，只是对不同的人有着不同的作用。自我意识和动机等内在心理因素与外部因素的深度整合构成了某个人的性格特征。

3. 自然因素

一般情况下，自然因素对人的性格的影响具有普遍性。如南北方因为气候不同，高原、平原、海岸地带由于地势不同，对人的性格形成也有很大的影响。北方人往往粗犷、豪迈、外向，南方人往往细腻、含蓄、内向，高山地带的人意志坚毅，海岸地带的人心胸开阔，平原地带的人多克制等。任何事物都有普遍性和特殊性、一般与个别。自然因素对人的性格的影响也是这样，既有普遍性，也有特殊性，既有一般，也有个别。

4. 社会因素

不同的国家和地区有具体的文化特征，比如不同的语言、不同的道德理想、不同的价值观念、不同的生活方式。这些都会在人的性格上打上不同的烙印。比如，中国人含蓄、内倾的偏多，沉静，三思而后行，善于节制；西方人直率、外倾的偏多，好动，情绪波动强烈，容易冲动。这种情况与中国历来倡导的礼仪、节制、忍让、和谐，以及西方主张竞争、冒险、强调个人愿望的满足有一定的关系。

5. 家庭因素

影响人的性格的家庭因素有很多方面，比如父母的观念、思想、职业、性格、文化水平，父母对子女的态度，即对子女的哪些行为给予鼓励，对哪些行为予以批评，希望子女成为怎样的人等，集中地表现为父母的养育态度、方式。不同的养育态度会直接影响子女不同性格特征的形成。

6. 教育因素

学校教育对人的性格的形成，特别是人对社会、事业、人的看法和态度的形成，以及对人的世界观、人生观、道德理想、奋斗目标的确立，具有重要的意义。

第二节　性格与职业选择

在求职过程中，许多大学生往往只关注薪资和职位，却忽略了个人性格与工作是否相称，也不明白如何利用自身优势来规划长远的职业道路。实际上，个人性格与职业选择之间存在密切联系，只有当职业岗位与个人性格相匹配时，工作才能更加得心应手，个人潜力才能得到充分展现。

一、职业性格

1. 职业性格定义

职业性格是指人们在长期的职业活动中形成的，与特定职业相关的稳定心理特征。例如，有人工作认真细致，原则性强，果断活泼，自信谦虚，这些特征综合起来构成了他的职业性格。

2. 职业性格分类

① 变化型。这类人喜欢在新奇或意外的工作环境中工作，能在压力下表现出色，适应多样化的工作环境，并能灵活转移注意力。

② 重复型。适合并偏好持续进行同一工作，遵循固定模式或计划，喜欢有规律、标准化的职业。

③ 服从型。倾向于配合他人或遵从指示，不愿承担过多责任，不愿独立决策。

④ 独立型。喜欢自主规划活动、指导他人，从独立且有责任感的工作中获得满足，愿意作出决策。

⑤ 协作型。在团队合作中感到快乐，善于引导他人，希望得到同事的喜爱。

⑥ 劝服型。乐于说服他人接受自己的观点，通过语言交流或书面文字交流达成目的，具有较强的判断力和影响力。

⑦ 机智型。在紧张或危险情况下能有效执行任务，面对意外能保持镇定，应变能力强。

⑧ 自我表现型。喜欢通过工作和情感表达自己的思想。

⑨ 严谨型。注重细节精确，追求工作过程的完美，工作认真负责，追求高质量成果。

二、性格与职业选择的关联

1. 性格类型与职业的适应性

一方面，不同性格类型对不同职业有不同的适应性，如科技人员的创新精神、医务人员的严谨态度、管理干部的沟通能力等。另一方面，长期从事特定职业会促使个人根据职业要求巩固或调整性格特征，形成新的性格特点。尽管某些职业对性格有特定要求，如营销人员需要具有外向的性格，但大多数职业并不严格要求性格与之对应，因为不同性格的人在相同的职业中也能展现出各自独特的魅力，同一性格的人在不同职业中也能展现个性。例如，情感丰富的人在文学创作中能细腻描绘人物心理，在科学研究中则能凭借想象力取得优势。人的性格复杂多变，任何固定或片面的对性格与职业关系的看法都是不全面的。

2. 性格与职业选择的关系

为什么有些同学健谈，而有些同学则显得沉默寡言？为什么有人观察细致，而有人则粗枝大叶？世界上不存在毫无用处的性格，性格的不同特征决定了人们的行为习惯，而行为习惯的差异又可能影响职业和岗位的选择。

以《三国演义》中的张飞为例，他性格直率、勇猛，但也有粗鲁的一面。在诸葛亮的指导下，张飞通过绣花来磨炼性情，最终在战场上取得了胜利。设想如果让张飞成为绣娘，或让绣娘去打仗，结果可想而知。这说明，当性格与职业岗位相匹配时，个人的独特性才能得到更好的发挥。例如，从事财会工作的人最好独立性强、细心、果断，具备怀疑精神和智慧；担任销售主管的人应具备外向、精明、沟通能力强和决策果断的特点；业务经理则需要具备外向、富有探索精神、独立和勇于担当的性格；编辑工作则适合敏感、富有想象力、做事细致的人。只有当职业岗位选择与个人职业性格相匹配时，工作时才能更加得心应手，个人潜力才能得到更好的发挥。因此，了解自己的性格特点对于职业规划和未来职业选择至关重要。

三、积极培养良好的性格特征

1. 性格培养与事业成功的关系

一个人成功与否，涉及主客观多方面的因素。从主观因素来说，不仅同其智慧、知识和能力有关，同其性格也有必然的联系。有些人知识渊博、智慧过人、能力超群，却由于有着严重的性格缺陷，最终不仅没有获得预想的成功，反而惨遭失败。与此对照，有些人并没有过人的才能，只因其具有有助于成功的性格，所以其获得了成功。可见，成功与否，性格起着重要作用。性格影响人的意志。具有意志型性格的人，自制能力强、果断刚毅。一旦确定了目标，就百折不回、勇往直前，直到成功为止。若为情绪型的人，则优柔寡断、意气用事，即便有出众的才华，也可能半途而废。性格影响人对待困难的态度。在同样的事物面前，不同性格的人会有不同的反应。悲观者在机会中看到的是困难，往往裹足不前，遇到挫折便一蹶不振；而乐观者在困难中看到的是机遇，遇到困难会积极进取、勇往直前、决不退缩。性格影响人的工作态度，具有固执性格的人，认准了就不会朝三暮四、轻易放弃，这虽然对完成工作有好处，但有时固执己见，反而不利于工作的开展。

2. 积极培养大学生的良好性格特征

（1）充分认识性格

各种不同类型的性格，没有绝对的好坏之分，都有各自的优缺点。性格刚直坚韧的人，为人刚直不阿，但易失之偏激；性格温顺善良的人，长处在于宽容待人，但可能不果断；性格好动开朗的人，可取之处在于能不断进取，不足之处可能是轻率盲动；性格沉稳恬静的人，优点是遇事深思熟虑，但往往失于迟缓。不同性格特征的人适宜于不同类型的工作，性格外向的人可从事外交、市场营销等类型的工作；性格内向的人可从事科研、财务管理等类型的工作。大学生应根据自己的性格特征，选择适合自己的工作岗位。

（2）陶冶性格

乐观、热忱和豁达的性格特征是最有益于成功的三种性格类型，而如何养成，这就需要陶冶性格。陶冶性格就是改变极端的性格倾向，而不是从根本上改变自己的性格类型，因为彻底改变性格类型是难以做到的。大学生性格的不稳定性，导致其必然存在着极端的性格倾向。例如，若过分自信、骄傲自大、目中无人、好高骛远，最终只会一事无成；若妄自菲薄、没有主见，遇事裹足不前，则会与成功无缘。要认真分析产生上述极端性格倾向的原因，下决心调整自己的心态，正确评价自己，既要看到自己的长处，也要看到自己的缺点和不足。应做到：建立自尊，增强自信；调整认知方式，观察事物要全面，不能陷入"非黑即白"的极端思维方式；广交朋友，扩大交流，从而彻底改变极端的性格倾向，从而走向成功。

（3）调节良好的心理情绪

大学生的情绪不仅是强烈的，而且也是极不稳定的，容易受到外界的干扰，大起大落，走向极端，受到鼓舞则为之振奋，遇到挫折则灰心丧气。克服不良情绪的方法有情绪疏泄、自我安慰、自我暗示、放松等。情绪疏泄的方法很多，如向友人倾诉内心的烦恼和忧虑，大哭一场从而化悲痛为力量，通过剧烈的体育活动宣泄火气等。适当地进行自我安慰，可以消除烦恼和失望情绪。同时要学会放松，放松是解除紧张、焦虑最有效的方法。

培养坚韧的意志品质是人主观能动性的集中体现，是为了达到一定目的所进行的选择、决定和执行的心理过程。它有两个特点：一是有意识、有目的；二是与克服困难联系密切。坚韧的意志品质表现为参与社会活动的自觉性、果断性、坚韧性和自制力，例如，制订计划时目的明确，执行计划时坚韧不拔，遇到不利情况时决不逃避，善于捕捉时机，果敢决断。坚强的意志品质是克服困难、完成各种实际工作任务的重要条件。

大学生的性格培养是一个不容忽视的问题。性格是一个人非常重要的本质特征，伴随一个人的终生，对一个人的人生观、世界观、价值观都有重要的影响，是其事业能否成功的决定性因素之一。为了实现自己的人生目标，大学生要学会自我情绪控制，要能够驾驭自己，要主动将自己置于充满矛盾的生活环境中去锻炼，积极投身于丰富多彩的集体活动中，从而培养自己坚韧的意志品质。

第三节　性格探索的方法

通过性格分析，你可以发现哪些工作类型和内容最适合你，也最令你满意。接下来将带领大家深入了解如何运用迈尔斯 - 布里格斯类型指标（MBTI），通过识别个人在性格上的不同倾向，来确定适合他们的职业。

一、迈尔斯 - 布里格斯类型指标简介

迈尔斯 - 布里格斯类型指标（Myers-Briggs Type Indicator, MBTI）是基于瑞士心理学家卡尔·荣格的性格理论，由美国的凯瑟琳·库克·布里格斯（Katherine Cook Briggs）和伊莎贝尔·布里格斯·迈尔斯（Isabel Briggs Myers）母女共同开发的人格类型评估工具。

荣格在 1921 年提出了他的心理学类型学说，其中包含了一套性格差异理论，他认为性格差异决定了个人的判断方式。他将性格差异分为内向 / 外向、直觉 / 感觉、思考 / 感觉三个维度。荣格认为这些性格特征是天生的，并且在人的一生中相对稳定。他提出感知和判断是大脑的两个基本功能，感知帮助我们从外界获取信息，而判断则指导我们做出特定

的决策。这些功能受到个人生活方式和精力来源的影响，从而影响人的行为和态度。性格因此被视为一种天生的特质。

在20世纪40年代，美国的母女档心理学家伊莎贝尔·布里格斯·迈尔斯和凯瑟琳·库克·布里格斯在荣格的理论基础上，提出了一个个性测验模型，即 MBTI。这个模型旨在通过分析四个关键要素——动力、信息收集、决策方式、生活方式，来区分不同个性的人。MBTI 的作用是解释人与人之间的差异，并优化决策过程，对决策进行理性的干预。

MBTI 是一种广受欢迎的心理测试工具，它揭示了性格类型的多样性以及由此产生的个体行为模式、价值取向、决策动机、工作风格和人际交往习惯的差异。

MBTI 根据个人在态度倾向（I 内倾型与 E 外倾型）、信息收集（S 感觉型与 N 直觉型）、决策方式（T 思维型与 F 情感型）、生活方式（J 判断型与 P 知觉型）四个维度的不同偏好，划分出 16 种不同的性格倾向组合。

二、MBTI 的四个维度

MBTI 用于衡量个人类型偏好（preference）。所谓偏好，是一种天生的倾向性，是一种特定的行为和思考方式，这些偏好没有好坏的区别，却形成了人与人之间的不同。MBTI 用四个维度偏好二分法来评估一个人的类型偏好，每个维度偏好二分法均由两级组成。下面就逐次介绍 MBTI 的四个维度。

（一）态度倾向维度

外倾型（extroversion）- 内倾型（introversion）：你更喜欢将自己注意力集中于何处？你从何处获得活力？见表 7-1。

表 7-1　E-I 维度

外倾型（E）	内倾型（I）
外倾型的人往往： 1. 倾向于对外部世界的客体做出反应 2. 积极活动	内倾型的人往往： 1. 倾向于在内部世界里沉思 2. 偏好内省

续表

外倾型（E）	内倾型（I）
3. 快速说出想法	3. 先思后行
4. 通过互动获取能量	4. 从精神世界获得心理能量
5. 采用尝试的工作方式	5. 采用持久稳固的工作方式
6. 容易接近，容易被他人理解	6. 为少数人所了解，更善于保守秘密
7. 有广泛的兴趣	7. 有着深度的兴趣区
8. 有时会比较肤浅地看待事物	8. 有时表现得非常强烈
9. 更加乐观	9. 讨厌一概而论
10. 有洞察力，能够积极地对外界做出响应	10. 不遵守（或忽略）这些准则，遵从自己内心的标准
11. 喜欢和他人共事	11. 喜欢独自工作
12. 独处时才会表现出内向的一面	12. 需要某种结构和特定的角色来带出外向的一面
13. 善于交际，能够很好地开始某种人际关系	13. 限制自己的人际关系；与他人建立人际关系很困难，不过在建立人际关系后表现得很忠诚
14. 关注外部的人和事	14. 关注内心世界的想法和经历
15. 注意一切事物，不太会在意被打扰	15. 讨厌被打扰；更喜欢安静
16. 愿意分享想法和感觉	16. 等着被问到想法和感觉
17. 喜怒形于色	17. 隐藏自己的情绪

1. 外倾型

"我是一个性格开朗的人，很喜欢和很多人在一起聊天、逛街，所以朋友很多，我觉得这样很有意思，在自习室学习的时候，我也不喜欢自己在一个空旷的大屋子里，而是愿意找一个有人学习的教室。"

"上课的时候，我愿意参加讨论，遇到难题的时候，我喜欢和大家在一起讨论问题，寻找解决的办法，如果大家都自己冥思苦想，我很快就筋疲力尽了。"

2. 内倾型

"我喜欢独处给我带来的感觉：平和、平静，可以阅读、可以思考，那种感觉真不错。我的朋友并不是特别多，但是都非常知心，不是泛泛之交。我也会和朋友在一起分享有意义的时光。"

"上课的时候，我愿意倾听同学们在课堂上高谈阔论，但是不愿意站起来发表自己的意见，我总是想好了以后再发表意见。"

通过以上同学的自述，同学们可能会体会到他们获得能量的方式不同。外倾的人，注意力和能力主要指向外部世界的人和事，在与人交往和行为中得到活力。而内倾的人，注意力和能量集中于自己的内心世界，从对思想、回忆和情感的反思中得到活力。

那是不是在 MBTI 类型中显示为内倾型的人，就意味着在任何时候、任何地方都是内倾的呢？其实不然，MBTI 的每个维度只是偏好。可能某位同学是内倾型的人，但是在有些时候表现出外倾型的特点，这不难理解，就好像大部分人都习惯用右手，但是左手也是很有用处的，很多时候，做事情是左右手配合工作的。这样的道理同样适用于理解 MBTI 性格类型中的其他三个维度。MBTI 四个维度中的两极基本上是程度上的差异，而不是有无的关系，可能人们在某种维度上表现出较明显倾向，但是更多的时候，两种特质，如外倾型的特点和内倾型的特点，在一个人身上是同时存在的，只是人们会更倾向于某一种而已。

值得注意的是，MBTI 所讲的"外倾和内倾"这两个维度和平时理解的"外向和内向"是有区别的。在习惯中，我们会觉得一个同学善于和别人打交道、能言善辩就是外倾的，其实不然，内倾和外倾这个维度说的是能量的朝向。内倾者并非不善于表达，只是谈话内容多是朝自己而已，内倾者不愿意与人过多地打交道，但不是说这样人的人际交往能力就差。所以，不管是对内倾、外倾这个维度进行探索，还是把对这个维度的理解运用到现实的学习和生活中，都要注意这个问题。

（二）信息收集维度

感觉型（sensing）- 直觉型（intuition）：你是如何获取信息的？见表 7-2。

表 7-2　S-N 维度

感觉型（S）	直觉型（N）
感觉型的人往往：	直觉型的人往往：
1. 着眼于现实	1. 对各种可能性感兴趣
2. 注重细节，关注具体性	2. 注意规律性，注重一般性
3. 依靠感官，非常在意外部环境	3. 依靠直觉，并不依赖于外部环境
4. 对于日常行为更有耐心	4. 对复杂事物更有耐心
5. 明智、务实、实事求是	5. 有想象力、创新性，理想主义
6. 注重现在	6. 着眼于未来，喜欢改变
7. 讨厌过于复杂的事物	7. 喜欢复杂事物和各种理论
8. 做事稳重	8. 工作时充满精力
9. 有系统性，做事坚持	9. 急于得出结论
10. 不相信直觉	10. 忽视某些事实
11. 具备且重视常识	11. 具备且重视创造力

续表

感觉型（S）	直觉型（N）
12. 善于观察事物，并且做出行动	12. 善于发起或推广活动
13. 通过模仿和指导习得	13. 通过行动和深刻的见解习得
14. 能够更好地对真实事物做出反应	14. 明白言外之意
15. 需要通过感官体验来真正了解	15. 通过直觉明白事物
16. 相信成功是 99% 的努力加上 1% 的灵感	16. 相信创造力来源于灵感

在现实生活中，感觉型的人和直觉型的人区别是比较明显的。如果一个感觉型的人给你指路，他会说得非常详细，如往哪个方向走，走多远，在什么地方转弯等；如果一个直觉型的人给你指路，他可能会告诉你往哪个方向走，走一会儿就到了。如果一个感觉型的人目睹了一场交通事故，他会详尽地告诉警察整个事件发生的详细过程和具体情况，如果一个直觉型的人目睹了一场交通事故，他可能会说，我只听见"砰"的一声，就看见撞到一起去了。再比如，对于描述某个人留给自己的印象，感觉型的人能够说出他的身高、衣着等详细情况，而直觉型的人可能会告诉你，他看起来比较儒雅。

因此，感觉型的人用自己的感官来获取信息，喜欢收集实实在在、确定已出现的信息，对于周围所发生的事件观察入微，特别关注现实。直觉型的人通过想象、无意识等超越感觉的方式来获取信息，喜欢看整个事件的全貌，关注事实之间的关联，想要抓住事件的模式，特别善于看到新的可能性。

感觉型的人和直觉型的人不同，造成他们在工作上可能出现冲突，感觉型的人更关注细节和事实，直觉型的人更关注新的可能性，因此，感觉型的人可能会认为直觉型的人不切实际，太有想象力，直觉型的人可能会认为感觉型的人太过保守。其实二者在工作中各有所长，直觉型的人因为较重视远景和全貌，适合做策划类的工作，感觉型的人更注重细节和现实，更适合做实施执行的相关工作。

（三）决策方式维度

思维型（thinking）- 情感型（feeling）：你是如何做决定的？见表 7-3。

表 7-3 T-F 维度

思维型（T）	情感型（F）
思维型的人往往：	情感型的人往往：
1. 通过逻辑思考得出结论	1. 利用价值观和信仰得出结论
2. 客观	2. 主观
3. 退后思考，对问题进行非个人因素的分析	3. 超前思考，考虑行为对他人的影响
4. 善于分析、怀疑	4. 轻信他人
5. 更喜欢真理而非事实	5. 更喜欢事实而非真理
6. 喜欢有依据的争论	6. 害怕冲突，喜欢和谐
7. 公正，对每个人都一样	7. 公正，把每个人都当作个体来对待
8. 公平	8. 用他人喜欢的方式对待他人
9. 在做决定时，会系统地运用政策和法律	9. 在与人打交道时，喜欢做看上去"正确的事"
10. 通过逻辑性说服他人	10. 利用价值观及激起他人的热情来说服他人
11. 合理化自己的价值观和信仰	11. 清楚地知道自己的信仰和价值观
12. 认为自己和他人做好工作是理所当然的	12. 喜欢受到他人的赞扬，也乐于赞扬他人
13. 对自己或他人的感觉不太敏感	13. 能够知道自己和他人内心的想法
14. 客观地看待结果	14. 主观地看待结果
15. 想让自己的情感变得理智	15. 思考问题更加主观
16. 通过系统分析及发现解决方法中的缺陷来帮助解决问题	16. 通过鼓励他人及建立道德指导准则来帮助解决问题

学校规定，如果在考试中发现有舞弊行为的学生，应给予该生留校察看处分，并取消其学位授予资格。假如你是这个学校的一名老师，你的学生小 A 家庭经济非常困难，在大四上学期的一次选修课的考试中，他被发现携带纸条进入考场。现在，监考老师将情况反映到你这里，你会怎么办？为什么？

可能会有以下几种回答：

"我会建议学校给予该同学留校察看处分，因为在期末考试前，我已经给全体学生开展过考风考纪的教育活动，该生明确知道舞弊的后果，如果不处理，难以杜绝类似情况的发生，对其他遵守纪律的学生来说也不公平。"

"我会找他谈谈，问问他这么做的原因是什么。考虑到小 A 马上就要毕业了，且家庭经济非常困难，平时表现良好，这个时候给予纪律处分，对前途的影响可能会很大，所以我会和他谈谈问题的重要性，并告诫他以后类似的错误不要再犯，但是最后还是决定不建议学校给予他纪律处分。"

"我会给予该生纪律处分，虽然他马上就要毕业了，取消学位授予资格对他来说影响很大，但是如果这次不给他教训，让他有了侥幸心理，下次还会出现这类问题，这也是为他负责任。如果让他养成了这样的不良习惯，也不利于他个人的成长，但是在给予纪律处分前，我会与他谈一谈，希望他能够吸取教训。"

从上面的三个回答中，我们可以看到，第一种回答和第三种回答结果相同，但是思考的角度却有不同，第一种回答更看重制度，追求制度上的公平，第三种回答是从个人成长的价值角度出发的，而第二种回答更多的是从对学生产生的影响方面来考虑问题。虽然结果不尽相同，但不难看出第一种通常是思维型人的回答，第二种和第三种是情感型人的回答。

思维型的人会通过分析某一行动或选择的逻辑后果来做决定，会将自己从情境中分离出来，对事件的正反两个方面进行客观分析，从分析和确认事件中的错误并解决问题中获得活力，目标是要找到一个能应用于所有相似情境的标准和原则。情感型的人喜欢考虑对自己和他人来说什么是重要的，会在头脑中将自己放在情境所牵涉的所有人的位置上，并试图理解别人的感受，然后在此基础上根据自己的价值判断做出决定，从对他人表示赞赏和支持中获得活力，目标是创造和谐的氛围，把每个人都当成独特的个体来对待。

（四）生活方式维度

判断型（judging）- 知觉型（perceiving）：你如何与外部世界打交道？见表 7-4。

表 7-4　J-P 维度

判断型（J）	知觉型（P）
判断型的人往往：	知觉型的人往往：
1. 注重过程的结果	1. 注重理解
2. 坚持不懈，直到完成工作	2. 行为保持开放性，讨厌错过任何事情
3. 完成任务时能够得到最大的快乐	3. 开始任务时能够获得最大的乐趣
4. 果断，有目的性	4. 灵活、犹豫不决，但是善于给出选择
5. 急于做出决定	5. 经常推迟做出决定
6. 喜欢有序的方式	6. 没有计划

判断型（J）	知觉型（P）
7. 喜欢制订计划，然后尽力完成这些计划	7. 当事情出现时才会去想解决办法
8. 想要事先做好决定，有明确的期望	8. 想要有多种选择
9. 自律	9. 容易分心
10. 看重工作结果	10. 看重工作过程
11. 想了解完成任务的最好方式	11. 想了解完成任务的所有方式
12. 严格遵守计划	12. 不能严格遵守计划
13. 认真对待最后期限	13. 时间观念宽松，经常变动最后期限
14. 对自己和他人设定目标，有明确的观点	14. 能够看到论点的两面性，更具有容忍性，有更多尝试性的见解
15. 有时为做出决定，会太快拒绝接收信息	15. 获得多余的信息
16. 在做出决定前感到焦虑，做出决定后则会放松	16. 在做出决定前感到焦虑，倾向于多加思考
17. 偏向于思维—情感型，而非感觉—直觉型	17. 偏向于感觉—直觉型，而非思维—情感型

"小 A 是一个程序员，他的工作日程表设有闹铃程序，提醒他需要注意的重要事项，所有客户都知道，当他确定项目完成期限后，他会设定工作计划，每日按计划执行，该项目一定会准时完成，他不能让任何事情打乱自己的计划，管理部门交给他的紧急任务会让他感觉心烦意乱，在完成手头工作之前，他并不想开展新的项目。"

"小 B 也是一名程序员，一些同事认为他缺乏条理，他经常兼顾几个项目，尽管他的办公桌面一片狼藉，但是他总能准确地找到自己所需要的书籍和资料。他经常在没完工之前就接了新的项目，因为他不想错过任何机会。在平时的工作任务中，他一般不设定计划，在项目开始的前几天他可能会想，离完工还有好久呢，当临近项目完成最后期限的前几天，他会在最后的压力中迸发出强大的动力，在最后的三天中可能不吃、不喝、不睡，以保证按期完工。"

显然，前者是判断型人的答案，他们不喜欢意外的变化，集中精力、按部就班地处理好每一件事让他们感觉很美好。后者是知觉型人的答案，他们喜欢在体验中生活，喜欢变通，喜欢同时身处不同事件中。

判断型的人喜欢将事情管理得井井有条，过一种有计划的、井然有序的生活，他们喜欢做出决定，完成后再继续下面的工作。他们的生活通常会比较有规划、有秩序，他们喜欢把事情敲定下来，按照计划和日程表办事对他们来说很重要，他们从完成任务中获得能力。

知觉型的人喜欢以一种灵活、自发的方式生活，更愿意去体验和理解生活而不是去控制它。详细的计划或最后的决定会使他们感到束缚。他们愿意对新的信息和选择保持开放的态度，直到最后一分钟。他们足智多谋，善于调节自己以适应当前场合的需要，并从中获得能量。

三、16 种性格类型特征及适合职业

经过以上四个维度的分析，你会得到四个比较偏向的特性，这四个特性就代表了你的性格特征和职业偏好。你的性格组合"四字母"是怎样的？"四字母"组合又有哪些基本特征、盲点和可能适合的职业呢？

（一）ISTJ 型：内倾＋感觉＋思维＋判断

1. 基本特征

沉静、认真、贯彻始终、受人信赖而取得成功。讲求实际，注重事实和有责任感。能够合情合理地去决定应做的事情，而且坚定不移地把它完成，不会因外界事物而分散精神。以做事有次序、有条理为乐——不论在工作上、家庭上还是在生活上。重视传统和忠诚。ISTJ 型的人是严肃的、有责任心的和通情达理的社会坚定分子。他们值得信赖，他们重视承诺，对他们来说，言语就是庄严的宣誓。ISTJ 型的人工作缜密，讲求实际，很有头脑也很现实。他们具有很强的集中力、条理性和准确性。无论他们做什么，都相当有条理和可靠。他们具有坚定不移、深思熟虑的特点，一旦他们以自己相信是最好的行动方法去行动时，就很难转变或变得沮丧。ISTJ 型的人特别安静和勤奋，对于细节有很强的记忆力和判断力。他们能够引证准确的事实支持自己的观点，把过去的经历运用到现在的决策中。他们重视和利用符合逻辑、客观的分析，以坚持不懈的态度准时地完成工作，并且总是安排有序，很有条理。他们重视必要的理论体系和传统惯例，对于那些不是如此做事的人则很不耐烦。ISTJ 型的人总是很传统、谨小慎微。他们喜欢聆听和准确、清晰地陈述事物。ISTJ 型的人天生不喜欢显露自己，即使是在危机之时，他们也显得很平静。他们总是显得责无旁贷、坚定不移，但是在他们冷静的外表

之下，也许有强烈却很少表露的反应。

2. 可能存在的盲点

ISTJ 型的人有一个缺点，就是他们常常会迷失在一件工作中的细节和日常操作中，一旦沉浸其中，他们就会变得顽固，而且对其他的观点置之不理。收集更广泛的信息，并且理智地评估一下自己的行为可能带来的后果，可以让 ISTJ 型的人在所有的领域中更有影响力。ISTJ 型的人有时不能明白别人的需求，因此可能被看成是冷酷无情的人。他们应该把对别人的欣赏表达出来，而不是留在心里。

3. 适合的领域与职业

适合的领域有：工商业领域、金融业、政府机构、技术领域、医务领域。适合的职业有：审计员、后勤经理、信息总监、预算分析员、工程师、计算机程序员、证券经纪人、地质学者、医学研究者、会计、文字处理专业人士等。

（二）ESTJ 型：外倾＋感觉＋思维＋判断

1. 基本特征

讲求实际，注重现实，注重事实。果断，能很快做出实际可行的决定。善于将项目和人组织起来将事情完成，并尽可能以最有效率的方法达到目的。能够注意日常例行工作的细节。有一套清晰的逻辑标准，有系统性地遵循，并希望他人也同样遵循。会以较强硬的态度去执行计划。

ESTJ 型的人往往高效率地工作，自我负责，监督他人工作，合理分配和处置资源，主次分明，井井有条；能制定和遵守规则，多喜欢在制度健全、等级分明、比较稳定的企业工作；倾向于选择较为务实的业务，以有形产品为主；喜欢工作中带有和人接触、交流的成分，但不以态度取胜；不特别强调工作的行业或兴趣，多以职业角度看待每一份工作。ESTJ 型的人很善于完成任务，他们喜欢操纵局势和促使事情发生。他们具有责任感，信守他们的承诺。他们喜欢条理性，并且能记住和组织安排许多细节。他们及时和尽可能高效率地、系统地达到目标。ESTJ 型的人常被迫做决定。他们常常以自己过去的经历为基础得出结论。他们很客观，有条理性和分析能力，以及很强的推理能力。事实上，除了符合逻辑外，其他没有什么可以使他们信服。同时，ESTJ 型的人又很现实、有头脑、讲求实际。他们更感兴趣的是"真实的事物"，而不是诸如抽象的想法和理论等无形的东西。他们往往对那些自认为没有实用价值的东西不感兴趣。他们知道自己周围将要发生的事情，而首要关心的则是目前。因为 ESTJ 型的人依照一套固定的规则生活，所以他们坚持不懈和值得依赖。他们往往很传统，有兴趣维护现存的制度。虽然对于他们来说，感情生活和社会活动并不像生活的其他方面那样重要，但是对于亲情关系，他们却固守不变。他们不但能很轻松地判断别人，而且还是条理分明的纪律执行者。ESTJ 型的人直爽坦率，友善合群。通常他们会很容易地了解事物，这是因为他们相信"你看到的便是你得到的"。

2. 可能存在的盲点

ESTJ 型的人很冷淡而且对许多事物漠不关心，因此他们通常需要对自己的感情以及别人的反应和情感更加留心和尊重。他们天生是批判性的人，ESTJ 型的人经常不能对别人的才能和努力给予赞同和表扬。ESTJ 型的人经常在还没有集齐所有必要的信息，或还没有花足够的时间了解情况的时候就跳到结果上。他们需要学会有意识地推迟做决定的时间，直到他们考虑过所有的信息，特别是他们可能会忽视的其他选择。ESTJ 型的人如果放弃一些他们追求的控制权，并且懂得生活中有一些灰色的区域，那么，他们一定会更好地适应社会并获得成功。

3. 适合的领域与职业

适合的领域有：无明显领域特征。

适合的职业有：银行职员、项目经理、数据库经理、信息总监、后勤与供应经理、业务运作经理、证券经纪人、电脑分析人员、保险代理、普通承包商、工厂主管等。

（三）ISFJ 型：内倾＋感觉＋情感＋判断

1. 基本特征

沉静，友善，有责任感，谨慎。能坚定不移地承担责任。做事贯彻始终、不辞劳苦、准确无误。忠诚、替人着想、细心，往往记得他所重视的人的种种微小事情，关心别人的感受。努力创造一个有秩序、和谐的工作和家居环境。

ISFJ 型的人忠诚，有奉献精神和同情心，理解别人的感受。他们意志清醒而有责任心，乐于助人。ISFJ 型的人十分务实，他们喜欢平和谦逊的人。他们喜欢利用大量的事实情况，对于细节则有很强的记忆力。他们耐心地对待任务的整个阶段，喜欢事情能够清晰明确。ISFJ 型的人具有强烈的职业道德，所以当他们知道自己的行为真正有用时，会对需要完成之事承担责任。他们准确、系统地完成任务。他们具有传统的价值观，十分保守。他们利用符合实际的判断标准做决定，通过出色的、注重实际的态度增加了稳定性。ISFJ 型的人平和谦虚、勤奋严肃。他们支持朋友和同伴，乐于协助别人，喜欢通过采取实际可行的行动来帮助他人。他们利用个人热情与人交往，在困难中与他人和睦相处。ISFJ 型的人不喜欢表达个人情感，但实际上对于大多数的情况和事件都具有强烈的个人反应。他们关心、保护朋友，愿意为朋友献身，他们有为他人服务的意识，愿意完成他们的责任和义务。

2. 可能存在的盲点

他们生活得过于现实，很难全面地观察问题，也很难预见情况的可能性，尤其是对于他们不熟悉的情况。他们需要往前看，并且设想一下如果换个方法去做，事情会变成什么样。他们做每一件事都会小心翼翼地从头做到尾，这使他们很容易劳累过度。他们需要将心中埋藏许久的愤怒发泄出来，这样才能摆脱这种不利的情况。他们也需要让别人知道他们的需求和理想。他们总是过度地计划，因此他们需要制定一些策略来调整自己专注的焦点。他们需要找到途径来给自己安排必要的娱乐和放松。

3. 适合的领域与职业

适合的领域有：领域特征不明显，较相关的如医护领域、消费类商业领域、服务业领域。

适合的职业有：人事管理人员、电脑操作员、顾客服务代表、信贷顾问、零售业主、房地产代理或经纪人、艺术人员、室内装潢师、商品规划师、语言病理学者等。

（四）ESFJ 型：外倾＋感觉＋情感＋判断

1. 基本特征

有爱心，有责任心，善于合作。希望周边的环境温馨而和谐，并为此果断地营造这样的环境。喜欢和他人一起精确并及时地完成任务。忠诚，即使在细微的事情上也是如此。能体察到他人在日常生活中的所需并竭尽全力帮助。希望自己和自己的行为能受到他人的认可和赏识。

ESFJ 型的人通过直接的行动和合作，积极地以真实、实际的方法帮助别人。他们友好、富有同情心和责任感。ESFJ 型的人把他们和别人的关系放在十分重要的位置，所以他们往往具有和睦的人际关系，并且通过很大的努力以获得和维持这种关系。事实上，他们常常理想化自己欣赏的人或物。ESFJ 型的人往往对自己以及自己的成绩十分欣赏，因而他们对于批评或者别人的漠视很敏感。通常他们很果断，表达自己坚定的主张，乐于事情能很快得到解决。ESFJ 型的人很现实，他们讲求实际、实事求是和安排有序。他们参与并能记住重要的事情和细节，乐于帮助别人也能对自己的事情很确信。他们在自己的个人经历或在他们所信赖之人的经验之上制订计划或得出见解。他们知道并参与周围的物质世界，并具有主动性和创造性。ESFJ 型的人十分小心谨慎，也非常传统化，因而他们能恪守自己的责任与承诺。他们支持现存制度，往往是委员会或组织机构中积极主动和乐于合作的成员，他们重视并能保持很好的社交关系。他们不辞劳苦地帮助他人，尤其是在遇到困难或取得成功时，他们都很积极活跃。

2. 可能存在的盲点

在紧张而痛苦的时候，他们会对现实情况熟视无睹。他们需要学会直接而诚实地处理矛盾冲突。ESFJ 型的人总是由于想取悦或帮助他人而忽视自己的需求。当他们不能找到改变自己生活的途径的时候，他们就可能变得消极和郁闷。从问题中跳出来，更客观地对待它，常常可以给他们带来全新的视野。他们不愿意寻找解决问题的新方法，表现得不知变通。因此，延迟作判断的时间，并对处理问题的新途径持开放态度，可以使他们获得更丰富的指示并帮助他们更好地做出决定。

3. 适合的领域与职业

适合的领域有：领域特征不明显。

适合的职业有：公关客户经理、银行业务员、销售代表、人力资源顾问、零售业主、餐饮业从业者、房地产经纪人、营销经理、电信营销员、接待员、信贷顾问、簿记员等。

（五）ISFP 型：内倾＋感觉＋情感＋知觉

1. 基本特征

沉静、友善、敏感和仁慈。欣赏目前和他们周围所发生的事情。喜欢有自己的空间，做事能把握自己的时间。忠于自己的价值观，忠于自己所重视的人。不喜欢争论和冲突，不会强迫别人接受自己的意见或价值观。

ISFP 型的人平和、敏感，他们保持着许多强烈的个人理想和自己的价值观念。他们更多的是通过行为而不是言辞表达自己深沉的情感。ISFP 型的人谦虚而缄默，但实际上他们是具有巨大的友爱和热情之人，但是除了与他们相知和信赖的人在一起外，他们不经常表现出自我的另一面。因为 ISFP 型的人不喜欢直接地进行自我表达，所以常常被误解。ISFP 型的人耐心、灵活，很容易与他人相处，很少支配或控制别人。他们很客观，以一种相当实事求是的方式接受他人的行为。他们善于观察周围的人和物，却不寻求发现动机和含义。ISFP 型的人完全生活在现在，所以他们的准备或计划往往不会多于必需，他们是很好的短期计划制订者。因为他们喜欢享受目前的经历，而不继续向下一个目标兑现，所以他们对完成工作感到很放松。ISFP 型的人对于从经历中直接了解和感受的东西很感兴趣，常常富有艺术天赋和审美感，力求为自己创造一个美丽而隐蔽的环境。ISFP 型的人没有想要成为领导者，他们经常是忠诚的追随者和团体成员。因为他们利用个人的价值标准去判断生活中的每一件事，所以他们喜欢那些花费时间去认识他们和理解他们内心的忠诚之人。他们需要最基本的信任和理解，在生活中需要和睦的人际关系，对于冲突和分歧很敏感。

2. 可能存在的盲点

ISFP 型的人天生具有高度的敏感性，这使他们可以很清楚地看到他人的需要，并且他们有时会为了满足这些需要而拼命工作，以至于在此过程中忽视了自己。他们需要花些时间来像关心别人一样关心自己。ISFP 型的人必须努力控制自己的冲动，并偶尔享受一下安静的生活。他们对别人的批评相当敏感，而且会因受到批评而生气或气馁。在分析中加入一些客观和怀疑的态度会让他们更准确地判断人的性格。

3. 适合的领域与职业

适合的领域有：手工艺领域、艺术领域、医护领域、商业领域、服务业领域等。

适合的职业有：销售代表、行政人员、商品规划师、测量师、海洋生物学者、厨师、室内 / 风景设计师、旅游销售经理、病理技师等。

（六）ESFP 型：外倾 + 感觉 + 情感 + 知觉

1. 基本特征

外向，友善，包容。热爱生活、人类和物质上的享受。喜欢与别人共事。在工作上，讲究常识和实用性，注意现实的情况，使工作富有趣味性、灵活性、即兴性，自然不做作，易接受新朋友和适应新环境。与别人一起学习新技能可以达到最佳的学习效果。

ESFP 型的人乐意与人相处，有一种真正的生活热情。他们顽皮活泼，通过真诚和玩笑使别人感到事情更加有趣。ESFP 型的人脾气随和、适应性强，热情友好且慷慨大方。他们擅长交际，常常是别人的"注意中心"。他们热情而乐于合作地参加各种活动和节目，而且通常能应对几种活动。ESFP 型的人是现实的观察者，他们按照事物的本身去对待并接受它们。他们往往信任自己能够听到、闻到、触摸到和看到的事物，而不是依赖于理论上的解释。因为他们喜欢具体的事实，对于细节有很好的记忆力，所以他们能从亲身经历中学到最好的东西。共同的感觉给予他们与人和物相处的实际能力。他们喜欢收集信息，从中观察可能自然出现的解决方法。ESFP 型的人对于自我和他人都能容忍和接受，往往不会试图把自己的愿望强加于他人。ESFP 型的人通融、有同情心，通常许多人都真心地喜欢他们。他们能够让别人采纳他们的建议，所以他们很善于帮助冲突的各方重归于好。他们寻求他人的陪伴，是很好的交谈者。

他们乐于帮助旁人，偏好以真实有形的方式给予协助。ESFP 型的人天真率直，很有魅力和说服力。他们喜欢意料不到的事情，喜欢寻找给他人带来愉快和意外惊喜的方法。

2. 可能存在的盲点

ESFP 型的人把体验和享受生活放在第一位，这常常使他们不够尽职尽责。他们喜欢交际的特点可能会令他们多管闲事并使自己陷入麻烦之中。ESFP 型的人易受干扰而分心，以至于不能完成工作，这样的毛病使他们变得懒惰。ESFP 型的人应该对将来有所预料，并作两手准备，一旦结果不尽如人意，也不至于损失太大。ESFP 型的人经常在作决定时不考虑后果，而习惯相信自己的感觉，排斥更客观的事实。因此，他们需要后退一步，考虑一下事情的起因和结果，并努力让自己在工作中变得坚强。

3. 适合的领域与职业

适合的领域有：消费类行业、服务业、广告业、娱乐业、旅游业、社区服务等。

适合的职业有：公关人员、劳工关系调解人、零售经理、商品规划师、团队培训人员、旅游项目经营者、表演人员、特别事件协调人、社会工作者、旅游销售经理、融资者、保险代理／经纪人等。

（七）ISTP 型：内倾＋感觉＋思维＋知觉

1. 基本特征

容忍，有弹性，是冷静的观察者，但当有问题出现时，便迅速行动，找出可行的解决方法。能够分析哪些东西可以使事情进行顺利，也能够从大量资料中找出实际问题的重心。很重视事件的前因后果，能够以理性的原则把事实组织起来，重视效率。ISTP 型的人坦率、诚实、讲求实效，他们喜欢行动而非漫谈。他们很谦逊，对于完成工作的方法有很好的理解力。ISTP 型的人擅长分析，所以他们对客观含蓄的原则很有兴趣。他们对于技巧性的事物有天生的理解力，通常精于使用工具和进行手工劳动。他们往往做出有条理而保密的决定。他们仅仅是按照自己所看到的，有条理而直接地陈述事实。ISTP 型的人好奇心强，而且善于观察，只有理性、可靠的事实才能使他们信服。他们重视事实，是现实主义者，所以能够很好地利用可获得的资源，同时，他们善于把握时机，这使他们变得很讲求实效。ISTP 型的人平和而寡言，往往显得冷酷而清高，而且他们容易害羞，除了是与好朋友在一起时。他们平等、公正，往往易受冲动心理的驱使，对于即刻的挑战和问题具有相当的适应性和反应能力。因为他们喜欢行动和令人兴奋的事情，所以他们乐于进行户外活动和运动。

2. 可能存在的盲点

总是独自做出判断，这使周围的人对 ISTP 型的人一无所知。这类人不喜欢与别人分享自己的反应、情感和担忧。过度向往空闲时间使他们有时会偷工减料。对刺激的追求也使他们变得鲁莽、轻率，而且容易厌烦。设计一个目标可以帮助他们克服自己缺乏主动性的问题，避免频繁的失望和无规律的生活习惯带来的危害。

3. 适合的领域与职业

适合的领域有：技术领域、金融业、商业领域、户外运动领域、艺术领域等。

适合的职业有：证券分析员、银行职员、管理顾问、电子工程师、技术培训人员、信息服务开发人员、软件开发商、海洋生物学者、后勤与供应经理、经济学者等。

（八）ESTP 型：外倾＋感觉＋思维＋知觉

1. 基本特征

灵活，忍耐力强，实际，注重结果。觉得理论和抽象的解释非常无趣。喜欢积极地采取行动解决问题。注重当前，自然不做作，享受和他人在一起的时刻。喜欢物质享受和时尚。学习新事物最有效的方式是通过亲身感受和练习。

ESTP 型的人不会焦虑，因为他们是快乐的。ESTP 型的人活跃、随遇而安、天真率直。他们乐于享受现在的一切而不是为将来计划什么。ESTP 型的人很现实，他们信任和依赖于自己对这个世界的感受。他们是好奇而热心的观察者。因为他们接受现在的一切，所以他们思维开阔，能够容忍自我和他人。ESTP型的人喜欢处理、分解与恢复原状的真实事物。ESTP型的人喜欢行动而不是漫谈，当问题出现时，他们乐于去处理。他们是优秀的解决问题的人，这是因为他们能够掌握必要的事实情况，然后找到符合逻辑的明智的解决途径，而无需浪费大量的精力。他们会成为适宜外交谈判的人，他们乐于尝试非传统的方法，而且常常能够说服别人给他们一个妥协的机会。他们能够理解晦涩的原则，他们会在符合逻辑的基础上，而不是基于他们对事物的感受做出决定。因此，他们讲求实效，在必要时态度非常强硬。在大多数的社交场合中，ESTP型的人很友善，富有魅力，轻松自如，因此十分受人欢迎。他们总是爽朗、多才多艺和有趣，在任何有他们的场合中，总有源源不断的笑话和故事。他们善于通过缓和气氛以及使冲突的双方相互协调，从而化解紧张的局势。

2. 可能存在的盲点

ESTP型的人只着眼于现在的偏好以及在危机发生时采用的"紧急"的反应。他们常常一次着手很多事，直到最后发现自己已经无法履行诺言。他们需要把眼光放得远一点。ESTP型的人在力求诚实时往往会忽视他人的情感，变得迟钝，只有把自己的观察能力用在周围的人群中，才能更有影响力。他们还需要掌握时间观念和长远规划的技巧，以更好地准备并完成他们的责任。

3. 适合的领域与职业

适合的领域有：商业领域、服务业、证券业、娱乐领域、体育领域、艺术领域。

适合的职业有：企业家、业务运作顾问、个人理财专家、证券经纪人、银行职员、预算分析者、技术培训人员、综合网络专业人士、旅游代理、促销商、手工艺人、新闻记者、土木/工业/机械工程师等。

（九）INFJ型：内倾+直觉+情感+判断

1. 基本特征

寻求思想、关系、物质等之间的意义和联系。希望了解什么能够激励人，对人有很强的洞察力。有责任心，坚持自己的价值观。对于怎样更好地服务大众有清晰的愿景。在目标的实现过程中有计划而且果断坚定。

INFJ 型的人生活在思想的世界里。他们是独立的、有独创性的思想家，具有强烈的感情、坚定的原则和正直的人性。即使面对怀疑，INFJ 型的人仍相信自己的看法与决定。他们对自己的评价高于其他的一切，包括流行观点和存在的权威，这种内在的观念激发着他们的积极性。通常 INFJ 型的人具有本能的洞察力，能够看到事物更深层的含义。即使他人无法分享他们的热情，但灵感对于他们依然重要而且令人信服。INFJ 型的人忠诚、坚定、富有理想。他们珍视正直，十分坚定以致达到倔强的地步。因为他们具有说服能力，并且他们对于什么对公共利益最有利有着最清楚的看法，所以 INFJ 型的人会成为伟大的领导者。由于他们的贡献，他们通常会受到尊重或敬佩。因为珍视友谊与和睦，所以 INFJ 型的人喜欢说服别人，使别人相信他们的观点是正确的。他们能通过运用嘉许和赞扬，而不是争吵和威胁的方式，赢得与他人合作的机会。他们愿意毫无保留地激励同伴，避免争吵。通常 INFJ 型的人是深思熟虑的决策者，他们觉得问题使人兴奋，在行动之前他们通常要仔细地考虑。他们喜欢每次全神贯注于一件事情，这会造成一段时期的专心致志。INFJ 型的人满怀热情与同情心，强烈地渴望为他人的幸福作贡献。他们注意其他人的情感和利益，能够很好地处理复杂的人和事。INFJ 型的人本身具有深厚复杂的性格，既敏感又热切。他们内向，很难被人了解，但是愿意同自己信任的人分享内在的自我。他们往往有一个交往深厚的、持久的、小规模的朋友圈，在合适的氛围中他们能产生充分的个人热情和激情。

2. 可能存在的盲点

因为太专注于"想法"，INFJ 型的人有时会显得不实际，而且会忽视一些细节。留意一下周围的情况，并且善于运用已被证实的信息会帮助他们更好地运用自己的创造性思维。他们时刻受到自己原则的约束，没有远见，不知变通，抵制与他们相冲突的想法，因为对他们来说自己的地位是不容置疑的。INFJ 型的人有顽固的倾向，对任何批评都会过度敏感，当矛盾升级时，他们会感到失望和绝望。总之他们要客观地认识自己和自己的人际关系。

3. 适合的领域与职业

适合的领域有：咨询、教育、科研等领域。

适合的职业有：人力资源经理、事业发展顾问、营销人员、企业组织发展顾问、职业分析人员、企业培训人员、媒体特约规划师、编辑、艺术指导、口译人员、社会科学工作者。

（十）ENFJ型：外倾＋直觉＋情感＋判断

1. 基本特征

温情，有同情心，反应敏捷，有责任感。非常关注别人的情绪、需要和动机。善于发现他人的潜能，并希望能帮助他人实现。能够成为个人或群体成长和进步的催化剂。忠诚，对赞美和批评都能做出积极的回应。友善、好社交，在团体中能很好地帮助他人，并有鼓舞他人的领导能力。

ENFJ型的人热爱人类，他们认为人的感情是最重要的。而且他们很自然地关心别人，以热情的态度对待生命，感受与个人相关的所有事物。由于他们很理想化，按照自己的价值观生活，因此ENFJ型的人对于他们所尊重和敬佩的人、事业和机构非常忠诚。他们精力充沛、满腔热情、富有责任感、勤勤恳恳、锲而不舍。ENFJ型的人具有自我批评的自然倾向。然而，他们对保护他人的情感具有责任心，所以ENFJ型的人很少在公共场合批评他人。他们敏锐地意识到什么是（或不是）合适的行为。他们彬彬有礼、富有魅力、讨人喜欢、深谙社会。ENFJ型的人具有平和的性格与忍耐力，他们擅长社交，擅长在自己的周围激发幽默感。他们是天然的领导者，受人欢迎而有魅力。他们常常得益于自己的口头表达天分，愿意成为出色的传播工作者。ENFJ型的人常基于自己对情况的感受做决定，而不是基于事实本身。他们对显而易见的事物之外的可能性，以及这些可能性以怎样的方式影响他人感兴趣。ENFJ型的人天生具有条理性，他们喜欢一种有安排的世界，并且希望别人也是如此。即使其他人正在做决定，他们还是喜欢把问题解决了。ENFJ型的人富有同情心和理解力，愿意培养和支持他人。他们能很好地理解别人，有责任感且关心他人。由于他们是理想主义者，因此他们通常能看到别人身上的优点。

2. 可能存在的盲点

ENFJ 型的人过于认真和重感情，以至于有时会过度地陷于别人的问题或感情中。当事情没有如期望中那样成功时，他们会感到失落、失望或绝望。这会使他们退缩，感到自己不被欣赏。ENFJ 型的人需要学会接受他们自己的能力以及他们所关心的人的能力的限度，学会"挑选战场"并保持现实的期望。由于对和睦的强烈要求，他们会忽视自己的需求和实际的问题，有时会保持一种不够诚实和公平的关系。而对别人的情感过于关心又让他们无视那些可能带来批评和伤感情的重要事实。因为他们热情很高，又急于迎接新的挑战，所以有时会做出错误的假设或草率的决定。他们需要放慢脚步，获得足够多的信息之后再行动。ENFJ 型的人很爱接受赞扬，但对于批评却很脆弱，对无害和好意的批评都很难接受，通常对此的反应是慌乱、伤心或愤怒，甚至完全丧失理性。试着不那么敏感，可以让他们从积极的批评中获得许多重要的信息。他们相信理想的人际关系，对与自己的信念相抵触的事实视而不见，所以他们需要更心明眼亮。

3. 适合的领域与职业

适合的领域有：培训、咨询、教育、新闻传播、公共关系、文化艺术。

适合的职业有：人力资源开发培训人员、销售经理、小企业经理、程序设计员、生态旅游业专家、广告客户经理、公关人员、协调人、交流总裁、作家、记者、非营利机构总裁等。

（十一）INTJ 型：内倾＋直觉＋思维＋判断

1. 基本特征

在实现自己的想法和达成自己的目标时有创新的想法和非凡的动力。能很快洞察外界事物间的规律并形成长期的远景计划。一旦决定做一件事就会开始规划直到完成。多疑、独立，对于自己和他人的能力和表现的要求都非常高。

INTJ 型的人是完美主义者。他们强烈地要求个人自由和能力，同时在他们独创的思想中，不可动摇的信仰促使他们达到目标。INTJ 型的人思维严谨、有逻辑性、足智多谋，他们能够看到新计划实行后的结果。他们对自己和别人都很苛刻，往往以同样的标准强硬地逼迫别人和自己。他们并不十分受冷漠与批评的干扰，是所有性格类型中最独立的，INTJ 型的人更喜欢以自己的方式行事。面对相反意见，他们通常持怀疑态度，十分坚定和坚决。权威本身不能强制他们，只有他们认为这些规则对自己更重要的目标有用时，才会去遵守。INTJ 型的人是天生的谋略家，具有独特的思想、伟大的远见和梦想。他们天生精于理论，对于复杂而综合的概念运转灵活。他们是优秀的战略思想家，通常能清楚地看到任何局势的利处和缺陷。对于感兴趣的问题，他们是出色的、具有远见的组织者。如果是他们自己形成的看法和计划，他们会投入不可思议的注意力、能量和积极性。领先到达或超过自己的高标准的决心和坚韧不拔的意志，使他们获得许多成就。

2. 可能存在的盲点

由于有时设定了不切实际的高标准，因此 INTJ 型的人可能对自己和他人期望过高。实际上他们不关心自己的标准是否会影响到其他人，只注重自己。他们常常不希望别人对抗自己的意愿，也不愿听取别人的观点。INTJ 型的人需要简化他们那些理论化的、复杂难懂的想法，以便更好地与他人交流。向他人请教可以帮他们提早发现一些不合实际的想法，或者帮助他们在大量投入时间、精力之前对自己的想法做出必要的修正和改进。INTJ 型的人要想变得更加有效率，就得学会放弃一些不重要的主意，而成功地抓住那些重要的。当他们努力地去接受生活并学会与他人相处后，就会获得更多平衡和能力，并让自己的新观念为世界所接受。

3. 适合的领域与职业

适合的领域有：科研、科技应用、技术咨询、管理咨询、金融、投资等领域以及创造性行业。

适合的职业有：管理顾问、经济学者、银行国际业务员、金融规划师、研究分析人员、信息系统开发商、综合网络专业人员等。

（十二）ENTJ 型：外倾＋直觉＋思维＋判断

1. 基本特征

坦诚、果断，有天生的领导能力。能很快看到公司／组织程序和政策中的不合理性和低效能性，发展并实施有效和全面的系统来解决问题。善于设定长期的计划和目标。通常见多识广，博览群书，喜欢拓宽自己的知识面并将知识分享给他人。在陈述自己的想法时非常强而有力。

ENTJ 型的人是伟大的领导者和决策人。他们能轻易地看出事物具有的可能性，很高兴指导别人，使别人的想象成为现实。他们是头脑灵活的思想家和伟大的长远规划者。因为 ENTJ 型的人有很强的条理性和分析能力，所以他们通常擅长处理要求具有推理能力和才智的事情。为了在工作中称职，他们通常会很自然地看出所处情况中可能存在的缺陷，并且立刻知道如何改进。他们力求精通整个体系，而不是简单地了解它们的现状。ENTJ 型的人乐于完成一些需要解决的复杂问题，他们大胆地力求掌握使他们感兴趣的任何事情。ENTJ 型的人把事实看得高于一切，只有通过逻辑推理，他们才会确信某件事。ENTJ 型的人渴望不断增加自己的知识基础，他们系统地计划和研究新情况。他们乐于钻研复杂的理论性问题，力求精通任何他们认为有趣的事物。他们对于行为的未来结果更感兴趣，而不是事物现存的状况。ENTJ 型的人是热心而真诚的天生领导者，他们往往能够控制他们所处的任何环境。因为他们具有预见能力，并且向别人传播他们的观点，所以他们是出色的群众组织者。他们往往按照一套相当严格的规律生活，并且希望别人也是如此。因此他们往往具有挑战精神，会艰难地推动自我和他人前进。

2. 可能存在的盲点

ENTJ 型的人有时会急于做决定。偶尔放慢脚步可以给他们收集到所有相关数据的机会，并可以使他们将实际情况与自身立场仔细地考虑清楚。但 ENTJ 型的人比较粗心、直率，无耐心并且不敏感，不妥协并且很难接近。所以他们需要倾听周围人的心声，并对他们的贡献表示赞赏。他们过于客观地对待生活，结果没有时间去体会感情。当他们的感情被忽视或没有表达出来的时候，他们是非常敏感的。若对他们的能力表示怀疑的是他们尊敬的人，这种表现尤为强烈。他们会在一些小事上大发雷霆，而这种爆发会伤害与他们亲近的人。如果他们留给自己一点时间来体会和了解自己的真实感情，他们会非常开心，效果也很好。正确地释放自己的情感，而不是爆发，会使他们更好地控制自己，并获得自己期望和为之努力的地位。ENTJ 型的人实际上并没有他们自己想象得那么有经验、有能力。只有接受他人实际而有价值的协助，他们才能增长能力并获得成功。

3. 适合的领域与职业

适合的领域有：工商业、政界、金融和投资领域、管理咨询、培训领域、专业性领域。

适合的职业有：人事、销售、营销经理、技术培训人员、后勤、电脑信息服务和组织重建顾问、国际销售经理、特许经营业主、程序设计员、环保工程师等。

（十三）INFP 型：内倾 + 直觉 + 情感 + 知觉

1. 基本特征

理想主义者，忠于自己的价值观及自己所重视的人。外在的生活与内在的价值观配合，有好奇心，很快看到事情可能与否，能够加速对理念的实践。试图了解别人、协助别人发展潜能。适应力强，有弹性。如果他人和他们的价值观不相悖，他们往往能包容他人。

INFP 把内在的和谐视为高于其他一切。他们敏感、理想化、忠诚，对于个人价值具有一种强烈的荣誉感。他们个人信仰坚定，有为自认为有价值的事业献身的精神。INFP 型的人对于已知事物之外的可能性很感兴趣，精力集中于他们的梦想和想象。他们思维开阔，有好奇心和洞察力，常常具有出色的长远眼光。在日常事务中，他们通常灵活多变，具有忍耐力和适应性，但是他们非常坚定地对待内心的忠诚，为自己设定了事实上几乎是不可能的标准。INFP 型的人具有许多使他们忙碌的理想和忠诚。他们十分坚定地完成自己所选择的事情，他们往往承担得太多，但不管怎样他们总要完成每件事。虽然对外部世界他们显得冷淡缄默，但 INFP 型的人很关心内在。他们富有同情心、理解力，对于别人的情感很敏感。除了在他们的价值观受到威胁时，他们总是避免冲突，没有兴趣强迫或支配别人。INFP 型的人常常喜欢通过书面交流而不是口头交流来表达自己的感情。当 INFP 型的人劝说别人相信他们的想法的重要性时，可能是最有说服力的。INFP 很少显露强烈的感情，常常显得沉默而冷静。然而，一旦他们与你认识了，就会变得热情友好，但他们往往会避免肤浅的交往。他们珍视那些花费时间去思考目标与价值的人。

2. 可能存在的盲点

因为 INFP 型的人不太在意逻辑，所以有时他们会犯错误。如果他们能够听取更实际的建议，对他们是很有好处的。他们总是用不切实际的高标准来要求自己，这会导致他们感到自己是不胜任的。试着更客观地看待自己的事情可以增加 INFP 型的人对批评和失望的承受力。

3. 适合的领域与职业

适合的领域有：创作性领域、艺术教育领域、研究领域、咨询行业等。

适合的职业有：人力资源开发专业人员、社会科学工作者、团队建设顾问、编辑、艺术指导、记者、口译人员、娱乐业人士、建筑师、研究工作者、顾问、心理学专家等。

（十四）ENFP 型：外倾＋直觉＋情感＋知觉

1. 基本特征

热情洋溢、富有想象力。认为生活充满很多可能性。能很快地将事情和信息联系起来，然后很自信地根据自己的判断解决问题。很需要别人的肯定，又乐于欣赏和支持别人。灵活、自然、不做作，有很强的即兴发挥能力，言语流畅。

ENFP 型的人充满热情和新思想。他们乐观、自然，富有创造性和自信，具有独创性的思想和对可能性的强烈感受。对于 ENFP 型的人来说，生活是激励人生的戏剧。ENFP 型的人对可能性很感兴趣，所以他们了解所有事物中的深远意义。他们具有洞察力，是热情的观察者，注意常规以外的任何事物。ENFP 型的人好奇，喜欢理解而不是判断。ENFP 型的人具有想象力、适应性和可变性，他们视灵感高于一切，常常是足智多谋的发明人。ENFP 型的人不墨守成规，善于发现做事情的新方法，为思想或行为开辟新道路，并保持它们的开放性。在完成新颖想法的过程中，ENFP 型的人依赖冲动的能量。他们有大量的主动性，认为问题令人兴奋。他们也从周围其他人中得到能量，把自己的才能与别人的力量成功地结合在一起。ENFP 型的人具有魅力、充满生机。他们待人热情、彬彬有礼、富有同情心，愿意帮助别人解决问题。他们具有出色的洞察力和观察力，常常关心他人的发展。ENFP 型的人避免冲突，喜欢和睦。他们把更多的精力倾注于维持个人关系而不是客观事物上，喜欢保持一种广泛的关系。

2. 可能存在的盲点

因为觉得想出新主意是很容易的，所以 ENFP 型的人经常无法在一段时间里专注于一件事，而且他们也不善于做决定。他们往往会因失去兴趣而缺少完成任务的自制力。ENFP 型的人应该学会尽可能努力地去完成那些沉闷却必需的部分，具有良好的时间观念并掌握自我控制能力。当 ENFP 型的人记得考虑客观情况时，他们是很有作为的，而且他们应该收集更切合实际的想法来使自己的新思路得以施展。

3. 适合的领域与职业

适合的领域有：未有明显的限定领域。

适合的职业有：人力资源经理、变革管理顾问、营销经理、企业/团队培训人员、广告客户经理、战略规划人员、宣传人员、事业发展顾问、环保律师、研究助理、广告撰稿员、播音员、开发总裁等。

（十五）INTP 型：内倾＋直觉＋思维＋知觉

1. 基本特征

对任何感兴趣的事物都要探索一个合理的解释。喜欢理论和抽象的事情，喜欢理念、思维多于社交活动。沉静，满足，有弹性，适应力强。在他们感兴趣的范畴内，他们有非凡的能力去专注而深入地解决问题。有怀疑精神，有时喜欢批判，常常善于分析。

INTP 型的人是理性解决问题者。他们很有才智和条理性，以及创造才华的突出表现。INTP 型的人外表平静、缄默、超然，内心却专心致志于分析问题。他们苛求精细、惯于怀疑。他们努力寻找和利用原则以便理解许多想法。他们喜欢有条理和有目的的交谈，而且可能会仅仅为了高兴而争论一些无益而琐碎的问题。只有有条理的推理才会使他们信服。通常 INTP 型的人是足智多谋、有独立见解的思考者。他们重视才智，对于个人能力有强烈的欲望，有能力也很感兴趣向他人挑战。INTP 型的人最主要的兴趣在于理解明显的事物之外的可能性。他们乐于为了改进事物的目前状况或解决难题而进行思考。他们的思考方式极端复杂，而且他们能很好地组织概念和想法。偶尔，他们的想法非常复杂，以至于很难向他人表达和被他人理解。INTP 型的人十分独立，喜欢冒险和富有想象力的活动。他们灵活易变、思维开阔，更感兴趣的是发现有创意而且合理的解决方法，而不是仅仅看到成为事实的解决方式。

2. 可能存在的盲点

由于 INTP 型的人注重他们的逻辑分析，因此他们可能不会考虑别人怎么样。如果某件事不合逻辑，INTP 型的人很可能会放弃它，就算它对他们很重要。INTP 型的人极其善于发现一个想法中的缺陷，但却很难把它们表达出来。他们可能对常规的细节没有耐心。把能量释放出来可以使他们获得大量的实际知识，以便使自己的想法得以实施，并被他人接受。与他人谈谈自己的这些感受可以帮助他们更客观、更实际地认识自己。他们还喜欢操纵局势和促进事情发生。他们有责任感，尽职而且有自我约束力。

3. 适合的领域与职业

适合的领域有：计算机技术领域、学术研究领域、专业领域、创造性领域等。

适合的职业有：电脑软件设计师、系统分析人员、研究开发人员、战略规划师、金融规划师、信息服务开发商、变革管理顾问、企业金融律师等。

（十六）ENTP 型：外倾＋直觉＋思维＋知觉

1. 基本特征

反应快，睿智，有激励别人的能力，警觉性强，直言不讳。在解决新的、具有挑战性的问题时机智而有策略。善于找出理论上的可能性，然后再用战略性眼光进行分析。善于理解别人。不喜欢例行公事，很少会用相同的方法做相同的事情，倾向于一个接一个地发展新的爱好。

ENTP 型的人喜欢兴奋与挑战。他们热情开放、足智多谋、健谈而聪明，擅长许多事情，不断追求增加个人能力和权力。ENTP 型的人天生富有想象力，他们深深地喜欢新思想，留心一切可能性。他们有很强的首创精神，善于实践创造性的想法。ENTP 型的人视灵感高于其他的一切，力求使他们的新颖想法转变为现实。他们好奇、多才多艺、适应性强，在解决挑战性和理论性问题时善于随机应变。ENTP 型的人灵活而率直，能够轻易地看出任何情况中的缺点，乐于出于兴趣去争论问题的某方面。他们有极强的分析能力，是出色的策略谋划者。他们能够为他们所希望的事情找出符合逻辑的推理。大多数的 ENTP 型人喜欢审视周围的环境，认为多数的规则和章程如果不被打破，便意味着屈从。有时他们不拘泥于传统，乐于帮助别人突破常规。他们喜欢自在的生活，在每天的生活中寻找快乐和变化。ENTP 型的人富有想象力地处理社会关系，常常有许多朋友和熟人。他们表现得很乐观，具有幽默感。ENTP 型的人吸引和鼓励同伴，通过他们富有感染力的热情，鼓舞别人加入他们的行动中。他们喜欢努力理解和回应他人而不是判断他人。

2. 可能存在的盲点

ENTP 型的人注重创造力和革新胜过一切，他们的热情不断促使他们寻找新鲜事物，以至于他们会忽视必要的准备，而草率地陷入其中。他们需要不过多地着手有关事务。他们有时会太过直率而不够圆滑，因此，他们应该经常体会一下自己的真实情感。ENTP 型的人天生的快速预知能力使他们有时错误地以为他们已经知道了别人想要说的话，并插进来接下话茬。他们应该避免表现得自大而粗鲁。

3. 适合的领域与职业

适合的领域有：投资领域、项目策划领域、自我创业、市场营销领域、创造性领域、公共关系领域、政治领域等。

适合的职业有：人事系统开发人员、投资经纪人、工业设计经理、后勤顾问、金融规划师、投资银行职员、营销策划人员、广告创意指导、国际营销商等。

·第八章·

职业探索

　　在当今全球化的浪潮和信息化的快速发展中，我国社会正经历着深刻的转型。在这种背景下，职业领域正在发生着前所未有的变化，职业的种类变得越来越多样化，职业的流动性也显著增强。职业探索，作为职业选择和职业发展过程中不可或缺的一部分，现在更被看作是一个可能伴随一生的持续过程。

　　在当前大学生的职业发展过程中，他们面临着许多问题，例如"慢就业""啃老族""三年之痒"以及频繁更换工作等现象。这些问题在很大程度上与缺乏有效和可信的职业探索，以及未能清晰认识自我和职业前景有关。职业探索的核心目的在于增进对自我和环境的认知与理解。在不断变化的职业世界中如何生存、发展并取得成功，是每位大学生都应关注并深思的问题。

　　本章的目的是帮助同学们在校园内认识职业和职场，理解自己所学专业与未来可能从事职业之间的联系。通过一系列策略，让同学们在大学期间能够洞察职场的宏观环境、社会和职场的微观环境、不同用人单位的特性及其对员工的具体要求，同时对照个人的职业理想，为确立清晰的职业目标做好准备。

第一节　职业

职业是随着人类社会进步而出现的社会现象，它标志着社会分工的深化和专业劳动岗位的形成。

一、职业的起源与演变

职业的起源和演变是社会分工的自然结果，随着社会分工的深入，职业也随之发展和变化。在人类社会早期，劳动分工主要基于性别和年龄，人们并不专注于特定工作，因此那时的职业的概念尚未形成。随着生产力的提升，农业与畜牧业分离，标志着第一次社会大分工，从而催生了专门从事农业和畜牧业的职业。随后，手工业和商业也相继独立，完成了第二次和第三次社会大分工。随着劳动分工进一步细化，体力劳动和脑力劳动的分工出现，劳动者开始专门从事特定劳动活动，职业逐渐成为社会常态。此后，随着生产力的提高和科技的进步，社会分工更加精细，专业化程度加深，新的职业不断涌现，职业种类变得繁多。因此，职业是社会分工演进的必然结果。

不同职业的产生，源于分工体系中每个环节或劳动种类具有不同的劳动目标、适用工具和活动方式，这决定了职业之间的差异。社会活动的增加和分工的细化导致职业种类增多。社会分工是职业区分的基础和依据，在人类社会经济发展的历史中，职业在多种因素的影响下持续演变。

二、职业的特性与要素

1. 职业的特性

① 统一性：同一职业类别中，劳动条件、工作对象、生产工具和操作内容相似或相同。这种环境的统一性促使人们形成一致的行为模式、语言习惯和道德规范，进而形成行业工会等组织。

② 多样性：不同职业之间存在显著差异，包括劳动条件、工作对象

和工作性质等。随着社会的进步和经济体制的变革，新的职业不断出现，职业间的差异也在不断变化。

③ 等级性：尽管职业本身无高低贵贱之分，但现实中由于职业素质要求和公众评价的差异，职业形成了不同的层次，这些层次通常由工作责任、社会声望和权力地位等因素决定。

④ 时代性：职业具有时代特征，不同时期有不同的热门职业。从我国的"当兵热"到"从政热"，再到"出国热""外企热"和"公务员热"，这些都反映了特定时期人们对某些职业的偏好。

2. 职业的要素

① 职业名称：职业的标识特征，通常由社会通用的名称来定义。

② 职业主体：从事特定社会分工活动的劳动者，必须具备从事该职业所需的资格和能力。

③ 职业客体：职业活动涉及的工作对象、内容、劳动方式和工作场所等。

④ 职业报酬：通过职业活动获得的各种形式的报酬。

⑤ 职业技术：劳动者在职业活动中运用的自然技术、社会技术与思维技术的总和。

三、职业的含义

自 21 世纪初以来，世界经历了令人眼花缭乱的变革：新技术信息每两年翻倍，意味着大学生们在大一时学到的知识到大三时可能有一半已经过时；美国《纽约时报》一周内所包含的信息量，相当于 18 世纪人们一生所获取的信息总量。互联网浪潮席卷全球，互联网技术及其应用逐渐影响和改变着人们的社会生活，尤其是人们的消费习惯，互联网思维加速改变着产业结构和企业经营模式。特别是自 2010 年以来，社会从 PC 互联网时代过渡到移动互联网时代，更多的人开始接触、使用互联网并对其服务形成依赖。这些变化令人应接不暇，冲击着人们对社会的认知，也改变着职业结构及人们对职业的看法。

职业是指人们在社会生活中所从事的，以获得物质报酬作为主要生活来源并能满足自己精神需求，在社会分工中具有专门技能的工作。它是对特征相同或相似的一类工作的统称，以国家的职业分类大典为标准。

1958 年，国际劳工组织正式颁布了《国际标准职业分类》，并于 1966 年对其进行了修订，将职业分为 8 个大类、83 个中类、284 个小类、1506 个职业。目前许多国家都根据该职业分类编制出符合本国国情的职业分类词典。

1999 年，我国劳动和社会保障部、国家质量技术监督局、国家统计局联合组织编制了《中华人民共和国职业分类大典》，区分了三大产业。2022 年 9 月，人社部发布了《中华人民共和国职业分类大典》（2022 年版）。2022 年新版大典包括大类 8 个、中类 79 个、小类 449 个、细类（职业）1636 个。与 2015 年版大典相比，增加了法律事务及辅助人员等 4 个中类，数字技术工程技术人员等 15 个小类，碳汇计量评估师等 155 个职业（含 2015 年版大典颁布后发布的新职业）。新版大典适应我国经济社会发展和人力资源管理的新需要，在分类上更加科学规范，在内容上更加准确完整，全面、客观地反映了现阶段我国社会的职业构成、内涵、特点和发展规律，标志着我国职业分类管理工作进入了一个新的发展阶段。

对大多数成年人来说，职业通常意味着一种特定的生活方式，因为生活方式是由工作性质决定的。公司职员朝九晚五，收入水平处于社会中等偏上，但可能经常加班，节假日无法保证休息，工作稳定性较差；公务员工作时间固定、加班较少，收入水平中等，但工作稳定、福利待遇较好；中小学老师的工资虽然不高，但享有寒暑假，生活稳定，社会地位和生活质量也较高；新闻采编人员的工作时间难以界定，生活也自然受到影响，按时上下班通常是一种奢望；软件工程师只要有电脑就可以工作，上下班时间相对自由。选择了一种职业，也就选择了相应的生活方式。

人们的生活经历深刻影响着他们对职业的看法。在农村长大的孩子，目睹父母辛勤劳作却收获甚微，很早就将"农民"视为"不理想的职业"；许多孩童从小立志通过高考"逃离农村"，而城市里的孩子们则常被灌输"不好好学习，未来只能从事低薪工作"的观念，这让他们在童年就对某些职业产生了偏见。他们认为，只要考上大学，就能摆脱这些"不理想"的工作，因此对大学充满憧憬。

生活环境同样塑造了人们对职业的期望。由于幼儿园教师多为女性，因此男孩很少将此作为未来职业，这反映了社会对职业性别角色的刻板印象。而那些父母是教师的孩子，由于受到学生的尊重和友善的对待，往往立志成为教师。小区收废品的外来工人因衣着简陋、常受轻视，孩子们便不会将此作为自己的未来职业选择。这些现象都与职业的社会地位认知有关。

顾长卫导演在高中毕业后曾在电影院担任检票员，这段经历成为他接触电影并最终选择电影事业的重要契机，这体现了个人兴趣与职业选择之间的联系。中学生因常在电视上看到煤矿事故报道，便不会考虑成为井下工人，这反映了工作环境对职业选择的影响。某网站的调查结果显示，85 后、90 后最向往的职业是歌星或影星，这与个人知名度和社会认可度有关。

2008 年金融危机前，进入外企是大学毕业生的首选，但金融危机发生后，国有大中型企业及事业单位因提供较高的职业安全感和稳定的收入而受到年轻人的青睐，这显示了更为成熟或实际的职业选择。近年来，越来越多的大学生热衷于考公务员、出国留学等，这是基于对职业收入、社会认可、稳定性及未来发展潜力的综合考量。

由此可知，随着个人的成长，人们对职业的理解变得越来越全面、深入和实际。

在上述许多例子中，人们都是基于自己的所见所闻对职业进行片面的理解，大多数判断都存在偏差。如果仅凭这些认识去选择工作，可能会感到落差，甚至极度不满。为了避免这种认知偏差导致的职业选择错误，大学生在选择职业时需要全面、系统地了解各种职业，尤其是自己感兴趣的领域，并根据自身情况分析是否适合从事该职业。

2009 年 5 月 5 日，《北京青年报》报道了一则题为"世界上最好的工作"的新闻："在碧海中潜水喂鱼，居住在海景豪华别墅，领取丰厚月薪……自年初起，澳大利亚昆士兰旅游局向全球招募大堡礁看护员，这份工作被誉为'世界上最好的工作'，吸引了 3 万人报名。经过激烈角逐，

16 名候选人进入面试。目前，包括两名中国选手在内的候选人已抵达大堡礁，他们将参与最终的比拼，期待成为 5 月 6 日的胜出者。"

然而，仅 40 天后，新华网报道了题为"世界最好工作——澳大利亚大堡礁岛主仍多怨言"的新闻："澳大利亚大堡礁守岛人、英国公民本·索撒尔在接受英国《太阳报》采访时透露，自己在大堡礁生活后，会怀念在英国的日子。他表示，尽管大堡礁位于热带，但白天时间短，晚上八点天就黑了。他还提到，大堡礁的炎热天气并不适合烧烤。一些英国媒体评论称，索撒尔变成了一个'不断抱怨的人'。"这种巨大的反差值得我们深思。

因此，对于何为好工作，每个人都有不同的答案。我们首先应该明确自己心中的好工作是什么。

随着科技的发展，特别是互联网技术的迅猛进步及应用，职业形态正在经历巨大变革。美国哈佛大学教授弗兰克·列维（Frank Levy）和理查德·莫尼恩（Richard Murnane）于 2010 年发表了题为《与机器人共舞》的研究报告，他们研究了近半个世纪美国社会中工作机会的变化，结果发现那些非弹性的工作消失得最快。

该报告将工作分为五大类：

① 信息处理：获取或解读信息，用于解决问题和决策。

② 解决弹性问题：例如，医生诊断病情、厨师设计菜谱。

③ 弹性手工：难以规范化的劳动工作，如卡车司机。

④ 非弹性手工：有一定规律可循的劳动工作，如生产线上的包装。

⑤ 非弹性认知：有一定规律可循的认知工作，如计算税收。

研究发现：在 1960~2009 年，前三类工作的需求不断增长，后两类则在快速减少。报告认为，人类心智的优势在于"弹性"——能够处理、整合不同信息并作出判断，无论是分析财报还是品尝味道，都是如此。计算机的优势则在于速度和准确性，而非弹性。

随着电脑的不断升级，在所有可标准化、流程化、逻辑化、规律化的领域，人力将逐渐被取代。与此同时，知识将变得越来越重要。

根据我国的相关政策，目前在读大学生的退休年龄将延长，职业生涯可能长达 40 年以上。因此，上述趋势提醒同学们要关注职业变化，了解哪些职业领域的人才需求将会增加、哪些正在减少，以及这些领域与自己所学专业及未来职业的相关性。

在我们生活的时代，"成功"是一个耀眼的词。成功意味着许多美好的事物：名誉、地位、金钱、利益，还有人们追求的自我成就感。因此，同学们都渴望成功，没有人愿意过平庸的生活，也没有人愿意过缺乏价值感的生活，尤其是那些经过努力考上大学的同学们。

职业是我们大多数人自立于社会的方式，也是大多数人实现成功的重要途径。然而，每个人选择职业都会受到社会环境、个人兴趣、家庭期望等多种因素的影响，在大学时期尽早了解职业的内涵，对同学们选择适合自己的职业非常有帮助。通过信息查询和课堂交流，许多同学发现了自己向往职业的不足之处，也有同学发现了所学专业对应工作的优点。

有人说，人一生都在寻找三样东西：一是"它"，你的事业或职业；二是"他"或"她"，你的伴侣；三是自己。从我们之前对职业生涯规划的介绍中可以得知：职业生涯规划能够引导我们进行自我认知和职业探索，即帮助我们找到人生最重要的三样东西中的两样。

四、大学专业与职业选择的关联

职业探索包含多个维度。大学生通常首先关心的是所学专业与未来职业的联系。高考结束后，考生们开始填报志愿时，高校招生部门常常接到众多家长的咨询电话，询问"哪个专业更佳"，他们通常会提及孩子的高考成绩，却很少提及孩子的兴趣和特长。现实中，高中毕业生通常首先根据分数选择顶尖大学，然后在可能被录取的大学中挑选最热门的专业。至于学好该专业需要满足哪些条件，似乎很少有人关心。因此，基于个人兴趣和爱好选择专业的学生并不多，其中一些人甚至并不真正了解自己选择的专业，进入大学后才发现选错了方向。

《中国教育报》在 2015 年 5 月发表的一篇文章《"学非所愿"的根源何在？》也探讨了这一现象：

《中国教育报》的一位记者最近接到了几位朋友的电话，希望就孩子如何选择专业的问题提供建议。当记者询问孩子的爱好和兴趣时，有的家长回答："孩子没有特别的爱好，也没有什么兴趣。"这种回答在一定程度上具有代表性。在记者看来，比"学非所愿"更令人担忧的是"学无所爱"。如果学生不仅对所学专业不感兴趣，而且对其他专业也提不起兴趣，那么即使转专业也无济于事，对这些学生来说，无论选择哪个专业都是"学非所愿"。

因此，记者认为，"学非所愿"的问题虽然在高等教育阶段显现得更为集中，但问题的根源主要在基础教育阶段。现在的一些中小学生，虽然知识掌握得更多，课程学习得更广，考试分数更高，但宝贵的爱好和兴趣却逐渐消失。

实际上，幼儿园的孩子们通常好奇心旺盛、兴趣广泛。但随着小学学业负担的加重，个人兴趣开始逐渐减少，许多学生到了中学几乎就没有什么兴趣了，因为他们把绝大多数精力都投入到了应试中。尽管随着年龄的增长，人的兴趣可能会衰减或转移，但优秀的教育应当能够维持并增强人内心的求知欲和好奇心。然而，如果我们的基础教育违背了人的成长规律，过分重视分数而忽视了人的发展，就可能消磨学生的兴趣、透支学生的未来。

对于"为什么我们的学校总是培养不出杰出人才"这一著名的"钱学森之问"，许多人试图解答，但有些人的建议却令人惊讶。例如，有人主张孩子在幼儿阶段就应该学习奥数、做习题、背古诗，认为这是培养未来杰出人才的良策。然而，正是这种违背教育规律的学习方式耗尽了孩子的兴趣和好奇心，这种超前、过度的教育方式，恰恰是培养不出杰出人才的关键原因。

常言道："男怕入错行，女怕嫁错郎。"这句话反映的是旧社会女性无法进入职场的社会背景。在当今社会，无论男女，都害怕选择错误的行业。选择专业在某种程度上等同于选择行业和职业道路。如果一个人能够将兴趣和爱好与所学专业相结合，就能在积极的投入中充分发掘潜能，通常能在所从事的领域中表现出色。因此，那些喜欢自己专业的学生是非常幸运的，但仍需进一步探索自己真正的职业兴趣。

实际上，高校开设的专业并不对应单一的职业，而是一系列相关的职业，甚至是一个职业群体。例如，目前热门的计算机专业，毕业生既可以从事编程、网络维护等技术工作，也可以从事技术支持、网络编辑、互联网企业管理等职业。再比如，机械工程专业的学生，根据不同的职业兴趣倾向和能力结构，毕业后既适合担任机械工程方面的设计工程师、技术支持工程师，也适合担任机械工程企业的销售人员。具体从事哪种职业，一方面取决于学生的职业兴趣，另一方面取决于学生所具备的职业素质和能力。

因此，在明确了自己的职业兴趣后，学生还需要了解自己毕业后希望从事的职业，以及用人单位对新员工的素质能力要求。对于那些不太喜欢本专业的学生，最好根据希望从事的职业的任职要求来对照自己的差距，以此判断自己是否能在未来几年通过努力满足那些要求。

了解了自己所希望从事职业的发展轨迹后，学生可以明确自己未来的发展方向，能够清楚地认识到自己未来职业发展的各个阶段，既不会在刚入职时设定过高的期望，也不会因为暂时的停滞而感到沮丧或郁闷，而且可以在一定范围内调整自己的职业发展方向。

第二节　职业信息探索

我们生活在一个信息爆炸的时代，职业信息不断涌现。获取这些信息虽然需要投入时间和精力，但对大学生来说，它们对于职业选择的成功至关重要。正如一句名言："你的选择是否明智，取决于你所掌握的信息。"因此，挑选恰当的途径来了解职业信息显得尤为关键。在对职业进行初步探索后，还需搜集和分析关于不同职业前景的数据。职业信息的获取途径多种多样，既可通过阅读书籍等间接方式，也可通过实际工作经验直接获得。

对于刚踏入大学校门的新生来说，应如何选择职业呢？哪些职业能引起你的兴趣？哪些职业适合你？哪些职业能成为你的事业？这就需要同学们在做出选择前，对职业信息进行深入的了解，真正理解职业名称背后的含义，否则你可能只是在追逐一个想象中的概念。

一、职业信息的构成

1. 工作环境

工作环境指的是从事特定职业的人员在工作期间所处的场所，例如工厂操作工在车间工作，文职人员在办公室工作，建筑工人在工地工作等。工作环境还包括工作地点，比如是在城市还是在乡村。

2. 企业文化

企业文化，又称为组织文化，是由一个组织的价值观、信仰、仪式、符号、行为方式等构成的独特文化形象。企业文化代表了企业成员共同认同的理念，适应和融入企业文化是职业成功的关键。

3. 岗位职责

岗位职责涉及一个岗位所需完成的工作内容以及应承担的责任范围。岗位是为完成特定任务而设立的，由工种、职务、职称和等级构成。职责则是职务与责任的结合，包括授权范围和相应的责任两部分。

4. 薪酬待遇

薪酬待遇是企业或公司给予员工的报酬以及对有贡献员工的奖励。薪酬待遇是每个员工都关心的问题，也是提高员工满意度的关键因素之一。薪酬主要包括工资、奖金、津贴、保险和福利，待遇则包括休假制度、培训制度等。

5. 晋升制度

晋升制度涵盖了职位和薪资的提升两个方面。员工晋升分为三种类型：

① 职位和薪资同时提升；

② 职位提升，薪资不变；

③ 职位不变，薪资提升。

6. 商业模式

商业模式是指企业通过何种方式或途径来盈利。例如，快递公司通过收发快递赚钱，网络公司通过点击率赚钱，通信公司通过收取话费赚钱等。

7. 职业声望

职业声望反映了人们对某种职业社会地位高低的看法，是社会舆论对一种职业的评价。广义的职业评价包括该职业的收入水平、晋升机会以及对社会的贡献等因素。职业地位是由不同职业所拥有的社会地位资源决定的，但通常通过职业声望来体现。没有职业地位，职业声望就无从谈起；没有职业声望，职业地位也无法确定和显现。人们通过职业声望调查来判断职业地位的高低。

8. "6W1H"

职业信息可归纳为"6W1H"，即做什么（what）、为什么（why）、用谁（who）、何时（when）、在哪里（where）、为谁（for whom）及如何做（how）。"6W1H"基本上涵盖了职业信息的核心内容。

（1）做什么（what）

指的是所从事的工作活动。主要包括：

① 任职者需要完成哪些工作活动？

② 任职者的工作活动会产生哪些结果或产品？

③ 任职者的工作结果需要达到什么样的标准？

（2）为什么（why）

表示任职者的工作目的，即这项工作在组织中的作用。主要包括：

① 进行这项工作的目的是什么？

② 这项工作与组织中的其他工作有何联系？对其他工作有何影响？

（3）用谁（who）

指的是对从事某项工作的人的要求。主要包括：

① 从事这项工作的人需要具备什么样的身体条件？

② 从事这项工作的人必须掌握哪些知识和技能？

③ 从事这项工作的人至少需要接受哪些教育和培训？

④ 从事这项工作的人至少应具备哪些经验？

⑤ 从事这项工作的人在性格特征上应具备哪些特点？

⑥ 从事这项工作的人在其他方面应具备哪些条件？

（4）何时（when）

表示在何时进行各项工作活动。主要包括：

① 哪些工作活动有固定时间？在何时进行？

② 哪些工作活动是每日必须完成的？

③ 哪些工作活动是每周必须完成的？

④ 哪些工作活动是每月必须完成的？

（5）在哪里（where）

表示从事工作活动的场所。主要包括：

① 工作的自然环境，包括地点（室内与户外）、温度条件、光线条件、噪声情况、安全条件等。

② 工作的社会环境，包括工作所处的文化环境（如跨文化环境）、工作群体中的人数、完成工作所要求的人际交往的数量和程度、环境的稳定性等。

（6）为谁（for whom）

指的是在工作中与哪些人建立联系、建立何种联系。主要包括：

① 工作需要向谁汇报和请示？

② 向谁提供信息或工作结果？

③ 可以指挥和监督哪些人？

④ 需要指导哪些人？

（7）如何做（how）

指的是任职者如何进行工作活动以达到预期结果，主要包括：

① 进行工作活动的一般流程是怎样的？

② 工作中需要使用哪些工具？操作哪些机器设备？

③ 工作中涉及哪些文件和记录？

④ 工作中应重点控制哪些环节？

二、职业信息的分类方式

职业信息繁多复杂，通过分类处理或筛选，可以初步构建大学生的职业信息库。这个信息库有助于大学生在求职时迅速做出决策，从而成功就业。因此，大学生需要掌握职业信息的分类和筛选技巧，以便高效利用这些信息来规划未来。大学生可以根据个人需求，采用多种方式对职业信息进行分类。分类方法多种多样，包括职能分类法、职业兴趣分类法、专业分类法（依据职业信息的专业匹配度分类）、工作地点分类法、时间分类法（依据时间顺序分类）等。

1. 职能分类法

职业信息的职能分类法是依据职业的主要职能属性对信息进行归类。采用此法，首先需选定一个《职能分类表》，例如职业搜索引擎提供的11项大职能和29项小职能分类表。接着，将收集到的职业信息根据其主要职能归入《职能分类表》相应的类别中。对大学生而言，由于受到所学专业、兴趣爱好和个人技能的限制，他们通常不会选择整个职能分类表作为择业范围，而是从中挑选与个人情况最相符的几个职能。经过一段时间的信息搜集和更新，利用职能分类法构建的职业信息库就基本完成了。

2. 职业兴趣分类法

职业兴趣分类法是基于霍兰德职业兴趣理论和金树人等人的职业分类研究而发展起来的。大学生可以从自己的霍兰德兴趣类型出发，在人 - 事物、资料 - 概念两个维度上对职业信息进行分类。首先，我们建立一个六边形 - 四象限坐标图，然后根据具体职业在人 - 事物、资料 - 概念两个维度上的分布，将搜集到的职业信息归入 a、b、c、d 四个象限中。最后，根据个人的职业兴趣分布，我们可以对四个象限进行相关性排序，从而得出职业信息的相关性序列。这种方法使大学生能够根据职业兴趣管理和更新职业信息，便于对感兴趣的职业信息进行深入挖掘和整理。

三、获取职业信息的途径

职业信息的获取途径，依据求职者参与程度的不同，可以分为四类：静态资料的接触、动态资料的接受、模拟情境的参与和真实情境的参与。

（一）静态资料的接触

1. 出版物

通过出版物获取职业信息的途径包括：文学作品、专业书籍、报纸（报道与招聘广告）、期刊、名人传记、行业协会的报告、社会调查、论文等。在你的成长历程中，是否有哪本书给你留下了深刻的印象，甚至影响了你未来的职业选择？20 世纪 70 年代出生的人可能还记得三毛，她的作品在许多人的心中种下了旅游、自由职业的梦想。许多文学作品都具有这样的魅力，你不仅可以从中了解一种职业是什么，还能看到相关从业者的特质和借鉴他们的从业历程。但不可否认的是，在文学作品中，艺术色彩可能会对职业信息的客观性产生影响，例如警察或侦探故事通常强调危险和动作，而可能忽略了工作中的常规方面，如辛苦的调查和书写报告等。此外，在文学作品中，专业性职业往往被过分强调，而技能性、半技能性职业以及文书类、服务类行业则鲜少涉及。这些都是在通过这种途径收集信息时需要留意的地方。

2. 视听资料

视听资料包括电影、录像以及各类相关的电视节目等。在媒体高度发达的时代，利用影视媒体来丰富自己对劳动力市场的了解、加强对各种技能的学习，以及启发个人创业的思路，是职业信息探索的重要途径。从电视节目方面来看，关注就业创业问题、职场发展问题的栏目越来越多，提供的角度和机会也越来越多。电影所反映的不仅仅是一种职业的信息，更多的是主人公对职业的情感。在这种情感的引导下，你会对他的职业意义产生新的认识。

3. 行业展览会和人才交流会

在一些行业展览会和人才交流会上，你可以获取许多企业和工作的具体情况。每年，各地都会举办许多的行业展览会，企业通过这些展览会向社会宣传自己生产的产品。通过这样的展览会，你可以了解相关行业的一些信息，同时也可以对同行业不同公司之间的状况进行比较。例如，公司规模、具体的产品特点、人员状况、文化品牌等。

此外，每年各地也会举办许多的人才交流会。你可以直接从中获得用人单位的招聘信息，也可以通过这样的交流会来判断人才市场的状况。同时，你也可以通过这样的机会和各公司的招聘人员直接对话。因此，人才交流会不只是在求职时才光顾的地方，它也可以成为你了解人才市场需求的重要途径。

4. 网络

可以通过互联网搜索招聘广告，了解一些职位对任职者的要求。各类招聘广告中都有较为简洁的职位说明及相应的任职资格要求。任职资格要求是根据组织特点、工作内容及职位说明书提炼出来的对各个岗位任职人员的素质、能力、经验等的要求，是用人单位在长期的人力资源管理实践中总结出来的。对于缺乏工作经验的大学生来说，了解各类职业的素质要求尤为重要，因为工作能力更多的是在工作中培养和锻炼的，而工作经验更是只能通过实践来积累的。很多知名跨国公司在招聘应届大学毕业生时，重点考核的也是个人的素质。有些职业需要专门的资格证书才能上岗，这更需要大学生尽早了解，以便提前考证。

5. 机构

提供职业信息的机构包括学校、政府和相关的公司等。高校通常都有自己的就业指导中心，为学生和社会各界提供就业服务，如提供招聘信息、政策法规解读、就业辅导等服务。

近年来，各地都会组织针对高校应届毕业生的招聘会，很多用人单位的招聘会就在大学校园中举办。这些招聘会大都是向所有在校生开放的，建议同学们在大三甚至大二期间就参加一下招聘会，看看用人单位对职位有什么要求，如果能够趁招聘者不忙时与他们聊几句，听听他们对应届毕业生的具体要求，收获会更大。此外，一些专门的职业咨询公司，例如北森，一般都会提供面对面的个人职业咨询服务，这是比较深度的职业信息获取方法。

（二）动态资料的接受

1. 专业俱乐部

提到俱乐部，我们通常首先想到的是各种体育竞技俱乐部，比如足球俱乐部、羽毛球俱乐部等。但是，随着经济的发展和信息交流开放形式的需要，各种非体育类的职业俱乐部也应运而生，如"行政秘书俱乐部"等。目前的职业、培训俱乐部所跨的行业非常广泛，有个人组织的，也有某些机构发起的，如"环保工程师俱乐部""中国广告俱乐部"等。这些俱乐部可以提供专业技术和培训，扩展同行间的人际交流与合作，还会开办相关讲座等。各种俱乐部都会有相应的行业最新信息和动态通报，也会有俱乐部自己的论坛。因此，在搜寻劳动力市场信息时，根据自己的需要对各种职业、培训俱乐部的信息进行探询是不可忽视的重要途径。

2. 专业协会 / 学会

专业协会与学会是由专业人员组成的、具有公益性和学术性的社会团体。可以依据参与人数的多少、会员的来源及所包含的专业广度将专业学会分为国际性专业学会、国家级专业学会和地区性专业学会。通常，在各专业学会之下，还有更具体的分会，如中国心理学会下属的发展心理学专业委员会、教育心理学专业委员会、心理测量专业委员会等。通过专业学会，不仅可以对不同行业的信息有比较专门化的了解，还可以了解一个学科或者行业的比较全面的信息，而且专业学会还是专业同行之间彼此沟通信息的桥梁。

3. 生涯人物访谈

通常，可以找一位以上从事相关职业的资深或有3年以上工作经验的工作者进行访谈。在进行职业探索时，与别人谈论他们的工作是一种很好的方法。这种获取工作信息的方式有很多好处：通过与从事相关行业的人员的交流，可以检验以前通过其他方式所获取的信息是否正确，还能够了解到人们对于自己工作有什么样的感受，而这些信息是在其他职业信息文献里所找不到的。如果是在人们工作的地方和他们进行交流，则能够直观地获取他们工作的信息并了解他们的工作环境，这也是利用其他方式所获取不到的。并且，还可以和自己感兴趣的领域内的从业人员建立个人联系，而这样的联系在以后求职时有可能助你一臂之力。

需要注意的是，访谈对象的经历和感受在该行业中可能并不具有典型性或代表性，也可能过于主观，这样得来的信息有可能比通过别的渠道得到的信息更片面或偏激。你可以通过采访同一行业内的不同人员来弥补这一不足，还可以通过查询其他渠道的信息来进行验证。因此，求职者在采用这一方法进行职业探索时应了解此方法的利弊。

求职者要克服在进行生涯人物访谈时的紧张和畏难情绪，可以确认有哪些人是可以采访的，可以先从熟悉的人开始。

（三）模拟情境的参与

模拟情境的主要参与方法是角色扮演。如果你想从事一份从未接触过的工作，虽然你收集了大量的相关信息，但还是不能确定这是一份什么样的工作，它将带给你何种感受，这时，你可以尝试角色扮演。角色扮演可以带给我们比较真实的工作中的感受，从认知层面加深我们对工作的了解。

（四）真实情境的参与

1. 直接观察

学生可以去工作场所直接观察自己所感兴趣的工作。通常，接受参观的企业或机构会有一名联系人，向来访者介绍自己所从事的工作或所在的机构等。现场观察的时间有长有短，一般来说是几个小时至一天。它使个人有机会去熟悉、观察工作，亲眼看一下实际生活中的工作是什么样子的，并以此结识业内人士。

2. 直接工作经验

当然，最直接有效的方式就是亲自参与实践，实际了解具体行业和职业中的酸甜苦辣，但这不一定要通过正式工作才可以实现，比如实习、兼职以及参加志愿活动都是很好的实践方法。通过这些活动，个人不仅能对实际工作有最直接的认识，而且还能增加工作经验、结识业内人士，为以后正式求职作好准备。

总之，对职业世界进行探索是职业生涯规划的关键步骤。大学期间，同学们可以通过多种方式了解自己感兴趣的各种职业的信息，对照各种职业对任职者的要求和自身的个性特征，确定适合自己的专业方向。希望同学们通过多元化的职业探索，全面了解自己感兴趣的职业的情况，以便及早确定自身职业目标，根据理想职业的要求提升自己的能力与素质。

第三节　职业环境探索

职业环境指的是某职业在社会大环境中的发展状况、技术含量、社会地位、未来发展趋势等。进行职业环境分析的目的，是通过分析了解职业环境对职业发展的需求、影响和作用，对各种影响因素进行衡量、评估并作出相应的反应。

我们每个人都是在一定的社会环境中生存和成长的，离开了社会环境，我们便无法生存和成长。人的职业发展必须以社会的发展和需求为前提。

大学生在进行职业生涯规划和职业选择时，必须充分认识到社会环境对职业生涯的影响。要分析社会环境的基本特点，了解社会环境的发展变化，认识在社会环境中，哪些是有利于自己未来职业发展的条件，哪些是不利的条件。

一、职业环境发展变化的新特点

在当今时代，全球化、知识化、信息化和多元化的发展趋势进一步加强，使我们每个人都面临着全新的挑战。技术的快速发展和扩散，使我们只能无奈地用"快变"和"不确定性"来形容我们所处的内外部环境。进行职业生涯规划需要了解环境变化的特点和趋势，需要应对职业环境的复杂性和多变性。

1. 全球化

全球化是我们每个人面临的最鲜明的时代背景。"一个地球村"是当今世界流行的术语，全球化已经不仅局限于经济全球化，而且渗透于我们生活中的各个方面。日本的地震、海啸导致的核泄漏事故使世界许多国家都受到了核辐射的威胁，美国华尔街的金融危机对全球经济造成巨大冲击。全球化是我们面临的最突出的时代特征，每个人的职业发展都不可避免地要与国际社会经济的发展变化相关联。因此，职业生涯规划要有全球化眼光，必须在这一鲜明时代背景条件下进行规划和发展。

2. 知识经济

以信息革命为代表的第三次科技革命推动世界经济由物质经济转向知识经济，经济发展动力由资金、物质、人力为主转向以技术、信息、资金为主。20 世纪 90 年代，技术进步在经济增长中的贡献由 20 世纪初的 5%~20% 上升到 70% 以上，技术已经在各种生产要素中上升到第一位，而且其稳定性大大提高，逐步实现了"内部化"的转变过程。发达国家的经济比以往任何时候都更加依赖于知识的生产、扩散和应用。此外，技术发明、创新及其转移和普及时间的缩短，加快了科技转化为生产力的速度，给全球经济发展、经济活动以及经济管理带来了革命性或非预测性的变化，也使得职业的更新变化速度越来越快。

3. 互联网时代

以互联网为核心的沟通技术给世界和我们的生活带来了革命性的变化，互联网已改变或正在改变我们的生活方式和工作方式，这是职业生涯必须面对的时代特征。互联网影响了绝大部分人群和领域，不断改变着人们的生活、工作、学习、娱乐方式以及思维方式。由于互联网跨地区、跨领域，超越了时间、空间的限制，打破了国家和地区有形和无形的壁垒，首次将人类引领到了全球性的资源共享社区和"自由贸易区"。互联网时代，人人都可以是媒体人，人人都可以在互联网自由发表意见。互联网信息传播的透明性、及时性以及传播速度，使建立公开、透明、公平、公正的公民社会成为一种必然和可能。电子商务更促进了买者和卖者的直接交易，减少了中间环节，缩短了交易时间，降低了经营成本，减少了资源浪费，扩大了经营范围，营造了面向全球的网上商贸环境，电子数据的交换已经开始取代传统的直接贸易方式。在网络时代，人们面对最大的资源——知识和人力资本，可谓唾手可得。我们必须清楚地认识到，人力资本将主导 21 世纪经济的舞台。地球未来的事，就发生在你的眼前、你的身边。不管你现在的工作和收入与互联网有没有关系，你都能感受到这场历史变革。

4. 文化的多元化

随着经济全球化的不断深入和通信交通技术的进一步发展，当今世界不同地区、不同文化、不同种族、不同宗教信仰的人们交往日益频繁，多元文化的相互学习、相互融合与冲突并存，这是当今世界又一鲜明的时代特点。我们面临着复杂的就业环境，这就要求我们突破原来的文化认知局限和传统的思维方式，承认差异，同时消除歧视，学会与各种文化背景的同事有效沟通、和睦相处。因此，要在文化多元化的环境中生活、工作和发展，就必须学会适应文化多元化的工作环境。

5. 二元经济结构与经济转型

中国的职业人员面临的时代背景不仅是多元化的，更是复杂的。中国目前作为一个发展中国家，具有典型的二元经济结构特征，一方面存在着以工业为代表的现代经济部门，另一方面存在着以手工劳动为特征的传统农业部门，尚未完成工业化和城市化。

从现阶段中国社会发展的实际情况来看，国家正在经历多方面的社会转型过程，其中最主要的，正是经济社会形态和技术社会形态这两个不同视角内的双重转型。一方面，从经济社会形态的视角看，中国社会正在经历经济模式的转换，即从原有的计划经济模式转换为中国特色社会主义市场经济。另一方面，从技术社会形态的视角看，中国社会则正在经历另一种意义的社会转型，就是由农业社会向工业社会的转型。通常所谓从"传统社会"向"现代社会"的转型，亦即社会现代化。从世界范围看，工业社会的前锋已经开始向信息社会过渡。从总体上看，中国社会所面临的首要任务仍是继续完成由农业社会向工业社会的转型。

两个不同视角内的社会转型，同时并存于当代中国社会发展的实践中。与这两种转型并存的是，目前存在着两种职业评价体系：一种是体制内的职业发展与评价体系，如行政事业单位、国有企业等，在注重个人业务能力的同时，更注重政治面貌、学历职称等；另一种是个体、民营、外企等体制外的职业发展与评价体系，更注重能力、实力和业绩的评价，而不注重政治面貌、学历、职称。由于二元经济结构和两种职业评价体系的存在，中国的职业人员必须具备在不同体制和机制条件下生存与发展的本领。

6. 绿色经济与低碳生活

发展低碳环保的绿色经济将是中国经济形态未来发展的方向，包含循环经济、低碳经济和生态经济，其中循环经济主要是解决环境污染问题，低碳经济主要是针对能源结构和温室气体减排，生态经济主要是指向生态系统（如草原、森林、海洋、湿地等）的恢复、利用和发展（如发展生态农业等）。

毫无疑问，调整经济结构与发展低碳经济将对我们每个人的职业生涯产生深远和深刻的影响，将为大学毕业生提供更多的就业岗位，并对高校专业设置、人才培养方向产生深远影响。2010年以来，许多大学毕业生发现越来越多的"绿色岗位"摆在了面前，绿色建筑师、城市规划师、资源回收商、可持续发展智能软件开发者等绿色岗位风生水起，使大学生的就业空间更广阔。因此，职业生涯规划要面向未来，只有适应绿色经济发展的要求，才能占得先机，拥有未来。

7. 和谐社会与和谐世界

和谐是当今社会发展的主旋律，和谐的发展观为社会、企业和个人的发展提供了一个崭新的思路。对企业来说，在市场竞争日益激烈的情况下，企业耗费很大的人力、物力、财力才有可能获得竞争的胜利，胜利的结果通常不是丰厚的利润，相反还有可能是巨额的亏损，在疲于应对外部竞争的同时，企业的领导者还不得不应对企业内部员工的竞争，平息员工的不满，消除怠工和懒惰。对个人来说，在事业上取得辉煌成就的成功者并不一定幸福快乐，职场人士频繁跳槽、收入增加却又心力交瘁。对世界来说，经济增长了，社会发展了，但并没有摆脱贫困、战争和不公。因此，构建和谐社会、推动世界和谐将是世界发展的新潮流，实现个人心理和谐、家庭和谐、组织内部和谐将是个人职业管理的一项重要内容。

8. 劳动者身份和角色正在从劳动成本向人力资产转变

传统的经济和管理理论都把劳动视为一种必须加以控制的成本，甚至由于劳动不能和劳动者的人性动机以及意识分离，因此必须加以激励，确保他们会为完成目标而投入人力。此外，由于劳动者也会把自己的利益和能力带入组织，因此组织必须防止他们借由组成维护自己权益的工会或其他组织来展现他们的力量。

人力资本、知识导向的观点则认为，劳动者是创造组织价值的人力资产。一旦加入并留在这个组织，员工就形同冒风险一般在投资他们的人力资本。借助持续学习与发展的机会，他们的人力资本会随之深化与扩张。由于员工有着工作之外的兴趣和义务——针对他们的职业、家庭、社区，他们自身不可能也不希望将全部精力都贡献给组织。因此，他们必须整合工作与个人生活。员工对工作也有很多期望，包括他们希望在很多重要的事情上拥有影响力和发言权。同时，雇主可以合理要求员工和他们所代表的组织为公司长期的生存与绩效贡献力量。因此，组织必须采取同时满足组织和个人利益以及期望的方式雇用员工。我们每一个职场人士都应该了解这一变化，准确定位自己的角色，发挥应有的建设性作用。

9. 工作模式正在向知识导向模式转变

现在的工作体系正由工业模式转变为知识导向模式，模糊了管理者与非管理者之间的工作界限。在知识导向的经济中，企业的经营充满弹性与创意，工作者必须开展合作，从事多元、项目导向的工作，唯有让工作者运用并深化他们的知识和技能，才能使他们达到高水平的绩效。因此，企业注重分散的团队之间的横向合作关系（无论是内部或外部），以及团队、跨职能的任务小组、跨组织的联盟和网络的协调作用。因此，个人的职业发展必须建立在终身学习、不断提高自己知识水平上，这样自身在职业发展过程中才更有竞争力，更能适应知识导向模式的要求。

二、社会——职业环境的根基

同学们可能常常听到这样一句话：大学毕业后就要离开校园、步入社会了，环境将不再那么单纯，这使得同学们对踏入社会既感到好奇又充满忧虑。

社会与校园相对，是一个综合而广泛的概念，可以理解为以职场为核心，向外扩散的各种社会关系，其复杂性是与校园环境相比而言的。

那么，社会是什么呢？实际上，同学们从幼年起就生活在社会之中，正是周围的社会帮助你认识这个世界。

父母和家庭其他成员、亲戚朋友构成了每个人最早接触的社会环境。父母的性格、教育背景、职业，以及他们对子女的期望和对周围事物的看法，让每个孩子对社会有了初步的理解。每个人从小接触的亲戚朋友，以及幼儿园的伙伴、中小学的同学，也构成了身边社会的重要部分。

社会是分层次的。国家的文化传统、政治制度、经济发展状况、居民人文素养、法律环境、社会习俗等构成了基本的社会环境。

我国幅员辽阔、人口众多，各地在地理环境、气候状况、文化习俗及经济发展水平等方面都存在差异，这些差异影响着生活在其中的每个人。尽管春节是全国性的传统节日，但也存在着南北差异：一般而言，北方地区是腊月二十三过小年，南方地区则是腊月二十四过小年；大年初一，北方地区全家人围坐一起包饺子，所谓"好吃不如饺子"，南方地区则必吃年糕，所谓"年年高升"。在深受"学而优则仕"观念影响的地区，人们眼中成功的标准是大学毕业后留在机关单位，年纪轻轻就被提拔为处级干部；而在广州、温州等市场经济发达地区，成功的标准是拥有自己的产业、成为老板。

随着全球经济一体化的加速，我们需要用全球化的视角来看待和思考问题。一位英国心理学家编写的、在世界各国广泛使用的心理测试问卷中有一题："你出门时通常会带伞吗？"参考答案是：回答"会"的人被认为生活态度消极，经常担心天气不好；回答"不会"的人被认为生活态度积极，总是认为天气宜人。然而，这道题的背景是英国，其作为岛国，四季多雨，而生活在气候干燥的北方地区的中国人可能会对日常携带雨伞的行为感到困惑。学习英语时，常常会读到人们谈论天气的段落，没有当地的生活经验，很难真正理解。

许多大学生朋友认为社会与自己相距甚远，实际上，我们自身就是社会的一部分，因为"有人的地方就有社会"。社会环境是由经济发展水平、社会文化环境、社会价值观念、政治制度与氛围、家庭关系，以及个体对他人的了解与认识共同作用形成的，社会环境深刻地影响着职业的分类、变化及发展。因此，认识社会环境是我们了解职业的起点。大学时期是同学们开始系统地认识社会、了解自身所处的社会环境的关键时期。校园与职场虽然有很大不同，但也有许多相似之处，进入成年期的大学生应逐渐尝试更全面地了解社会。

大学时期是个人成长、价值观形成的关键阶段，大多数人离开从小生活的熟悉区域，适应新的气候和社会环境，开始了相对独立的生活，远离父母的庇护做出各种决定。许多同学首次住校，与室友争执、妥协，最终找到和谐相处的方式。大学生对社会的认识逐渐扩展、深化，开始将书本、小说中描绘的社会与身边的社会联系起来，形成了自己真正的"社会观"。这一切都在潜移默化中影响着人们对职业的理解。

社会的发展深刻地影响着人们对职业的认知与选择。中华人民共和国成立以来，经历了多个社会发展阶段，人们的观念也随之改变。例如，从"知识无用论"到"学好数理化，走遍天下都不怕"，反映了人们观念的变化。特别是改革开放以来，整个社会对职业的认知与评价发生了巨大的变化，甚至颠覆了很多影响中国几千年的传统观念。其中，最典型的例子是对商界人士的看法。封建社会形成的"士农工商"的传统排序，将从事商业经营活动视为最低等的职业；"商人重利轻别离""无奸不商"等表述代表了当时社会对商人的普遍道德评判。然而，随着改革开放的深入、市场经济的日益发展，"商界精英"已经成为社会对成功商业人士的一种尊称。

人们对"热门职业"的认知，也经历了一系列变化：从中华人民共和国成立初期"劳动最光荣"的工人，到20世纪80年代"科学技术是第一生产力"背景下的知识分子、全面改革开放后的商业精英及外企白领，再到国企改制后的公务员、互联网兴起后的IT工程师、2008年金融危机后的国企及事业单位职员……近几年来，国家大力倡导创新、创业，自主创业又受到不少年轻人的追捧。进入"互联网+"时代后，人们关注的领域又有所变化。

然而，正如本书介绍的职业生涯发展理论所强调的：职业的选择具有个体差异性，如果不考虑自身的特质，盲目追求热门职业，那些素质能力与职业不匹配的人就会处于尴尬的境地。互联网热潮中流行这样一句话："猪站在风口也能飞起来。"但如果风停了，那只飞起来的猪只能掉下来，摔得浑身是伤！

因此，作为即将成为社会经济发展主力军的大学生，非常重要的一点是要独立思考，以客观、辩证、发展的视角看待社会对个人职业选择的影响及周围人的评价。职业的"好坏"因人而异，社会对职业的评判有时会受到一些偶然因素的影响。本书提供的一些思路与方法可以帮助同学们正确地认识社会、职业与职场的关系。同学们在考虑职业选择时，往往正在准备进入职场。职场所处的宏观环境就是前文所述的社会环境，职场的微观环境是指每个人的就业环境。在一定的社会（宏观）环境下，个人将要进入的组织（用人单位）所提供的职业（微观）环境千差万别。

对于大多数人而言，职业生涯是与其工作或服务的某个组织相联系的，因此，大学生必须了解各种组织类型及组织形态的变化。有效的职业生涯发展要求个人需要与组织需要之间相互配合。在整个职业生涯中，个人和组织双方共处于一个不断变化的环境中，二者的相互匹配过程也是动态的。如果匹配过程能够有效地推进，那么组织与个人都能受益：组织将合理运用与开发人力资源、提高绩效和改善人际关系；个人将能较好地管理自己的职业生涯，使职业与家庭良好结合，个人才干得到有效发挥，态度与价值观得以实现，个人也得到较好的发展。

因此，大学生在进行职业生涯规划时，要了解组织的类型和特点、组织文化、组织结构、该组织对全体员工及某个工作岗位上的员工所提出的工作要求，根据自己的性格、价值观、兴趣、特长等因素，结合将要加入的组织的具体情况，来确定能否在该企业中找到适合自己发挥才能的平台。

三、组织类型及其特征

个人在选择职业时，除了考虑社会与经济环境，还应深入了解潜在雇主的内部环境。这包括以下五个方面。

1. 组织类型

组织类型通常分为五类：一是营利性组织，它们是现代社会经济活动的核心，涵盖各种规模的工商业企业；二是非营利组织，如红十字会、基金会等，以及近年来在我国兴起的自然之友、北京地球村环境教育中心等非政府组织；三是政府组织，包括我国所有政府机构；四是准政府组织，即通常所说的财政拨款事业单位；五是各类协会。尽管这些分类并非固定不变，但这种分类有助于人们快速理解工作单位的基本类型和组织文化的特征。

2. 组织实力与经营战略

须掌握组织所在行业、发展战略、战略措施、竞争实力和发展态势等信息。通常，实力强大的组织能为员工提供更广阔的职业发展空间，其发展战略与员工职业发展紧密相关。组织的发展态势是稳定还是衰退，将直接影响员工职业生涯的发展速度。

3. 组织特点与人力评估

了解组织的规模、文化、气氛、结构、大学生构成、人力资源需求、规划、升迁情况、流动情况、培训政策等。这些因素对个人职业方向、路径及实现生涯目标的时间有重大影响。

4. 组织领导人分析

了解领导人的管理理念和个人能力。组织主要领导人的愿景和能力是推动组织发展的关键因素之一。对于营利性组织，企业家不仅要找到顾客群，更要创造顾客群，激发并满足顾客潜在需求。对于非营利组织，领导人的社会影响和成就至关重要。此外，领导人是否真正关心员工个人职业发展，也是评价组织的重要因素。

5. 人力资源管理制度与工作 / 岗位分析

了解人事管理方案、薪酬福利、员工关系、发展政策、工作 / 岗位的基本要求以及工作绩效评估标准等。这些信息决定了新员工是否能胜任岗位、工作是否顺利，以及员工是否能得到相应的回报和实现个人生涯规划目标。

四、组织文化

组织文化是员工职业生涯发展的文化背景，是组织所倡导并由全体员工实践的价值观和行为准则，它赋予组织独特性，并使其与其他组织区分开来。组织文化的核心特征包括以下七个方面。

① 创新与冒险：组织鼓励员工创新和冒险的程度。

② 注意细节：组织期望员工做事细致、善于分析、关注细节的程度。

③ 结果导向：组织管理人员关注结果而非实现结果的手段和过程的程度。

④ 人际导向：考虑管理决策对组织成员影响的程度。

⑤ 团队定向：组织以团队还是个人为工作单位的程度。

⑥ 进取心：员工的进取心和竞争力。

⑦ 稳定性：组织活动重视维持现状还是重视成长的程度。

组织文化起源于创建者的经营发展理念，会反过来影响创建者对员工的选拔标准。现任高级管理人员的行为为员工设定了行为标准，明确了可接受与不可接受的行为。自 20 世纪 90 年代以来，组织文化对员工行为的影响日益重要。现代组织结构趋于扁平化，引入工作团队，降低正规化程度，赋予员工更多权力，这些都需要一种强有力的组织文化。

然而，组织文化难以量化，因为它应渗透到每个员工的日常工作中，而非仅停留在标语、口号或领导讲话中。真正的组织文化体现在组织的每个角落，如楼道、电梯、食堂甚至洗手间，员工的私语或笑话才是组织文化的真实反映。你即将加入的组织文化究竟是什么？其核心价值观是什么？组织文化是组织发展和管理的关键，选择进入一个组织前，必须对其有所了解。如果组织文化与个人价值观相冲突，你可能会感到处处受限，自己的成就也得不到认可。

对大学生的建议是，在考察组织文化时，应将该组织是否为学习型组织作为重要考量标准。学习型组织是时代的产物。《财富》杂志报道，20 世纪 70 年代的世界 500 强企业，到 80 年代已有 1/3 消失。自 80 年代起，每年都有 30 家企业退出世界 500 强。进入 21 世纪，由于科技和互联网行业的快速发展，世界 500 强企业的排名变化更加迅速。值得注意的是，随着中国经济的崛起，世界 500 强名单上中国企业的数量不断增加。2017 年，上榜《财富》杂志世界 500 强榜单的中国企业达到 115 家。近年来，越来越多的应届毕业生选择加入本土企业，这不难理解。

数据显示，现代企业的平均寿命仅为 40 年，远低于人类寿命。为何如此？分析表明，一个汇集了优秀人才的组织并不一定最具竞争力，所有成员均为高学历也不能保证企业成功。有研究显示，在一些组织中，尽管所有成员智商都在 120 以上，但组织的整体智商却只有 62，组织智商可能阻碍个人成长。因此，现代组织不仅需要提高员工个人素质，还需提升组织素质，使人才能在组织中充分发挥能力。这就要求组织不断学习，成为学习型组织。

组织文化的执行者是全体员工，尤其是高层管理者和各级管理人员。对于刚步入职场的大学毕业生而言，影响最大的是其直接上级，即主管。

主管对下属的鼓励和指导能促进新人快速成长和进步；而仅仅下任务和严厉批评则可能导致员工士气低落，甚至丧失对职业和工作的热情。主管的管理风格和工作中的言行也会影响其领导的工作团队。因此，大学生在确定接受第一份工作时，应充分了解未来的领导和同事。

总之，职业生涯的发展具有阶段性，不同阶段的侧重点不同。学习型组织的文化和环境对年轻人适应工作环境、提高职业技能、为职业发展打下坚实基础非常有利。

工作单位的领导，特别是直接主管，在很大程度上能影响员工的职业发展。因此，在选择工作时，应充分考虑这个组织是否有利于个人的学习和提升。

五、组织架构

组织架构关乎如何将工作任务进行分组与协调合作。各类组织拥有其独特的架构，而这些架构会对员工的态度与行为产生深远影响。

在构建组织时，管理者须考虑六大核心要素：① 工作分工（将任务细分至何种程度）；② 部门划分（基于何种标准对工作进行分组）；③ 指挥链（员工与团队应向谁汇报）；④ 管理幅度（管理者能有效指导多少员工）；⑤ 集权与分权（决策权应置于何层级）；⑥ 规范化（规章制度在多大程度上指导员工与管理者）。

传统组织设计的常见形式包括简单结构、官僚结构和矩阵结构。自20世纪80年代起，为提升竞争力，一些组织的高层开始设计新型组织架构，其中团队结构被广泛采用。团队结构的核心在于消除部门界限，将决策权下放至团队成员，要求员工既是通才也是专才，极大地促进了员工能力的提升。在大型组织中，团队结构常作为官僚结构的补充；而在小型企业中，团队结构可作为整体组织架构；在投资银行、咨询公司等领域，团队结构几乎成为业务运作的主要架构。

组织架构是管理人员实现组织目标的工具，组织战略、规模、采用的技术以及所处环境是影响架构的关键因素。组织内部结构能解释和预测员工行为，除了个体和群体因素，员工所属组织的结构关系对其态度和行为有显著影响。因此，入职前了解组织架构至关重要。随着新经济时代的到来，包括营利性企业、金融机构、非营利组织、政府机构、各类协会等在内的众多组织，在形式和结构上都经历了变革。其中，最显著的变化是组织架构从三角形向菱形的转变，趋向于更加扁平化。在三角形组织架构中，高层管理者、执行者、办公人员和部门主管等仅占总员工数量的 15%，大部分员工的职业生涯集中在较低层次。而在菱形组织架构中，除 5%~10% 的高层执行者和管理者外，50%~80% 的员工成为组织核心。这种从三角形到菱形的转变，将对个人职业生涯产生深远影响。

因此，现代社会成功的组织特征之一是维持扁平化的管理架构，从管理导向转向团队导向；每个团队成员都具备足够的专业知识，团队由服务提供者和其他自我管理、独立对利润负责的成员构成。在此趋势下，与团队技能、终身学习、领导力和自我指导的职业生涯决策相关技术得到发展。

总结而言，大学生在进行职业规划时，首要任务是了解所处的社会环境，这是人们认识社会的具体内容，也是认识职业的基础。

·第九章·
职业生涯决策与目标

正如 A.J. 雅各布斯所言，尊重未来的自己是做出有益决策的关键。在职场生涯中，我们经常站在决策的十字路口，例如："我应该留下还是离开？""现在是攻读硕士学位还是直接投入工作？""临近毕业，哪种工作最适合我？"这些决策无论大小，都可能引起一定程度的迷茫，有时甚至让人难以抉择。老子曾说："九层之台，起于累土；千里之行，始于足下。"只有先明确自己的职业方向，我们才能进一步规划出行动方案，朝着目标前进。职业生涯规划实际上是一种决策的过程，一个充实、精彩、成功的人生是由无数正确的决策累积而成的。如果将职业生涯比作一场旅行，那么出发前必须明确目的地，选择合适的路线，制订详细的旅行计划，以确保旅程的安全和顺畅。这样，我们既不会错过那些梦寐以求的景点，也不会在辛苦之后到达那些并不向往的地方。本章旨在通过科学的决策方法，帮助大家确定、管理职业目标，规划职业生涯路径，执行行动计划，并定期评估和调整自己的职业生涯规划。

第一节　职业生涯决策

在广袤的坦桑尼亚草原上，一只饥饿的鬣狗在四处寻找食物。它沿着灌木丛中的小径奔跑，最终来到了一个分岔路口。在两条分岔路的尽头，各有一只山羊被灌木绊倒，在不断挣扎着。鬣狗的口水不禁流了出来，它想要选择一条路，却又担心另一条路上的山羊会被其他动物夺走。最终，它决定用左脚走左边的路，右脚走右边的路。然而，两条路越走越远，相隔越来越宽，最终鬣狗将自己撕裂成了两半。这个古老的非洲谚语"鬣狗难过岔路口"广为流传，说明了在面对选择时，往往无法同时拥有两全其美的结果，必须学会取舍和决策。良好的决策能力对个人至关重要，自主决策和正确决策是确立职业生涯目标的首要步骤。

一、职业生涯决策概述

职业生涯决策是决定和挑选生涯事件的过程。对于一个生涯事件的选择和决定，绝非轻率之举，必须基于系统的决策思考。在职业生涯中，我们会遇到许多选择点和十字路口，例如："我应该留下还是离开？""现在是否应该攻读工商管理硕士或其他硕士学位？""我是否应该重新开始我的职业生涯，尝试完全不同的领域？"等。每个人都为了做出正确的决定而费尽心思。许多人在职业生涯的决策上往往过于草率和短视。如果只是简单地对比两份工作的优劣，例如薪资多少、头衔是否吸引人、假期是否多、医疗福利是否好，这是非常容易的。但你需要在更广阔的背景下权衡自己的选择。在职业生涯中，我们一直在寻找自己的甜蜜区，即我们擅长的、热爱的和世界所需的事物之间的交汇点。我们不可能一蹴而就，就像试图将直升机降落在海面上的航空母舰上，大海波涛汹涌，风声呼啸，船甲板摇摆不定，但我们必须设法安全降落到正确的位置。我们在职业生涯中的选择将帮助我们探索、定义和接近这个甜蜜区。

（一）决策与职业生涯决策的含义

1. 决策的含义

决策作为人类有意识的活动，自古以来就存在，《韩非子·孤愤》中提到"智者决策于愚人，贤士程行于不肖"。关于决策的概念，不同的理论著作并没有给出统一的定义，综合几本著名著作的解释，可以将决策定义为对未来实践方向、目标及实现这些方向、目标的原则和方法所作的分析与决断。从广义上讲，决策是人们为了实现一定目标所进行的行为设计及最优方案的确定。从狭义上讲，决策就是决定政策和策略，是人们为实现某个目标，制定行动方案并进行优化挑选的过程。决策的目的是把握方向、明确目标，通过决策，可以避免混乱的局面，充分整合资源进行积极行动，使方向始终坚定，目标有序进行。

2. 职业生涯决策的含义

职业生涯决策是决策者结合自身的性格、职业兴趣、价值能力，在对职业环境充分认识的基础上，仔细评估各种可供选择的职业前景，进行的职业目标决定，以及为实现目标而制定的最佳个人行动方案。职业生涯决策不仅仅是制定一个阶段性的目标，而应是一系列的、可贯穿整个职业发展生涯的长远目标。如果目标缺乏远见，没有后续的决策支撑点，容易使人失去奋斗的意志，不利于个人的长远发展。因此，在决策中确定的目标应是阶段性的，并可持续发展。职业生涯决策不是结果，而是一个复杂的认知过程。职业生涯决策是综合个人对自我认知、环境认知、职业认知等因素的判断，在面临职业生涯决策情境时所做出的各种反应，如职业生涯目标的确立、职业发展道路的规划与设计、行动策略的制定。每个人的职业发展都是独一无二的，没有完全相同的职业发展路径。进行职业生涯决策，有助于大学生把握自己的职业发展方向，明确自身的职业生涯目标，从而确保自己沿着目标不断前进。

（二）职业生涯决策的原则与常见模式

职业生涯决策是对生涯事件决定和挑选的过程。对一项生涯事件的选择和决定，绝非轻率之举，必须基于决策系统地思考。

1. 职业生涯决策的原则

（1）个人特质与职业环境相匹配的原则

根据美国波士顿大学帕森斯教授提出的关于人的个性特征与职业性质一致性的"特质因素论"，一个人在选择职业的过程中，要考虑三个主要的因素：对自己爱好和能力的认识，对工作性质和环境的了解，以及以上两者之间的协调与匹配。例如，在当前有不少高校毕业生找不到他们理想的工作岗位，而同时也有大量的工作岗位找不到理想的胜任者。出现这一奇怪的现象其实就是因为有的高校培养的"人才"与社会需求不匹配，特别是现在存在大学生对自己的职业定位与企业对求职者的岗位定位不匹配的现象。有的大学生对自己的职业定位非常模糊，他们往往会说：只要给我一个机会，我能改变世界；而企业对求职者的定位则非常具体，一个萝卜一个坑。因此，针对这一部分高校毕业生的职业困境，有以下几种解决途径。

① 认识自己：面对一个全新的职业领域，我拥有什么？我还缺少什么？

② 认识职业：企业需要具有什么素质、能力、价值观的人才？

③ 实现匹配：如何找到自己的特点与企业需求之间的结合点？如何弥补自己的不足？

（2）脚踏实地与着眼未来相结合的原则

我们在进行职业生涯规划时，往往会有一个美好的愿景，雄心勃勃地计划着要在将来实现自己的人生目标。切记，由于人生发展具有阶段性特征，并且职业生涯周期包含不同的发展任务，因此职业生涯规划与管理的内容就必须分解为若干个阶段，并划分到不同的时间段内完成，每一个阶段又有"起点"和"终点"，即"开始执行"和"完成目标"两个时间坐标。因此，在决策时既要脚踏实地、立足现在，又要着眼未来、规划长远。当把两者结合以后，才能避免职业生涯规划陷入空谈和失败。

例如，现在有不少大学生在进行职业生涯决策时，因为就业形势严峻，在毕业时草率地选择了与自己人生目标相悖的单位，他们认为在当前的就业形势下，应先落实单位，有一个栖身之所，然后再去"骑驴找马"，但随着时间的推移，他们往往会无奈地发现，在继续严峻的就业形势下，自己梦中的"千里马"总是不会来到，而在职场中，自己却已蹉跎了很久，这些人其实就是在进行职业生涯决策时没有贯彻好脚踏实地与着眼未来相结合的原则，从而使得自己在单位中待得越久越不开心，也越无法抽身。

（3）实现自我价值与服务社会需要相结合的原则

每个个体都是在一定的组织环境与社会环境中学习、发展的。因此，个体必须认可组织和社会的目的和价值观，只有处理好个人发展和组织发展的关系，寻找到个人发展与组织发展的结合点，才能得到长期稳定的发展。当一个人原来的职业意愿暂时不能得到满足时，要根据实际情况做出新的决策：

① 根据社会需要做出新的决策，走另一条职业道路。

② 选择一种与自己的"理想职业"相接近的职业，继续接受教育培训，积累就业条件。

③ 先到社会上容易就业的职业岗位上去工作，再根据自己在这一职业的工作情况决定是否进行职业流动。

2. 职业生涯决策的常见模式

面对决策风险，许多人选择听天由命、随波逐流，或是让父母或其他人来决定，以此逃避对决策结果的责任。人们在决策时，通常会采取以下几种模式。

（1）挣扎型

一些人会投入大量时间和精力搜集信息，了解所有可能的选择，向专家咨询，反复权衡，却难以做出最终决定。他们常挂在嘴边的一句话是"我就是无法决定"。在这种情况下，无论收集多少信息进行分析比较，都可能无济于事。关键是要弄清楚是什么情绪和非理性信念在困扰他们，例如害怕做出错误选择、追求完美等。

（2）冲动型

与挣扎型相反，有些人一旦遇到第一个选择就立刻抓住不放，不再考虑其他选项或进一步搜集信息。他们的想法是"先决定再说"。例如，大学生在选择职业时不考虑长远，随便找一份工作就就业。冲动型决策可能源于人们对困难的回避，不愿意投入时间和精力去探索。这种方式的风险很大，因为一旦遇到更好的选择，可能会后悔莫及。

（3）直觉型

有些人依赖直觉来做出决策，他们通常说不出具体理由，只是觉得"这个就是对的"。直觉在信息不充分时可能比较有效，但它有时与事实不符，可能会因为先入为主的偏见而产生较大误差。因此，我们不能仅凭直觉来决策。

（4）拖延型

有些人习惯将问题的思考和行动推迟。"过两天再说"是他们的口头禅。大学生常见的"我还没准备好工作，所以打算先考研"就是拖延型的体现。拖延型的人内心可能希望问题能自动解决。然而，问题并不会自行解决，有时拖延只会让问题变得更糟。如果你现在不知道如何找工作，读完研究生后也可能仍然迷茫。

（5）宿命型

有些人不愿承担责任，而是将命运交给外部环境的变化来决定。他们常说"顺其自然吧"，或者"我这个人永远也不会走运"。当一个人将生活的主导权交给外界时，很容易感到无力和无助。这样的人容易成为环境的"受害者"，抱怨命运，却没意识到自己的困境是由于自己放弃了对生活的"自主权"。

（6）顺从型

这样的人倾向于听从他人建议而不是独立做决定。他们常说"只要大家觉得好，我就觉得好"。例如，许多大学生盲目追求出国、进外企、考研、参加各种培训班，只因为"大家都这么做"。虽然追随群体能带来一种安全感，但他们忽略了自身的独特性，导致他们的选择往往并不适合自己。

（7）瘫痪型

有时，个体虽然在理性上明白应该自己做决定，却无法开始决策过程。他们知道自己应该行动了，但内心深处总是笼罩着"一想到这事就害怕"的阴影。实际上，他们真正害怕的是为决策后果承担责任。

（三）职业生涯决策的类型

在众多决策活动中，有的决策相对简单，有的则较为复杂。尽管决策各不相同，但根据掌握信息的完备程度，可以将决策分为确定性决策、风险性决策和不确定性决策。

1. 确定性决策

确定性决策指的是决策所需信息完全明确、状态完全确定、决策准则和后果都明确的决策。例如，一幢教学楼有两个楼梯，教室位于大楼右侧，那么走右边的楼梯去上课无疑是更好的选择。确定性决策的每个方案都有一个确定的结果，便于评估和选择，是一种相对容易的决策。

2. 风险性决策

风险性决策是指面对多种选择时，每种选择的后果虽然不确定，但能在一定程度上预知各种选择可能带来的结果。例如，一个高考考生知道自己的分数、各批次录取分数线，以及目标院校及专业的历年录取分数线和当年招生人数，但不清楚有多少人和自己选择相同的院校和专业，因此无论选择哪所院校都存在一定的风险。

3. 不确定性决策

不确定性决策是指决策所需的各种信息都无法具体测定，对于可能的选择和各种选择的结果几乎完全不清楚，因此最终的决策结果也是不确定的。例如，你想投资股票，但对股票一无所知，对股市行情无法判断，结果很可能会被"套牢"。

从决策类型中可以看出，决策者通常无法拥有全部信息。也就是说，大多数决策都包含预测成分，都有不确定性和风险。为了做出正确的决策，达到既定目标，决策者必须尽可能多地掌握信息，将不确定性决策转变为风险性决策，甚至确定性决策，以降低风险。具体到职业生涯规划这类重要决策，我们应运用各种方法评估个人的价值观、性格、能力等，评估外部的社会经济环境与职业、行业乃至岗位因素，充分掌握信息，进行理性的职业生涯决策。根据职业生涯决策的基本原则可知，职业生涯决策应基于系统思考，重点考察：① 价值观；② 个性倾向、能力等；③ 个人资源、支持；④ 社会环境与机会。应综合以上各方面因素，进行信息整合，选择可能和可行的策略。

二、职业生涯决策的方法

（一）SWOT 分析法

SWOT 分析法，即分析个人或组织的优势（strengths）、劣势（weaknesses）、机会（opportunities）和威胁（threats），由哈佛商学院的安德鲁斯教授于 1971 年提出。安德鲁斯教授将企业所处环境分为内部和外部，内部环境涉及优势和劣势分析，外部环境则包含机会和威胁分析。SWOT 分析法通过综合评估内外环境，为企业的中长期战略规划提供指导。

1. 个体生涯决策中的 SWOT 应用

SWOT 分析法，作为一种企业战略分析工具，可用于分析企业内在条件，识别优势、劣势及核心竞争力。其中，优势和劣势是内部因素，机会和威胁则是外部因素。战略应是企业内部条件与外部环境的有机结合。在个体生涯决策中，SWOT 分析法可以帮助个人识别与职业生涯决策相关的内部优势和劣势，并通过综合分析，找到利用或改善的方法。

SWOT 分析法是职业生涯规划中极有价值的工具。通过细致的 SWOT 分析，个人能迅速了解自身的优势和劣势，并评估不同职业道路的机会与威胁（表 9-1）。

表 9-1　SWOT 分析

内部因素	strengths 优势	weaknesses 劣势
外部因素	opportunities 机会	threats 威胁

进行 SWOT 分析时，通常遵循以下四个步骤。

（1）优势分析

我有哪些杰出品质？

我学习了哪些内容？

我有哪些经历？

我最成功的事情是什么？

主要分析个人的突出之处，特别是与竞争对手相比的优势。

首先分析"经历"，包括人生经历和体验，如在学生组织中的角色、参与或组织的活动、获得的奖项等。这些经历能侧面反映个人素质。在进行自我分析时，应利用过往经验，帮助推断和选择未来工作方向。

其次分析"学习"，包括通过专业课程、职业技能培训、自学等获取的知识与技能，以及个人专长。即使大学所学的专业知识未来未必能直接应用，但专业思想和技能常是职业生涯决策的关键。

最后分析"成功"，回顾个人经历中哪些是成功的，为何成功，是偶然还是必然。通过分析，可以发现自我性格上的优势。

（2）劣势方面

我的性格弱点是什么？

我在经验、经历上有哪些不足？

我最不擅长什么？

我最失败的经历是什么？

劣势指的是与竞争对手相比不利的方面。

性格弱点可能表现为不善交际、感情用事等。独立性强的人可能忽略合作，而优柔寡断的人难以担当决策者。卡内基曾言，人性弱点并不可怕，关键在于正确认识并寻找弥补和克服的方法，使自我更趋完善。

在经历或经验上的不足，如多次失败仍找不到成功方法，或需处理自己从未接触过的事情，都说明经验上存在不足。

（3）机会分析

对社会大环境的认识与分析，对自己选择的外部环境的分析，对人际关系的分析。

机会是指有利于职业选择和职业发展的机遇。

首先是对社会大环境的认识和分析，考虑政治、经济、科技、文化发展趋势是否有利于所选职业的发展。

其次是对自己所选组织或单位的外部环境进行分析，包括组织在行业中的地位和发展趋势、市场状况、职位空缺情况、所需条件等。

最后是人际关系分析，分析哪些人可能对职业发展有帮助、作用大小、持续时间、如何保持联络等。

（4）威胁分析

存在潜在危险的方面。威胁分析主要是对潜在危险进行分析，如单位效益、领导层变化、同事竞争等可能对自己造成的不利影响或威胁。

诚然，进行个人 SWOT 分析需要投入不少时间，并且需要认真对待。但详尽的 SWOT 分析对个人发展至关重要。完成详尽的个人 SWOT 分析后，可以获得一个连贯且实际可行的个人生涯策略。在竞争激烈的市场经济社会中，拥有一份既有挑战性又有趣味，并且薪酬丰厚的职业是许多人的梦想。但并非每个人都能实现这一梦想。因此，花时间分析个人优势和劣势，并确保有效执行，职业成功的梦想就不再是遥不可及的了。

例如，小敏，女，某师范大学中文专业研究生，希望毕业后在企业从事人力资源工作，但因自身非人力资源专业学生而犹豫不决。通过SWOT 分析法评估，得出以下分析（表 9-2）：

表 9-2　小敏的 SWOT 分析

优势 strengths	劣势 weaknesses
1. 硕士学位，成绩优异 2. 担任研究生会副主席，有丰富的学生干部经验 3. 有大型公司人事部门实习经验（6 个月） 4. 辅修心理学课程，能利用心理学知识进行人才培训 5. 师范生，有授课经验，可以开展员工培训 6. 性格外向，善于沟通	1. 专业不对口 2. 工作经验不够丰富 3. 缺乏人力资源管理类知识 4. 容易冲动，性格急躁
机会 opportunities	威胁 threats
1. 人力资源管理部门逐渐受到企业重视 2. 中国加入世界贸易组织后，大量外企进入中国市场，导致人力资源管理人才需求量大增 3. 心理学在人力资源管理中的重要性日益凸显	1. 人力资源管理在我国属于起步阶段，许多企业运作不规范 2. 与人力资源专业的毕业生相比缺乏专业优势 3. 相对于学历，企业更看重经验

SWOT 分析表明，小敏同学毕业后在企业从事人力资源管理工作的优势较大，但需在校期间继续强化优势、弥补不足，如通过自学或参加培训，考取人力资源管理师职业资格证书，利用假期到企业人事部门实习等。

2. SWOT 分析法的局限性及应对策略

（1）SWOT 分析法的静态局限性及应对策略

职业生涯决策是一个连续的、动态的过程，涉及选择、执行和调整的多个阶段。决策并非终结，决策者可能在后续阶段重新审视前面的决策。因此，职业生涯决策过程具有动态性、连续性和发展性。从职业生涯的纵向发展来看，不同阶段的决策内容各异。例如，在职业起步阶段，重点是选择合适的职业；在职业稳定阶段，则是注重提升职业素养；在职业维持阶段，关键在于保持地位和学习新技能；而在职业衰退阶段，则需规划退休生活。随着决策内容的变化，个人对自身和环境的评估重点也会相应调整。工作经历、职业体验以及年龄增长带来的价值观和需求变化，都会影响决策依据，促使个人重新认识自我、修正职业目标。

然而，SWOT 分析法作为一种静态分析工具，无法综合考虑过去、现在和未来的发展趋势。在实际应用中，个体往往基于当前的自我认知和观点进行分析，很少考虑未来环境变化可能带来的机遇和风险，这可能导致忽视新的可能性。为了弥补 SWOT 分析法的静态局限，个体在使用时应重视信息的及时反馈，增强自我觉察能力，从未来雇主的角度审视自身的优势和改进点；同时，要密切关注市场动态，通过网络、报刊等渠道追踪就业趋势，根据环境变化及时调整 SWOT 矩阵，以做出更准确的职业决策。

（2）SWOT 分析法的主观局限性及应对策略

SWOT 分析法的个人评估策略是该方法的核心，但评价过程的主观性问题也会降低分析的准确性。心理学研究表明，人们倾向于高估自己的优点、忽视缺点。因此，在 SWOT 分析中，个体可能会进行不准确的自我评估，导致职业决策失误，个人的人格特征也会对分析结果产生影响。例如，悲观者在机遇中看到危机，而乐观者则在危机中看到机遇。不同人格特质的评价者面对相同的职业环境，可能得出截然不同的分析结果。此外，在 SWOT 定量分析中，权重分配也会因个体差异而异，影响分析的准确性，进而影响生涯决策的成功。

因此，在使用 SWOT 分析法进行生涯决策时，个体应超越自我，清晰认识到 SWOT 评估的重要性。在评估过程中，应避免过度谦虚或理想化自我，勇于面对不足，为职业规划打下良好基础。首先，在分析优势和劣势时，个体可以列举具体词语描述自己，高频词能反映真实的优缺点。其次，个体可借助外部资源，如职业测评工具和个人特质诊断工具，以及向他人求助，包括以往的绩效评估、同事和上级的反馈，甚至求助于职业辅导专家。最后，在构建 SWOT 矩阵时，应参考行业长期经验和职业规划专家的意见，而非仅凭主观印象。

在运用 SWOT 分析时，个体须确保分析内容的准确性和创新性。深入分析数据和资料是 SWOT 分析成功的关键。同时，SWOT 分析仅为生涯决策中的一项技术，要实现决策最优化，还需要结合其他方法，并对市场和竞争环境保持清醒认识。

（二）CASVE 循环（计划型决策）

为了降低决策风险，我们应全面考虑众多因素，CASVE 循环（计划型决策）是一种有效的决策工具，它由五个步骤构成：沟通（communication）、分析（analysis）、综合（synthesis）、评估（evaluation）和执行（execution）。CASVE 循环能够为整个生涯问题解决和决策制定过程提供指导。

1. 沟通

沟通涉及内部和外部信息的交流，通过这种交流，个体能够认识到理想与现实之间的差距。内部信息交流指的是个体自身的心理和生理状态，例如在求职时可能经历的焦虑、抑郁等情绪反应，以及身体上的疲倦、头疼等。这些都提示你需要进行自我反思。外部信息交流指的是来自外界的影响信息，如同学准备简历时，你意识到自己也应开始求职，或者求职过程中来自父母、老师和朋友的建议。通过内外部沟通，你将意识到需要解决的问题，这对于职业生涯决策的开始至关重要。沟通阶段的基本问题是：我目前考虑的职业选择是什么？

沟通是识别差距的过程，是"我需要做出选择"的阶段。你意识到自己对职业前景的困惑，并决定采取措施解决。在需要改变现状时，我们通常会感到沟通的必要性。沟通是获取外界信息的重要途径。例如，西班牙语专业的范茜茜同学，一年级时发现自己对语言学习兴趣不大，但在家人和老师的鼓励下继续学习。到了二年级，她感到更加无趣和吃力，开始考虑辅修其他专业，于是她开始关注本校和其他高校的第二专业信息。

2. 分析

分析是指通过思考、观察和研究，对个人的兴趣、能力、价值观和人格等自我知识，以及环境知识进行深入分析，以更好地理解现实与理想之间的差距。通过与外界沟通，大学生可以结合自身情况，分析所搜集的信息，考虑各种可能性，并确定潜在的选择。例如，范茜茜同学了解了校内外各种辅修专业的学习内容、上课时间和就业方向等信息，结合自己的职业兴趣和性格特点，她确定了几个选项：本校的播音主持专业、社会工作专业、对外汉语专业，西南政法大学的法学专业，以及西南大学的应用心理学专业。分析阶段是大量信息的搜集和准备阶段，是"了解我自己和我的各种选择"的阶段。

① 自我了解：你需要进行彻底的自我分析。如果你尚未完成，那么首先应该制作个人分析文件。它将帮助你全面了解自己的技能、性格和价值观。

② 环境了解：了解你所处的社会、经济、政治和地理环境，评估可能影响你职业选择的环境因素。

③ 职业了解与信息收集：收集并研究有关你职业前景的信息。

④ 识别潜在职业选项：你需要全面研究可供选择的职业选项，筛选出适合自己的目标。

3. 综合

综合是指基于分析阶段的信息，先扩展选择范围，然后逐步缩小，最终确定 3~5 个最可能的选项。这个先扩大后缩小的过程至关重要，通过分析阶段，可以对自我有更深入的了解。每个方面的信息都对应着许多职业，将这些职业列出来，得到一个广泛的选择列表，然后找出交集，得出缩小的职业选择范围。最后，将最可能的职业限定在 3~5 个。然后可以问自己："如果我有这 3~5 个选择，能否解决问题，消除现实与理想状态的差距？"如果可以，就进入评估阶段，选出最适合的选择；如果仍然无法解决思维问题，就需要回到分析阶段，获取更多信息。例如，范茜茜同学考虑到精力限制，最终在本校的 3 个专业中做出选择：播音主持专业、社会工作专业和对外汉语专业。

4. 评估

评估是指通过科学的评估方法，对综合阶段得出的 3~5 个职业进行具体评价，评估获得这些职业的可能性，并做出最终决策。这个决策就是我们努力实现的目标。这是选择一个职业、工作并做出决定的阶段。

根据你对自己的特点和职业前景的判断，选择并确定一个职业目标，以及这个选择对个人及他人可能产生的影响。例如，可以问："对我个人而言什么是最好的？""对我生活中重要的人而言什么是最好的？""总体而言，对我所处的环境而言什么是最好的？"

5. 执行

执行是指采取行动，落实选择。任何目标的实现都离不开实际的行动。不行动，梦想只是空想。因此，最终我们需要落实到行动上。值得注意的是，CASVE 循环不仅指向一个结果，它本身是动态平衡的。也就是说，在行动中我们可以评估设定的目标是否合理，是否符合当前自身实际情况，如果不是，我们需要进入新一轮的决策过程。执行是 CASVE 循环的最后一步，前面的步骤只是确定了最适合的职业，但还不能保证职业生涯决策的成功，需要在执行阶段制订计划，进行尝试和具体行动。如果问题未解决，可以再次回到沟通阶段，重新开始一次 CASVE 循环，直到职业生涯问题得到解决。例如，范茜茜同学最终选择辅修新闻专业，她认为新闻专业可能能与西班牙语相结合，但经过两周的课程后，她发现这个专业与她预期的不同，因此她决定改为辅修对外汉语专业。

三、影响职业生涯决策的因素

职业生涯决策受多种因素影响，既包括个人内在因素，也涵盖外部环境因素，主要分为专业、职业、社会和家庭四大类因素。

（一）专业因素

在职业生涯决策过程中，大学生往往将所学专业视为关键因素，这通常意味着他们会寻找与专业相关的工作。职业群的概念在此背景下显得尤为重要。职业群指的是一个专业所能涵盖的众多职业领域。以法律专业为例，其职业群包括公务员、律师、教师、法律研究人员、企业法律顾问、法律专栏作家、媒体记者和公司法务人员等。在选择职业目标时，学生通常会在与所学专业相关的职业群中做出选择。职业群可分为狭义和广义两种：狭义职业群通常指与专业对口的职业，而广义职业群则指与专业相关但不一定对口，甚至可能毫无关联的职业。例如，中文专业毕业生选择成为律师，两者间存在一定的联系；而日语专业毕业生选择成为电脑系统工程师，两者间联系较小，通常被视为专业不对口。

专业因素在大学生职业生涯决策中占据着举足轻重的地位，所学专业在很大程度上决定了未来的职业道路。因此，选择专业和学习专业时必须格外谨慎。

（二）职业因素

大学生普遍缺乏对职业的了解，这是不争的事实。在我国高校教育现状下，大学生需要自行解决对社会和职业认识不足的问题。在信息泛滥的时代，如何从众多职业信息中筛选、评估并获取有价值的信息呢？

积极与外界互动，构建个人的信息网络，主动搜集并分析相关信息至关重要。你必须考虑人才市场对意向职业的需求状况，以及可能的竞争程度。有些学生可能会疑惑如何获取这些信息，但事实上，只要你想知道，总有办法获取。例如，若你希望在外企工作，可以通过各种途径联系负责招聘的人事经理，他们能提供真实的信息，如每年招聘的大学生数量、你感兴趣的岗位的招聘人数、有多少大学生申请该职位，以及招聘标准等。

（三）社会因素

社会因素涵盖范围较广，包括国家政治、经济和社会发展状况，学校的教育水平和地位，社会对不同职业的评价，以及周围人对职业的看法等。这些因素会对大学生的职业生涯决策产生重大影响。

（四）家庭因素

家庭因素与个人成长紧密相关，父母的教育水平、职业背景、家庭经济状况等都是家庭因素的重要组成部分。一个人出生时就带有家庭赋予的社会地位，早期在家庭中获得的经验和无形的影响，往往会在一个人工作或职业表现中体现出来。因此，家庭因素对大学生的职业生涯决策具有显著影响。职业生涯决策存在风险，因此学生在做出决策前应深思熟虑，选择一个自己向往的职业目标。如果自己的想法与父母意见相悖，应向父母表达自己的想法，并在沟通前做好充分准备，分析自己的决策，争取得到父母的理解和支持。

第二节　职业生涯目标

唐朝贞观年间，在长安城西的一家磨坊里，马和驴子是好朋友。马负责拉东西，驴子则负责在磨坊内推磨。贞观三年，马被玄奘大师选中，踏上了前往印度取经的西域之旅。17 年后，马满载佛经返回长安，它回到磨坊与驴子重逢。马向驴子讲述了它所经历的沙漠、高山、冰雪和热海等奇景，驴子听后惊叹不已。驴子说："你见多识广啊！我连想都不敢想那么远的路。"马回答："我们走过的距离其实差不多，但不同的是，我有一个明确的目标，始终朝着一个方向前进，因此我见识了广阔的世界。而你，虽然也在不停地走，却因为没有目标，始终走不出这个小天地。"杰出与平庸的区别，并不在于天赋或机遇，而在于是否有人生目标。就像马和驴子，马始终朝着目标前进，而驴子只是原地打转。

职业发展亦是如此。没有目标的人，岁月的流逝对他们来说只意味着年龄的增长，他们日复一日地重复着相似的生活。目标是人们在一定时期内要实现的目的，它指引着我们的行动。目标包括指标、定额和时限等，是职业生涯规划中的方向和未来期望。如果你想成为百万富翁、杰出的商人或成功的艺术家，那就将这些作为你职业生涯的核心目标，让它成为你人生的"北斗星"。有人说，无论年龄多大，真正的人生之旅都是从设定目标的那天开始的，之前的日子只是在绕圈子。

一、目标的重要性

（一）目标对人生具有导向作用

在非洲撒哈拉沙漠深处，有一个美丽的绿洲，那里的土著居民几千年都没能走出沙漠。一位英国冒险家仅用三天就穿越沙漠走进了绿洲，他发现土著人是因为迷失方向而无法走出沙漠。他建议土著人晚上朝着北斗星前进，结果三天后土著人也走出了沙漠。

曾有人做过实验，组织三组人步行至十千米外的村庄。第一组不知道村庄名字和路程，第二组知道名字和路程但无里程碑，第三组则有明确的里程碑。结果，第三组的人情绪高涨，很快就到达了目的地。这说明，明确的目标能维持和加强行动动机，帮助人们克服困难，达成目标。目标是奋斗的方向，是实施的设想。没有目标，人就像没有方向的车，无法驶向成功。而错误的目标，可能导致南辕北辙。成功者大多有坚定、明确的目标，他们以目标为导向，射向成功的靶心。目标对于成功者来说，就像空气对生命一样重要。设定明确的目标，是所有成就的起点。98%的人之所以失败，是因为他们从未设定明确的目标，也从未迈出第一步。

目标能激发成功的力量。成功者必定目标意识强，成功始于选择目标，目标决定成就和人生。许多失败者并非缺乏知识和才能，而是因为他们没有目标，不知道为何而努力。

（二）目标助推坚定信念的形成

目标有助于人们发挥潜能，合理安排工作的轻重缓急，尽早获得成就。抓住目标，就像抓住机遇，它能区分卓越精英和平庸之辈。有了目标，我们内心深处的勤勉和勇敢才会显现，并为之努力实践。目标是内心信念的外在表现，是具体的、实际的，信念则是目标的内在动力，是抽象的、深沉的。目标就像移动的靶子，没有坚定的信念，我们就会与它擦肩而过。目标源于内心的信念系统，是内心的向心力和凝聚力，它能激发我们的激情，促使我们追寻、实现和发展目标。这种激情是对自身价值的认可，是信念的体现。如果我们对人生充满信心和激情，就会在心中树立坚定的信念，朝着目标努力。有了目标，我们才能在有限的时空中最大限度地释放能量，成功者必是目标意识强者。

目标赋予我们成功的力量，研究成功者的轨迹，会发现他们都有明确的目标。拿破仑在《一年致富》中说："一切成就的起点是渴望，一个人追求的目标越高，他的才能发展就越快。"他认为，所有成功都必须以一个明确的目标为前提，当对目标的追求变成一种坚定的信念时，所有的行动都会带领我们朝着这个目标迈进。

（三）目标引导发挥巨大潜能

每个人都有目标，目标没有对错之分，取决于个人价值观。价值观是评价行为、事物和选择目标的准则，是世界观的核心，是驱使行为的内部动力。现实社会的复杂多变，使得人们难以形成固定的价值观。言行和性格的"游离"通常是由于目标和价值观不一致。因此，"价值观决定一切"这句话揭示了一个事实：如果价值观不明确，就很难知道什么对自己最重要。当价值观不明确时，时间分配一定不好，因为你无法确定健康、事业、家庭或朋友哪个最重要。

目标引导我们发挥潜能，有了目标，人的生命才能在有限的时空中最大限度地释放能量。要发挥潜能，就要聚焦于自己的优势方向，以获得最快的高回报或高成果。目标能吸引我们集中精力，最优化地开发潜能。当人们不停地在其优势方面拼搏时，潜能就会得到进一步发挥。

二、确立职业生涯目标

罗斯福总统的夫人在本宁顿学院求学期间，寻求一份兼职工作。她的父亲安排了与美国无线电公司董事长萨尔洛夫将军的会面。将军询问她期望从事何种工作，她像许多青年一样回答："随便。"将军严肃地提醒她："不存在所谓的'随便'工作。"他强调："成功之路是由明确的目标铺就的。"职业生涯是一个不可逆的进程，每个人的生命都是有限的，职业生涯目标的设定与个人年龄紧密相关。因此，大学生应尽早确定适合自己的职业目标，这对未来的职业发展极为有益，能够避免走弯路。有句西方谚语说："一天的深思胜过一周的盲目努力。"因此，大学生在设定目标时，应反复思考、论证，考虑个人经历、素质和所处的社会环境等因素，将目标设定视为人生大事，确保每天都有付出和收获。

（一）目标的设定

目标是人生的指南针，只有设定了目标，我们才能朝着它不断前进。设定目标是目标管理的首要步骤，也是关键所在，因为目标的正确性直接关系到事业的成败。每个人都有设定目标的经验，但设定一个合适且具有激励作用的目标并不容易，必须遵循 SMART 原则。

S 代表具体明确，目标不能抽象模糊。例如，许多毕业生的目标是毕业后直接就业，但这过于抽象。具体的目标可能是在银行工作，或在厦门地区就业，或申请某公司的职位。在进行职业生涯规划时，更应注意细节的具体化，确保既有方向，也有实际的行动步骤。因此，首先应确定具体的职业方向、阶段性目标和总体目标。大多数大学生会在不太了解自己的情况下设定职业目标，这些目标通常较为宽泛。切记，目标应设定得更细致。

M 代表可量化，目标应尽可能用数字来衡量，避免使用模糊或抽象的表达方式。例如，如果你从事销售工作，尽管你非常忙碌，但如果没有具体的销售数字，就无法证明你的努力。因此，目标应尽可能用数据来表达。

A 代表可实现且具挑战性，目标必须在个人能力和特点范围内，通过努力可以实现。目标应既可实现，又具有一定的挑战性。例如，将目标设定为篮球运动员对于武大郎来说显然不现实。目标过高会导致挫败感的产生，过低则缺乏成就感。职业规划的可实现性包括目标的现实性、计划的可行性和效果的可检查性。目标的现实性是指目标应基于个人实际情况，是对个人资源的真实评估和科学预期；计划的可行性是指计划应具体可行，基于个人现有能力；效果的可检查性意味着目标的实现和计划的执行情况应以客观事物为标准，可以度量和检查。

R 代表相关性，目标必须与其他目标相关联。例如，从事前台工作需要学习英语，以便更好地接待国外客户，而学习管理学则偏离了主题。再如，从事国际贸易工作需要了解海关知识，而学习行政管理则偏离了主题。

T 代表有时间限制，所有目标都应在特定时间内实现才有意义。例如，"我要达到年薪 50 万的目标"没有时间限制，而"我要在两年后的今天达到年薪 50 万的目标"则有明确的时间限制。为了提高沟通能力，可以设定这样的目标：在未来 10 天内，每天至少与 3 个陌生人进行 2 分钟以上的交流。

（二）目标的分解

没有量化的职业生涯目标既难以估算所需的努力，也难以评估目标完成情况。最简单的量化方法是用具体数字描述目标，使目标数字化。例如，一个大一学生希望改变英语学习落后的状况，他设定了这样的学习目标："我一定要在英语四级考试中取得好成绩。"这个目标不够具体。如果改为"我要在大学二年级第一学期的英语四级考试中取得 610 分"，这个"610 分"就非常具体。有时，为了准确描述职业目标，需要结合一系列数字和具体文字来描述。例如，一个计算机软件开发专业的大学生的职业目标是成为软件业的领军人才，年收入达到 100 万元以上。其阶段性目标是：毕业后 5 年成为专业工程师，10 年后成为高级人才，15 年后成为有影响力的领军人才。

大学生在设定职业生涯总目标后，常因目标遥远或难度大而放弃。他们并非因遭遇失败而放弃，而是因为不懂得分解目标，一步一个脚印地前进。目标分解是将目标清晰化、具体化的过程，是将目标量化为可操作实施方案的有效手段。职业目标分解是根据观念、知识、能力差距，将职业生涯总体目标按时间、性质等标准分解为具体易操作的小目标。

1. 按时间分解

首先，确定最终目标。在对职业环境等主客观因素进行大量分析后确定最终目标，并终生朝这个目标努力前进。

其次，将最终目标分解为若干长期（5~10 年）目标，这些目标应易于分解操作，每个阶段都应有一个具体目标，这些目标应高度符合个人价值观，顺应社会发展需求，具有一定的挑战性和创造性，在一定时期内可行，一经实现会带来较大的成就感。

再次，将长期目标分解为若干中期（3~5 年）目标。这些目标应与长期目标一致，基本符合个人价值观，是自我与组织环境相结合的产物，具有创造性、灵活性的特点。

最后，将中期目标分解为短期（1~2 年）目标。与长期目标和中期目标相比，短期目标要求有更高的操作性和灵活性。它必须与最终目标、长期目标一致，能够适应组织环境需求，未必与价值观相符但应可以接受，灵活简单，可操作性强，切合实际，比较容易实现。

2. 按性质分解

美国职业心理学家沙因教授最早将职业生涯分为外职业生涯和内职业生涯。相应地，我们也可以将职业生涯目标分解为外职业生涯目标和内职业生涯目标。

（1）外职业生涯目标

① 职务目标。职务目标应具体明确，清晰的职务目标应是"专业职

务"。例如，"我在两年内成为公司技术主管"是可行的，但"在两年内成为公司的经理"则较为模糊。我们必须明确是哪一类专业职务。例如，某大学生 10 年职业生涯规划的职务目标是"采购经理"。要成为采购经理，需要有仓储管理、材料管理、物流规划、物流采购等方面的工作经验。为了获得这些经验，这位大学生必须从基层做起。因此，根据时间远近，采购经理这个职务目标可以分解为采购专员和采购工程师。

② 工作内容目标。在现实生活中，能够达到高层职位的人毕竟是少数。而且，晋升在很大程度上并不取决于我们自己。因此，建议大学生将外职业生涯规划目标的重点放在工作内容目标上，详细列出计划完成的工作内容。工作内容目标对于从事技术工作的人来说尤其重要，因为这些人的发展体现在专业技术领域取得的成就及相应职称晋升上。

③ 经济收入目标。获得经济收入是工作的目的之一，毕竟每个人都需要物质基础。在职业生涯规划中列出收入期望是合理的，但应根据自己的能力和实际情况，大胆规划出一个具体的数字，这个数字将成为你的重要激励源，不要含糊不清或不敢写。

④ 工作地点目标和工作环境目标。如果对工作地点或工作环境有特殊要求，应在规划中列出这两项内容。总之，尽可能根据个人喜好来规划，但切记不要过于琐碎，以免选择面过窄。

只追求外职业生涯目标可能会让人产生强烈的挫折感，如怀疑上级不公，抱怨工作太远、太累，付出与回报不成正比等，越想越难受，越想越没干劲，导致每天都生活在抑郁之中。其实，我们还有一笔重要的财富不容忽视，那就是丰富的知识经验积累，观念、能力的提升，以及由此带来的快乐感、成就感。内职业生涯修炼成熟了，就不会再为没有工作机会而发愁了。

（2）内职业生涯目标

① 职业技能目标。职业技能涵盖了处理职业任务所需的各种技能，包括领导、策划、管理、创新研究、人际沟通以及与同事合作的能力等。一些大学生将职业发展简单理解为职位和职称的提升以及收入的增长，这种理解过于狭隘。实际上，职业发展往往是横向的，可能意味着工作范围的扩展或专业领域的深化，这都需要不断提升个人技能。职业发展

并非直线式上升，仅将职业发展定义为职位和职称的提升，可能会导致心灵的痛苦。衡量职业成功不应只看金钱和职位，而应看是否完成了有意义的工作成果。职业发展往往是横向扩展的过程，可能是工作内容的扩展，也可能是专业领域的深化，这都需要我们不断提高个人技能，否则职业发展将停滞不前。

从另一个角度看，必要的技能积累是达到职务目标和经济收入目标的基础。因此，在制定个人职业规划时，应优先考虑职业技能目标。职位的提升很大程度上不取决于我们自己，但在工作中增长知识、提升技能、提高效率却是我们可以控制的。一些组织的管理者已将技能提升作为改善员工待遇的重要指标。职业技能目标应切合实际、具有挑战性，并与相应阶段的职务目标所需条件相匹配。

② 工作成果目标。工作成果是绩效评估的关键指标，优秀的工作成果不仅能给人带来荣誉感和成就感，也能为晋升铺平道路。大学生在设定职业目标时，应设定阶段性成果目标，以激励自己。例如，可以设定在本学期通过大学英语六级考试，进一步提升英语水平。

③ 心理素质目标。在职业生涯中，只有心理素质过硬的人才能正视现实、克服困难、追求卓越。心理素质差的人只会抱怨和放弃。为了实现职业生涯规划，需要不断提升心理素质。提高心理素质包括抗挫折、包容他人，以及在成功面前保持冷静，做到能屈能伸、荣辱不惊等。

④ 价值观目标。价值观是对待人和事的态度、价值观念。当今社会强调价值观的重要性，各种新观念层出不穷。许多跨国大企业甚至形成了自己的价值观文化，这些价值观影响着我们的行为，也影响着组织、领导、同事、客户对我们的看法。不断更新自己的价值观，让自己始终处于前沿，也是规划个人职业生涯的重要步骤。

（三）目标的整合

目标整合是处理不同目标间关系的有效方法，如果只看到目标间的排斥性，就只能在不同目标间做出选择；而如果能看到目标间的因果关系和互补性，就能积极地进行目标的整合。目标整合有按时间整合、按功能整合和全面整合三种方式。

1. 按时间整合

职业生涯目标在时间上的整合可以分为并行和连续两种情况。

（1）并行

所谓职业生涯目标的并行，是指同时着手实现两个平行的工作目标或建立和实现与当前工作内容不相关的预备职业生涯目标。有时外部环境为我们提供了许多机会，使我们面临多个选择，从而出现两个或多个不同方向的职业生涯目标。只要处理得当，在一定时期内，可以实现多个目标，当然，前提是具备足够的精力和能力。对于普通年轻人来说，在一段时间内只确定一个主要目标较为合适。这里所说的"同时着手实现两个平行的工作目标"，指的是短期内进行不同性质的工作，通常发生在中、高级管理层"双肩挑"的情况下，而建立和实现与当前工作内容不相关的预备职业目标，多发生在中、青年人身上，意在居安思危、未雨绸缪。例如：学校团支部书记为了在未来获得更大的发展空间，在完成本职工作的同时，进修 MBA 课程。

（2）连续

连续是指利用时间作为连接，将各个目标前后串联起来，实现一个目标后再进行下一个。通常，较短期的目标是实现长期目标的基础。目标的期限是相对的，随着时间的推移，长期目标可能变为中期目标，中期目标可能变为短期目标。只有完成好每一个近期目标和短期目标，最终目标才有可能实现。职业目标分为最终目标和阶段性目标（长期目标、中期目标、短期目标），各个阶段性目标的设定应与最终目标保持一致并相互关联。这里应该明确，阶段性目标是在一段特定时间内要达到的结果。如果将职业生涯的阶段性目标转变为职业生涯的最终目标，只需将各个阶段性目标串联起来，加上一个时间表，再加上一个评估目标达成结果的方式。

2. 按功能整合

许多生涯目标在功能上可能存在因果关系或互补关系。

（1）因果关系

有些目标之间存在明显的因果关系，如前述的职业技能目标与职务目标和经济收入目标，前者是因，后者是果，表现为：职业技能提高——职务晋升——经济收入增加。通常情况下，内职业生涯目标是因，外职业生涯目标是果。

（2）互补关系

一个管理人员希望在成为优秀的进口部经理的同时获得 MBA 证书，这两个目标之间存在直接的互补作用，实际管理工作为 MBA 学习提供实践经验，而 MBA 学习又为实际工作提供理论支持和方法指导。同样，高校教师通常肩负教学和科研两项任务，教学为科研工作提供理论基础和方法指导，科研实践又促进了教学内容的丰富、更新和质量提升。

3. 全面整合

全面整合超越了职业的范畴，涵盖了人生的全部活动，指的是职业生涯、家庭和个人事务的均衡发展与相互促进。事业并非生活的全部，任何人都不能脱离家庭和休闲娱乐，完美的职业规划不应排除生活中的其他内容。目标整合可以超越狭隘的职业生涯范围，将全部人生活动协调起来。

三、大学生职业生涯目标的达成

仅有目标而无计划，等同于空想。拟定计划与行动步骤是完成任务、达成目标的核心要素。计划可包括周计划、月计划、年计划，甚至是日计划。在大学四年的不同阶段，个人的培养目标各异，因此，个人制订的计划和采取的行动也应各有侧重。这意味着需要规划职业生涯发展路径，它能指出个人可能的发展方向和发展机遇，是个人在确定职业方向后选择实现途径的蓝图。缺乏职业生涯发展路径，将导致走许多弯路、错路、回头路，造成资源、时间和精力的浪费。若未选择一条捷径，就会在路上耽搁，因此，每个人在确定职业定位后，必须规划一条职业发展路径，使未来的学习和工作沿着既定路线前进。大学生在向职业人过渡的过程中，大学阶段的学习至关重要。能否顺利地完成由中学生到大学生的转变，能否顺利完成大学期间的各阶段任务，能否顺利找到既喜欢又能胜任的工作，取决于大学生对大学生活的合理规划和积极行动。为达成职业生涯目标，大学生可将大学四年划分为以下十个阶段，在每个阶段完成相应的任务。

（一）第一阶段：大学生入学生涯第一学期前半学期

本阶段的主要任务是正确认识大学、认识自我，进行生涯剖析，制定职业目标。初步了解职业，特别是自己未来想从事的职业或与自己所学专业对口的职业，提高人际沟通能力。多与学长、学姐交流，尤其是大四的学长、学姐，了解就业情况，多参加学校活动，提高交流技巧、沟通能力。利用学生手册、学校网站、讲座等途径了解学校各项规章制度。大学生虽然在角色上已经是大学生，但在心理上仍处于高中后期，他们刚刚经历高考的洗礼，正在享受高考的胜利，许多学生踌躇满志，对大学生活充满憧憬与幻想，几乎每个人都为自己设定了远大的目标，制订了宏伟的计划。然而，这时的大学生对大学生活还不够完全了解，对大学的认知只是停留在道听途说的层面，学生本人对于自我和环境的探索不够。

该阶段职业生涯目标的特点是：职业生涯目标的确立多受成长经历及外界影响，目标虽高远，但显得空洞。

该阶段的大学生职业生涯规划任务是：适应大学生活；积极进行自我探索，分析高中时期建立起来的职业生涯目标，发现问题并修正目标；了解社会职业、职位设置；制订切实可行的大学阶段成长计划；参加校园文化活动和社会实践活动；进行专业的心理咨询和职业咨询。

（二）第二阶段：大学生入学后第一学期后半学期

大学生在校园已有两个月的生活和学习经验，对大学生活有了一定的了解，并且对自我有了一定的认识，制定了大学生涯规划。随着对所学专业的进一步了解及大学生活的深入，每一位学生的具体目标逐渐显现。

该阶段职业生涯目标的特点是：目标逐渐与所学专业相结合。

该阶段大学生的职业生涯规划任务是：进一步进行自我探索，发现自身的优势、劣势、兴趣、爱好、性格、能力，发现自己希望提高的地方；了解社会职位素质要求；根据发现确定阶段性具体目标；制订实现目标的计划并积极行动；进行相应的素质测评；参加校园文化活动和社会实践活动；参加能力提升训练。

（三）第三阶段：大学一年级下学期

大学生已经基本适应大学生活，经过大学生活的亲身体验和专业课程的学习，各方面能力有了一定的提高，对自我的探索逐渐深入，并开始探索职业发展方向。

该阶段职业生涯目标的特点是：目标开始与自我性格、爱好、能力等相结合。

该阶段大学生的职业生涯规划任务是：继续进行自我和环境的探索，了解自己的职业发展方向，了解社会相关的职业资讯；对大学生涯进行合理规划；制定大学期间的阶段性目标；积极行动以实现阶段性目标；参加校园文化活动和社会实践活动；参加成长训练。

（四）第四阶段：大学二年级上学期

开始考虑毕业后是升学、就业还是自主创业，本阶段的主要任务是提高自身基础素质。通过参加学生社团组织锻炼各种能力，同时检验自己的知识技能。尝试兼职，最好能在课余时间（长时间）从事与未来职业或本专业相关的工作，提高自己的责任感、主动性和抗挫折能力。增强英语口语能力、计算机应用能力，通过英语、计算机等级考试，有选择地辅修其他专业的知识来充实自己。大学生经过一年的大学生活，已经完全适应了大学生活，掌握了大学生活规律，建立了一定的人际关系，新环境的适应压力逐渐消退，这时的大学生开始真正从现实角度关注自己的成长，并积极参加各种活动，主动进行能力提升训练。与此同时，大学生对于自己的性格、能力、优势、劣势、职业兴趣，以及将来的职业方向、社会对各种人才的需求、社会经济政治的发展、社会各种职业发展的趋势等状况的探索更加积极和有时效，他们已经意识到探索的重要性，并积极行动，希望自己快速成长，但是，受经历、经验、阅历的影响，这一阶段的大学生需要有效的帮助，外力的支持会大大加速大学生成长的速度。

该阶段职业生涯目标的特点是：目标的确立开始考虑社会需要与个人需要的结合。

该阶段大学生的职业生涯规划任务是：进一步进行自我探索；了解将来的就业环境和职业方向；了解社会政治、经济、文化发展状况，以及职业、职位状况；制定自己的职业生涯规划。

（五）第五阶段：第二学年第二学期前半学期（含暑假）

大学生对于自我的认知和社会的认知达到了一定的水平，职业生涯发展方向进一步明确，这时的职业生涯规划没有了刚刚进入大学时的盲目性，更加切合实际，更具有可操作性。

该阶段职业生涯目标的特点是：在长远规划的基础上更加具体和现实，但由于个体的差异，有些学生仍会因为寻找职业生涯发展目标和个人价值而处于迷茫状态。

该阶段大学生的职业生涯规划任务是：学习并掌握职业生涯规划中的目标建立方法和决策方法；建立合理的价值体系和认知结构；围绕职业生涯规划制订相应的成长计划；参加专项行为训练，提升实现目标的行动力。

（六）第六阶段：第二学年第二学期后半学期

大学生通过对自我及环境的探索，逐渐找到了自我价值与社会价值的结合，积极探求实现自我价值的有效途径；通过学习职业生涯目标的确立及决策方法，大大提高了自我掌控以及自我设计的能力；通过参加各种实践和成长训练，综合能力快速提升，为即将到来的职业实践奠定了良好的基础。这时的大学生职业生涯发展道路开始出现不同：有的学生希望大学本科毕业后找到一份称心的工作，开始自己的职业生涯；有的学生则希望继续在某一领域进行深造。个人的选择来自两年的探索。

该阶段职业生涯目标的特点是：目标的确立直接反映了大学生的个人价值观，并与社会现实相结合。

该阶段大学生的职业生涯规划任务是：了解自己的职业兴趣，确定职业发展方向；掌握与就业相关的信息；了解与就业相关的法律、政策、就业程序；树立正确的职业道德观念；完善并落实成长计划；参加社会实践活动；参加专项行为训练。

（七）第七阶段：大学三年级上学期

提升个人综合素质，发展职业目标所需技能，增强求职能力，关注就业动态，做出升学、就业或自主择业的决定。撰写学术论文时，勇于表达个人见解，培养独立解决问题和创新思维的能力，参与与专业相关的实践，与同学分享求职经验，学习撰写简历和求职信，积极尝试求职。大学生因志向不同，职业发展路径各异，深造者准备研究生考试，求职者积极参加活动，部分学生选择实习。

该阶段职业生涯目标的特点是：长期目标逐渐清晰坚定，短期目标更具体化。

该阶段大学生的职业生涯规划任务是：明确职业方向；识别并提升职业竞争力。

（八）第八阶段：大学三年级下学期

通过实习，大学生认识到自身能力与职位要求的差距，发现理想职业与社会职位的差异，开始全面反思，建立符合社会实际的工作理念和自我认识。参与活动更具目的性。

该阶段职业生涯目标的特点是：与社会紧密接触，目标得到有效调整，反映个人理想与社会现实的结合。

该阶段大学生的职业生涯规划任务是：合理规划职业生涯；确定职业发展方向和各阶段目标；寻找职业发展的有效途径；掌握评估和修正方法；评估规划相关问题，发现不足。

（九）第九阶段：大学四年级上学期

重点在于择业、就业或创业。总结前三年准备，检验职业目标的合理性以及准备的充分性。开始求职申请，积极参加招聘活动。了解用人的单位信息，加强求职技巧，进行模拟面试。通过专业学习和训练，提升专业技能，增强人际交往能力、思维能力、创新能力和团队精神。经过全面探索和实习，找到合适的工作，有意识地结合理想职业规划剩余大学生活。

该阶段职业生涯目标的特点是：目标现实且可操作。

该阶段大学生的职业生涯规划任务是：结合职业实践和理想，发现现实与理想职业的差距；参加提升训练；了解社会及职位变化；了解就业政策和程序。

（十）第十阶段：大学四年级下学期

大学生即将毕业、步入社会，开始职业生涯。如何适应工作及环境，快速成功，是每位即将踏入社会的大学生关注的问题。希望通过最后的大学生活实现自我完善。

该阶段职业生涯目标的特点是：目标具体，体现职业素质的培养。

该阶段大学生的职业生涯规划任务是：了解就业及创业信息；参加提升训练；建立稳定关系。

第十章

职业生涯规划的行动与调整

在当今这个充满不确定性和快速变化的时代，规划和经营自己的职业生涯显得尤为重要。职业发展的道路往往充满了各种变数和挑战，我们无法准确预测未来将会遇到哪些情况。因此，在我们着手进行职业生涯规划的时候，必须具备前瞻性，考虑到未来可能出现的各种意外情况，并且制定出相应的应对策略和备选方案。只有这样，我们才能在面对不可预见的挑战时，保持冷静和应变能力，确保职业发展的连续性和稳定性。

在执行职业生涯规划的过程中，我们还需要定期审视和修正职业规划。这是因为随着时间的推移，我们对自己的认识会不断加深，同时外部环境也在不断地发生变化。这些变化可能会导致我们的人生目标、价值观和兴趣发生转变，从而影响我们的职业目标。因此，定期审视和调整职业规划是确保我们能够沿着正确的职业道路前进的关键。

此外，在进行职业生涯规划的过程中，我们还应该考虑多种因素的变化，这些因素包括但不限于年龄、健康状况、家庭状况、工作与家庭的平衡、地理位置以及机会成本等。这些因素都可能在不同阶段对我们的职业生涯规划产生重大影响。例如，随着年龄的增长，我们可能会更加重视工作与生活的平衡，或者在健康状况发生变化时，需要调整工作强度和类型。家庭状况的改变，如结婚、生子等，也可能要求我们重新考虑职业选择和工作地点。地理位置的变化可能会影响我们获取工作机会的可能性和成本。而机会成本的考量则涉及我们为追求某一职业目标而放弃的其他机会的价值。

因此，我们需要及时并恰当地调整我们的职业规划，以确保其适应性和准确性。这不仅需要我们具备自我反省的能力，还需要我们具备灵活应变的智慧和勇气。通过不断地学习和适应，我们可以确保自己的职业生涯规划始终与个人发展和外部环境保持同步，从而实现个人职业目标和生活目标的和谐统一。

第一节　职业生涯行动计划

在阳光灿烂的古老原始森林中，寒号鸟以其华丽的羽毛和动听的歌声吸引着众人的目光。它总是炫耀自己的美丽，对其他鸟儿的辛勤工作嗤之以鼻。有位好心的鸟儿劝告它："赶紧筑巢吧！冬天来了怎么办？"寒号鸟不屑一顾地回答："冬天还远着呢，现在应该尽情玩耍！"日复一日，冬天很快就降临了。其他鸟儿在温暖的巢中安睡，而寒号鸟却在寒风中颤抖，用歌声表达对过去的悔恨和对未来的恐惧："寒风冻死我，明天我就筑巢。"第二天，阳光普照，万物复苏，寒号鸟又得意地歌唱，忘记了前夜的痛苦。当其他鸟儿再次劝它筑巢时，它却嘲笑它们不懂享受。夜晚再次降临，寒号鸟重复着前夜的故事。经过几个夜晚，大雪突降，寒号鸟的歌声戛然而止。太阳升起时，大家发现寒号鸟已被冻僵了。

这个故事来自小学课本中的《寒号鸟》，它告诉我们，没有行动，一切目标都是空谈。在确定了职业生涯目标之后，行动变得至关重要。

一、行动计划在职业生涯规划中的重要性

行动计划是行动步骤的决策过程和方法，在职业生涯规划中，行动计划对于个人发展和目标实现起着至关重要的作用。有些学生虽然目标明确，比如大一时就计划去某公司实习，但几个学期过去了，却因各种事务无法开始实习或求职。因此，仅有目标而无行动，目标就毫无意义。如何制订有效的行动计划以确保目标的实现，这是在确定了职业方向和目标后，职业生涯规划中的又一关键内容。

二、制订行动计划

（一）制订行动计划的要点

根据目标制订相应的行动计划至关重要，因为没有计划的目标几乎等同于空谈，没有计划的方向是不稳定的，没有计划的行动是混乱的，没有计划的团队是无序的，没有计划的成果也是不可控的。因此，在实现目标的过程中，制订切实可行的行动计划是首要任务。

管理过程学派的代表人物亨利·法约尔（Henri Fayol）对"计划"有其独到的见解。法约尔认为，计划是管理活动的五大构成要素之一，包括预测未来和制订行动计划。预测未来是对未来的预判和准备，而制订行动计划则是明确行动路径、阶段、手段、目标和结果。

根据计划时间的长短，行动计划可分为日计划、周计划、月计划和年度计划；根据生涯阶段，可分为大学期间计划、职场适应计划和长期发展计划。一份良好的计划应具备以下特点：

① 统一性，即每一项活动的专门计划或每一部门的专门计划，都应与整体计划紧密相连；

② 连续性，即短期计划与长期计划相互配合，前后计划相互衔接，确保计划的持续指导作用；

③ 灵活性，计划必须能够根据环境变化做出适当调整；

④ 精确性，计划应在影响企业的未知因素允许范围内力求准确；

⑤ 实用性，行动计划应紧密围绕职业生涯目标，为实现目标提供直接有效的支持；

⑥ 可行性，行动计划应基于现实基础和条件，不可脱离实际。

（二）制订日计划的具体步骤

1. 记录任务

将一天中需要完成的所有事项列出。这样做的有利之处在于：首先，书面记录比仅在脑中记忆更可靠；其次，在书写过程中能清晰地识别重要事项，形成清晰的思路；最后，书面计划比脑中的模糊概念更具约束力，能更好地促使人们将想法付诸实践。

尽可能在前一晚睡觉前完成这项工作。根据心理学理论，人们通常会在睡前"预演"次日的事务，确保为新一天做好准备，创造心理上的安全感，从而提高睡眠质量。

2. 估算所需时间

制订理想的日计划不仅需要列出活动内容，还需要根据个人情况估算每项任务所需的时间。初次估算时，可能会高估自己的效率，导致计划无法顺利执行，因此应适当放宽时间限制。

3. 预留弹性空间

根据以往经验，突发事件的发生概率很高，因此在计划时应预留足够的弹性空间。可以遵循"50-50 原则"：将已知活动安排在 50% 的时间内，剩余 50% 时间用于应对突发事件。

4. 果断做出选择

制订有意义的日计划还需学会选择与取舍。只有真正重要的事情才值得投入时间和精力。在排列任务顺序时，注意轻重缓急，用特殊符号标记重要事项，划掉不必亲自处理的事项。

每天找出最重要的一至两件事，无论多忙，只要完成这些任务，就能保持心情舒畅。因为你知道自己已经解决了最重要的问题。

5. 检验实施效果

再好的计划也只有在实施后才能体现价值。工作结束后，回顾当天的日计划，检查完成情况，并将未完成的工作顺延至次日。这样能逐渐意识到拖延的坏处，并改掉拖延的习惯。

我们不仅应发现未完成的任务，还应对计划的制订和实施过程进行深入分析，找出未能顺利完成计划的原因：是否任务过多？是否某项任务耗时超出预期？是否在不重要的事情上浪费了时间？是否受到外界干扰，导致计划无法顺利执行？

三、实施行动计划

（一）步骤执行

行动阶段模型如图 10-1 所示。

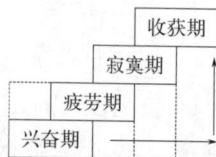

图 10-1　行动阶段模型

兴奋期：行动热情高涨，态度积极，但缺乏明确方向，方法随意，目标设定缺乏经验。

疲劳期：工作热情减退，遇难题易放弃，频繁更换或降低目标，急需掌握时间管理和情绪管理技巧。

寂寞期：仅少数持之以恒者能达此境界，取得阶段性胜利。

掌握行动规律后，应更加坚定目标，不轻易放弃，只有这样，才能有所收获。

（二）心态调整

1. FIRST 方法

FIRST 方法易于实践，以下是详细介绍。

专注（focus）：明确主要目标，专注是成功的首要条件。为保持专注，需学会放弃。有时"舍"才能"得"。行动中，要保持专注以避免被干扰。

执行（implement）：按短期计划，每天进步，熟练后提升难度，不断挑战舒适区。

反思（reflect）：常思考行动过程，总结经验，提高效率。

反馈（seek feedback）：寻求他人反馈，避免个人盲点。多交流，借助他人视角发现深层问题。

转移（transfer）：将经验不断转移，运用到下一步行动中。成功在于坚持，当正确的行动成为习惯，成功自然接踵而至。

2. 改变阻碍行动的习惯

专家实验显示，蜜蜂与苍蝇在瓶中表现不同。蜜蜂坚持寻找出口直至力竭，而苍蝇迅速找到出口逃脱。蜜蜂遵循逻辑，却未意识到出口可能不在预期之处。苍蝇随机行动，反而能找到出口。这个实验揭示了习惯性思维和行动对成功的阻碍。

行动并非总如预期，人们无法预见所有问题，若墨守成规，可能陷入僵局。因此，须积极改变束缚自己的坏习惯或不适应当前局面的老习惯。95% 的行为是习惯，对人影响巨大，在潜移默化中影响人的品德以及人能否取得成功。习惯可改变，关键在于意愿。若重复错误的习惯，行动可能无效或低效。

好习惯会对学习、工作和生活产生正面影响。成功源于正确的行动，好习惯也由行动建立。行动能促进知识、技能的增长，形成良性循环，帮助人们建立新的习惯模式。

形成新习惯的四个阶段如图 10-2 所示。

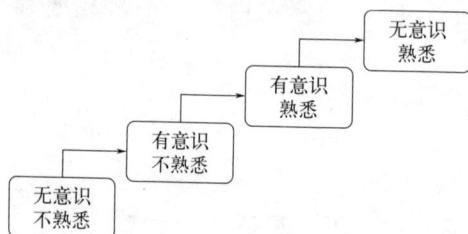

图 10-2　形成新习惯的四个阶段

3. 行动度量（TAR 度量法）

时间（time）：设定行动计划和度量的时间段。

行动（action）：按计划执行，完成则标记确认。

结果（result）：行动后，评估结果满意与否，可用具体结果或数字表示。

建议每日赞扬自己完成的事，每月赞扬月目标完成情况，每年回顾目标，复盘各阶段的成果，并感谢自己的坚持与努力。赞扬和感谢要具体，可适当奖励自己，如礼物或美食。

具体案例：

姓名：穆小川

目标：通过 12 月举行的英语四级考试（目标细节略）

时间：2019 年 11 月开始，共 30 天

标准：对完成的具体事情给予赞扬

签名：穆小川（亲笔）

穆小川的行动度量如图 10-3 所示。

＊＋空格：未完成

★＋满：完成且满意

☆＋不：完成但不满意

行动结果：完成 23 天，满意 17 天，不满意 6 天。

自我鼓励与奖励：1 号，没有上网打游戏，做完 5 篇阅读理解，自我表扬一下！2 号……

日		一		二		三		四		五		六	
★	满	★	满	☆	不	★	满	*		★	满	☆	不
★	满	★	满	★	满	★	满	☆	不	*		*	
★	满	★	满	*		★	满	★	满	☆	不	★	满
★	满	★	满	*		☆	不	★	满	★	满	*	
*		☆	不										

图 10-3　行动度量图

道路非他人所赐，而是自己选择的结果。选择决定人生。克雷洛夫说，现实是此岸，理想是彼岸，行动是连接两岸的桥梁。唯有行动，方能成功。

（三）执行计划时的管理与监督

1. 执行计划时的自我管理

实践是检验真理的唯一标准，一份完美的生涯规划需要有良好的执行力来完成。在执行行动计划的过程中，对时间的管理至关重要。时间是衡量事物变化过程的维度，没有变化，时间就没有了意义。时间是特殊的资本，其特殊性在于时间无法被创造、更新或存储。对于人类而言，时间是有限的。由于人类自身的局限，时间在感觉上是无始无终、延绵不绝的。时间的有限性和无限性的结合，要求我们以严肃的态度对待时间，确保有限的生命不被浪费。

对于时间管理，存在两种不同的理解。一种是将其视为管理技巧，目的是提高时间的利用率和有效性，通过合理计划和控制、有效安排与运用时间来完成预定目标和克服时间浪费问题。另一种是将其视为一种能力，称为时间管理倾向，是指个体在运用时间的方式上所表现出的心理和行为特征，具有多维度、多层次的心理结构，由时间价值感、时间监控观和时间效能感构成。

对于目标明确、计划完备的个体而言，时间管理的大敌是拖延。拖延行为已成为当前大学生不能完成学业任务、无法达到预定目标的主要障碍。斯蒂尔对拖延的概念和性质进行了系统的梳理，将其定义为："自愿推迟开始或完成计划好的某一行动，尽管预见到该行动会因推迟而变糟。"拖延是一个复杂的心理行为问题，既有拖延的客观行为，也有明知会有消极后果而难以遵循最初意愿的非理性认知，同时还往往伴有焦虑、抑郁等消极的情绪体验。

拖延可以分为特质拖延和情境拖延。特质拖延是指拖延是一种稳定的人格特质，具有跨时间和情境的稳定性。情境拖延是指人们只有在特定的环境中才会拖延，强调情境对人的影响，对于大学生来说，学业拖延就是一种典型的情境拖延，在写论文、备考和完成每周的阅读任务时最普遍。

特质拖延者可以分为三类：一是等到最后一刻才进行冲刺的唤醒型；二是害怕失败，甚至害怕成功的回避者，他们宁愿被人看作是缺乏努力而不是缺乏能力的人；三是无法做出决定的拖延者。

有效的时间管理可以帮助大学生战胜拖延，顺利进行生涯规划行动。时间管理方法的研究经历了四个不同的阶段：

① 利用便条与备忘录，在忙碌中调配时间与精力。

② 强调行事日历与日程表，反映出时间管理已注意到规划未来的重要性。

③ 目前正流行的、讲求优先顺序的观念。也就是依据轻重缓急设定短、中、长期目标，再逐日制订实现目标的计划，将有限的时间、精力加以分配，争取最高的效率。

④ 与以往有截然不同之处，它根本否定"时间管理"这个名词，主张关键不在于时间管理，而在于个人管理。与其着重于时间与事务的安排，不如把重心放在维持产出与产能的平衡上。

每个阶段的理念和方法都具有一定的应用性，比如：对于日常的琐事，利用便条和备忘录可以起到提醒作用；对于较短时间内的职业生涯行动、工作安排，日程表可以做到一目了然；而第三代时间管理的方法，对于管理长期目标、协调短期目标与长期目标之间的关系具有不可替代的作用；第四代理论则更侧重从生活的协调方面来考虑时间的管理，是一个更为广阔的看待人生和时间的理念。

2. 执行计划时的自我监督

为了更好地执行行动计划，达成职业目标，加强以后在职业中的稳定性，必须要有完备的自我监督。监督的过程实际上是一个不断评估的过程，在行动计划的执行中，首先要确定评估的时间，一般情况下，要进行阶段性校核，定期（半年或一年）评估规划，核对短期计划的任务实施情况，做出下一步行动计划的详细部署，当出现特殊情况时，随时评估并进行相应的调整。其次，就是要进行内容评估，自我监督里面的内容评估主要有四方面：实施策略评估、职业路径评估、职业目标评估及其他因素评估。

（1）实施策略评估

是否需要改变行动策略？如果……我就……

例如：① 本来计划在外租房子住，在校外进行考研复习，但是如果学校有学生必须居住学生公寓的相关规定，不允许学生私自在外居住，那么我就每天到学校的图书馆进行学习。② 我之前的职业规划目标是成为一名人民教师，如果现在我觉得自己不适合当老师，我会选择其他的工作或者创业。如果短期内工作过于劳累或者压力偏大，那么我会选择请假，等调整情绪后继续工作。如果长时间处于劳累和压力大的情况，我会选择去其他学校工作或换一份工作。如果觉得所有学校都没有发展前景，我会选择跳槽。

（2）职业路径评估

是否需要调整发展方向？当出现……的时候，我就……

例如：① 我制定的评估时间是 2 年半，如果在 2 年半之后，我这个阶段的规划（考研）没有实现，那么就调整采用备用目标（直接签订合同就业）。如果顺利达成目标，那我就将不懈努力。② 我之前的职业规划目标是成为一名人民教师，在毕业前，如果我发现自己不适合当老师，那么我会选择去企业发展，并重新制定职业生涯规划。在工作初期，如果我发现自己无法胜任教师工作，那么我会选择考研或者重新选择新的工作，去谋求新的发展方向。在工作中期，如果我发现自己无法担任班主任的职务，那么我会向其他老师讨教经验，并询问学生对我的看法和意见，努力改善自己的教学方法。在工作后期，如果我发现我并不适合在这所学校担任班主任工作，那么我会考虑提前退休或者创业，或者到新的学校去就职。

（3）职业目标评估

是否需要重新选择职业？如果一直……那么我将……

例如，在实施计划的过程中，难免会有很多被忽视的小因素成为约束继续实施计划的阻力，如公司领导层的岗位 10 年之内一直不会有所变动或空缺，使我的职业晋升受阻，那么为了实现我的晋升目标，我将选择到其他有晋升机会的公司发展，但是我应该有 90% 的信心坚持自己的发展方向。

（4）其他因素评估

其他因素主要是指身体、家庭、经济状况以及机遇、意外情况的及时评估。例如，当身体突发意外或罹患重大疾病，不适合之前职业生涯规划中的具有高强度工作岗位时，可以选择辞职，等调理好身体后，再选择就业；如果家里发生重大变故、需要大量资金，可以酌情选择工资较高的单位就职；因为父母或配偶的原因不能去异地中意已久的公司就职时，可能会就近选择次中意的公司或职位。

人只有在实践中才能更清楚、更透彻地进行自我认知和定位，才能了解自己真正适合什么职业。因此，一开始的职业生涯规划可能是模糊的，在经历了一段时间的实践之后，有意识地回顾自身的言行、得失，就执行计划的成果与不足做一个自我认知和自我批判，通过反馈与修正，可以总结经验教训，修正自我定位和职业目标，确保职业生涯规划的正确性和可行性。

第二节　职业生涯规划的调整

在人生的成长过程中，由于社会环境的剧烈变动和众多不确定因素的影响，原先设定的职业生涯目标和规划可能与现实情况出现偏差。因此，必须对职业生涯目标和规划进行重新评估和修正，并调整自己的步伐，以更好地适应个人发展和社会发展的需求。这个过程被称为反馈评估。它是个人不断自我认识的过程，也是对社会不断认识的过程，是提高职业生涯规划有效性的关键手段。

只有当个人正确地认识自己，客观地分析环境，科学地规划、选择适合自己的职业和职业发展路径时，才能确保事业的持续成功。

一、职业生涯规划的评估与反馈

（一）评估职业生涯目标的方法

1. 问题分析法

（1）问题分析法的提问方式

问题分析法是一种通过回答与目标实现相关的一系列问题来评估和分析目标的方法。通常，这些问题包括：

① 这个目标是否与我的价值观相符？它是否与我在个人生活中追求的信念一致？

② 这个目标能在多大程度上满足我的兴趣爱好？在实现这个目标的过程中，我能否感到身心愉悦？

③ 这个目标是我内心的真实愿望吗？还是他人或社会强加给我的？

④ 我是否拥有足够的动力去实现这个目标？我能否保持足够的热情坚持下去？

⑤ 这个目标是否具有可行性？我能否通过学习和努力达到目标的要求？

⑥ 我是否具备实现这个目标的潜在能力？我能否掌握实现目标所需的技能？

⑦ 外部社会与环境在多大程度上支持我的目标实现？我能否克服环境中的障碍？

⑧ 这个目标是否具有明确性？是否足够具体，以便我能够立即开始行动？

围绕目标回答上述问题，当大多数答案为肯定时，表明该目标具有一定的可行性。

（2）问题分析法的应用

以下是一位学生针对自己的目标进行的分析。

我是一名即将读研的学生，我的职业目标是毕业后进入设计院工作，以下是我的分析。

① 这个目标是否与我的价值观相符？它是否与我在个人生活中追求的信念一致呢？

答：基本相符，当初选择工科是因为我认为自己适合解决实际问题，如技术性和实用性问题。设计院或勘察院的工作可以让我充分发挥所学，并创造出有价值的东西。在施工单位，工作内容偏向管理，我不确定自己能否在短时间内掌握那些被认为有效的方法，或者说能否获得工作的成就感。

设计院的工作与我生活中的信念较为吻合，但仍有差异。设计院的工作是所做即所得，这与我坚信的一分耕耘一分收获相一致。但同时，这里的工作会随着外部项目的变化而变化，因此也能满足我对工作内容变化的需求。

② 这个目标能在多大程度上满足我的兴趣爱好？在实现这个目标的过程中，我能否感到身心愉悦？

答：在很大程度上都能满足，至少能使自己所学有所用，能创造价值。但同时，工作中总有身不由己的情况，经常会有机械的重复作业，这是我不愿看到的，因此需要进行自我调整。在实现目标的过程中，出成果的过程会让我感到身心愉悦。

③ 这个目标是我内心的真实愿望吗？还是他人或社会强加给我的？

答：大部分是内心的真实愿望，但同时权威人士或老师的讲解也会影响我的判断。

④ 我是否拥有足够的动力去实现这个目标？我能否保持足够的热情坚持下去？

答：目前我感到自己有足够的动力去实现目标。但是因为我现在接触的实践机会较少，导致理论与实践脱节，所以缺乏足够的热情进行理论学习。因此，我将在未来的学习中增加实践，以保持学习的热情。

⑤ 这个目标是否具有可行性？我能否通过学习和努力达到目标的要求？

答：目标比较现实，因为周围有许多可供借鉴的成功案例。但不清楚学习和努力应该达到的状态和应该做的准备，目前我能想到的就是先把研一的必修课学好。

⑥ 我是否具备实现这个目标的潜在能力？我能否掌握实现目标所需的技能？

答：我相信自己有实现目标的潜力，因为大学课程的学习让我看到了自己的学习能力。目前对于进入设计院所需的具体技能了解不够，导致学习有所拖延。下一步我需要进行具体的研究，尽可能详尽地了解技能需求。

⑦ 外部社会与环境在多大程度上支持我的目标实现？我能否克服环境中的障碍？

答：就我目前所处的学校和家庭环境来说，是足够支持我实现目标的。主要障碍可能是未来几年国家基础设施建设减少，可能会减少设计院的用人需求。这个困难不是我个人力量能克服的，但我可以使自己变得更强大，优于同专业的同辈，从而脱颖而出。

⑧ 这个目标是否具有明确性？是否足够具体，以便我能够立即开始行动？

答：目标具有一定的明确性，但并不具体，而且未考虑其他各方面的因素。这让我感到有了大致的方向，但要做的事情很多。因此，我现在需要梳理实现目标所需的重点工作，以便进行合理的取舍。

2. SWOT 分析法

SWOT 分析法是一种强大的分析工具，用于审视个人技能、职业倾向、喜好以及职业机遇。通过这种方法，可以轻松识别个人的优势和劣势，并仔细评估不同职业路径中的机遇与威胁，进而根据分析结果调整职业规划。

（1）优势

个人在某些方面表现出色，尤其与竞争者相比具有明显优势，例如具有较强的沟通技巧、组织能力、亲和力和同情心等。

（2）劣势

个人不擅长或不喜欢的事情，以及可能对职业选择产生负面影响的不足之处，如社交能力不强、缺乏创新思维、团队协作能力不如竞争对手等。

（3）机遇

有利于职业选择和发展的新机遇，例如专业对口的行业得到国家的大力支持，人才需求增加，或者心仪的企业开始招聘新员工等。

（4）威胁

潜在的危险因素，如所在行业衰退、出现强劲的新竞争者、公司业绩持续下滑等。

通过 SWOT 分析，可以清晰地描绘出职业生涯的美好前景。

3. 五"W"法

五"W"法是一种从零开始的思考方式，通过回答五个包含"W"的问题来探索个人职业生涯的发展和职业目标的可行性。

（1）五"W"法的提问方式

① Who are you？你是谁？全面审视自身情况。

② What do you want？你想要什么？审视职业发展和生活需求，确保当前职业目标与之相符。

③ What can you do？你能做什么？总结自身能力，评估与既定目标的匹配度。

④ What can support you？环境支持你做什么？审视所处环境，包括经济、政策、制度、人际关系等。

⑤ What you can be in the end？你的最终职业目标是什么？从期望的职业目标出发，评估现状与目标的一致性。

（2）五"W"法的应用

以下是一个大学生运用五"W"法进行目标分析的实例。

孙晓燕，计算机专业女大学生，面临毕业，尽管有多个工作选择，但对最终职业方向犹豫不决。计算机专业热门，找到满意的工作不难，但其专业水平和潜力不占优势，且对教师职业有浓厚兴趣。现在我们用五"W"法对她进行深入分析。

① Who are you？

重点高校计算机专业毕业生；优秀学生干部，学业成绩优异，已通过英语六级；辅修心理学、管理学课程；参加演讲比赛获奖；家庭条件一般，父母健康，生活稳定；身体健康；性格内向但不孤僻，喜欢安静。

② What do you want？

首先，渴望成为教师，这是儿时梦想，也喜欢这个职业；其次，可成为公司技术人员；最后，也可以出国读管理硕士，回国后成为企业管理人员。

③ What can you do？

做过家教，虽教授的学科非本专业学科，但自身在与孩子的交流上有优势，在担任家教期间，学生进步给自身带来了很大的成就感；担任过学生干部，组织过大型活动；实习时参与开发，虽无较大成就，但感觉良好。

④ What can support you？

亲戚推荐去公司做技术开发；GRE 成绩尚可，已申请国外高校，但奖学金和签证情况未定；曾应聘技术维护人员，若做教师可能需去普通中学；同学开公司，希望加盟，但需放弃专业。

⑤ What can you be in the end？

可能的最终去向包括：

第一，成为学校教师。有此兴趣和理想，不缺乏知识和能力，专业优势明显，有信心成为学生理想中的好老师；不足是缺乏教师基本训练和技巧，但可逐步提升。

第二，成为公司技术人员。收入较高，但行业波动大，需要不断更新知识，压力较大，兴趣和信心不足。

第三，加入同学的公司。从基层做起，风险较大，与希望稳定的心理不符。

第四，如获奖学金便出国读书，回国后做企业管理人员，但不确定因素多，始终被动。

综合分析，第一种选择符合她的兴趣、能力、性格和家庭支持，且在实际就业中做教师是可行的。

因此，选择第一种去向是明智的。

4. 360 度评估法

360 度评估法起源于 20 世纪 80 年代，由美国学者在企业绩效评估研究中发展而来。由于其整合了组织满意度调查、全员质量管理、发展回馈、绩效评估和多元评估系统等原则，具有全面性，因此迅速在美国及全球组织绩效管理领域流行。

在个人生涯规划领域，360 度评估法被证明非常有效。

（1）360 度法的评估方式

① 确定评估议题。针对具体目标进行评估，首先确定评估的具体问题，如是否转专业、深造方向选择、性格适合的工作等。

② 确定评估人。尽可能多地找到相关人员，听取他们的意见，评估人包括家人、朋友、同学、老师、专家、生涯规划辅导人员及被评估人本人等。

③ 设计具体问题。细化议题，提出针对性问题，便于评估人回答。例如关于转专业，可问：原专业就业方向、要求、期望转向的专业方向及要求等。

④ 进行评估，采集数据。将问题发给评估人，请他们详细回答，并科学记录。

⑤ 汇总意见和想法，确定生涯目标是否合适。

⑥ 制订行动计划并采取行动。

（2）360 度评估法的应用原则

① 全员参与。尽可能全面确定评估人，每类评估人都应选择多名，以确保评估的有效性。例如，评估人应包括长辈和平辈，平辈中既要有关系密切、熟悉你各方面情况的密友，也要有客观公正、敢于指出你不足的诤友。

② 客观公正。确保评估意见和想法具有客观性，通过评估人意见的互相印证来评估客观公正性。例如，关于是否考研，可对比专业老师和辅导员老师的意见。

③ 信息畅通。在评估中保持信息畅通，当评估人需要反馈时，确保传达真实信息，保证评估人全面了解情况。

（二）评估与反馈的重要性

每一次经历和职业体验，都会促使个人重新审视自我，调整职业抱负。大学生应主动总结经验教训，调整自我认知和职业目标。研究显示，许多人需经过一段时间的尝试和探索，才能明确适合自己的工作领域，若缺乏反馈和修正，这一过程可能长达数十年。随着技能和需求随时间发生变化，人们应不断反思职业选择，并在适当的时候作出调整。

即便自我定位和目标设定准确，也可以通过反馈和修正纠正职业目标与阶段性目标的偏差，确保职业规划的有效性，并增强实现目标的信心。

（三）评估与反馈的关键点

通常，可将评估与反馈归结为判断自我素质和行为对现实环境的适应性，应参照短期和中期目标与实际成果进行对比，分析现状，特别是针对环境变化，找出偏差并进行修正。

（1）聚焦关键目标

如同猎人若同时瞄准多只兔子将一无所获，评估过程中也不必面面俱到，而是应专注于一两个关键目标和主要策略的追踪。在大学阶段，总有一个核心目标，其他目标都应服务于这一核心，通过优先排序，重点评估那些能有效达成核心目标的主要策略。

（2）识别最新需求

面对变化的内外环境，要善于发现最新趋势和影响。要跟上形势，对于新变化和需求，找出最有效且创新的策略。

（3）确定突破方向

在某一点上的突破性进展可能会带来意想不到的改变。思考先前规划中的策略方案，哪一条对目标达成有突破性影响？是否已实现？未实现的原因是什么？如何寻求新的突破点？

（4）关注自身弱点

木桶理论指出，木桶的容量取决于最短的木板。在评估与反馈中，除了肯定成绩和长处外，更重要的是发现自身素质和策略的"短板"，然后进行修正或替换，以提升职业生涯这只桶的容量。

回顾制订策略前通过 SWOT 分析发现的弱点，是否在现阶段有所改善？若无，原因何在？差距何在？通常，短板可能出现在以下方面：观念差异、知识差异、能力差异和心理素质差异。职业生涯的发展首先是心理素质的成长。

二、调整与修正职业生涯规划

职业生涯规划具有明显的阶段性，因此在各个发展阶段都需要进行相应的调整与修正，甚至改变。但职业发展的核心目标始终不变，即通过职业机会展现个人价值，为社会作出贡献。拥有长远和宏观的视角，我们便能够根据自身状况和外部环境的变化做出适当的调整。外部条件的变化既可能给职业目标的实现带来挑战，也可能为职业发展带来新的机遇。每个从业者都必须正视现实，勇敢面对挑战。调整与修正职业生涯规划的必要性体现在：一是有助于应对外部条件变化的需求；二是能适应个人素质的变化。职业生涯规划并非目标越高越好，而是要实际可行，有计划地逐步实现。

（一）影响职业生涯规划调整与修正的因素

几乎每个大学生在解决职业生涯问题或制定职业生涯规划时，都旨在追求"成功职业生涯"的愿景。实际上，我们都是自己职业生涯的先知，有能力构建关于自己所追求和梦想的愿景。

职业生涯不应被视为一种你拥有或占有的物品。更恰当的看法是将生涯视为一段旅程、一个过程或一条道路，而非目的地或战利品。如果我们用"生活"这个词来替代"生涯"，可能会更准确地表达出职业生涯的意义。因此，职业生涯是我们追求和探索的，而非我们所拥有或占有的。这种对职业生涯元认知的重构，是对传统"成功职业生涯"观念的重要转变。

不断变化的世界也影响着我们的职业生涯规划。英国剑桥大学的职业生涯专家托尼·沃茨曾指出，"健康的心理状态并不能保证成功"，他这句话的含义是什么？

沃茨认为，仅了解个人兴趣和目标或拥有自尊是不够的。社会、政治和经济因素构成了变化中的"机会结构"，这些因素在全球范围内对人们的"职业生涯规划"调整产生越来越大的影响。制定职业生涯规划的人需要了解这些变化中的机会结构，了解它们在 21 世纪是如何影响职业生涯规划的。我们必须关注世界的变化，并据此调整与修正我们的职业生涯规划。影响职业生涯规划调整与修正的因素分为内部和外部两种。

1. 内部因素

内部因素包括认知层面的偏差和不足，涉及对自我和目标职业的认知。当对自身兴趣、性格、能力、价值观的认知不准确或有偏差时，会影响职业生涯规划的持续性。认知能力会随着知识和实践经验的积累而增强和完善，因此，对自我和目标职业的认知也需要逐步校正，这就需要我们对职业生涯规划进行有效的调整和修正。此外，随着生理和心理的成熟，以及生活阅历、知识的增长和社会实践的积累，人的兴趣、性格、能力、价值观也会发生变化，这时原有的职业生涯规划可能已不再适应当前的知识层级和架构，因此需要及时调整和修正。

2. 外部因素

（1）科技进步

许多变化正在发生，并深刻影响着我们的工作方式，甚至可能影响职业生涯咨询员的工作。

科技进步改变了众多公司的运营方式。例如，在银行业，电脑能够在预设条件下自动进行取款或存款操作。这样的操作一天24小时在全球各地的银行中进行。当你休息时，你的资金可能就在世界各地的银行中流动，寻找最高的利息。电信领域的发展，如微信、QQ，使得个人和公司能够以低成本进行即时通讯。当代经济中科技变化的步伐前所未有，且将以指数速度增长。在21世纪，科技为国家、公司和个人工作者带来的"创造性破坏"将比以往更大。实际上，科技对职业生涯规划调整与修正的影响不容小觑。

（2）工作机构变革

工作机构，包括商业、政府机构、学校和社区中心等，正在改变职能方式，以新的方式调整组织架构、内外沟通以及对待雇员的方式，并重新审视自身的客户和产品。这些机构的变化对我们寻找职业的方式产生了重大影响。

工作机构变革的一个例子是大规模裁员后，公司从其他公司购进相同的服务，这通常被称为外包。例如，A公司是一家药物供应机构，其在撤销人事部的同时与提供人事服务的 B 公司签订合同，由 B 公司为 A 公司提供人事服务（例如：保存职员离职记录，发布空缺职位广告，筛选简历，保存薪酬记录）。A 公司通过裁员节省了开支，但工作由 B 公司完成。

就业指导教师也受到了这种新组织形式的影响。例如，一些咨询机构实施了外包。这意味着就业指导教师不是直接被大学雇佣，而是咨询机构与另一家公司签订合同或直接与个体就业指导人员签订合同。这对就业指导教师意味着什么？首先，这意味着在时间和工作责任方面面临更大的压力，需要不断调整自己的工作。其次，没有福利保障和失业保险意味着他们失去了工作和个人生活的稳定性。这些新的机构变化意味着职员被视为临时的、可替代的人力资源。当这些变化发生时，我们必须改变以往的对"有一份工作"的理解。陈旧的观点可能会错误地引导我们，让我们认为就业环境糟糕。

（3）新的工作方式

在许多人的传统观念中，每周 40 小时工作制似乎是理所当然的。尽管医生、护士、水管工人、警察等不按常规时间表工作，但我们大多数人都是正常班。在如今的职业领域中，没有什么比我们工作的"方式"变化更大。新的工作模式包括弹性工作制、兼职、工作共享、临时工、网络远程工作模式。

工作共享是指一份工作由两人分担，每个人每周独自工作 20 小时，尽管他们每周也需要共处两三个小时以便于主管督导、和其他职员协作。这种安排非常适合需要照顾孩子和老人的人，因为对他们来说，每周工作 40 小时是难以实现的。另外，正在攻读教育学位的人可能发现难以在全职工作的情况下完成所有课程，而有休闲或娱乐嗜好的人会觉得全职工作很困难，因为他们仍然想追求业余爱好。

在进行职业生涯规划时，要注意不同的工作安排可能为你提供的选择，你可以在考虑何时工作以及如何工作的同时，也顾及你如何安排其他重要的生活活动。

（4）职业和家庭角色的变化

随着社会的发展和进步，我国越来越多的女性开始走出家庭外出工作。双职工家庭，或称为双薪家庭，即男女双方都外出工作的家庭，已经对大多数人的工作方式产生了巨大影响，并将继续影响我们未来的工作环境。

工作地点的选择是一个重要问题，它增加了双职工夫妇职业生涯规划的复杂性。当两个人都工作且其中一人有固定的工作地点时，若一方需要根据另一方的工作地点而迁移，那么迁移的一方将面临相当大的困难，因为新的工作地点可能没有相同的机遇。在双职工家庭的情况下，成功的地域选择需要一定的协商与妥协技能。用认知的术语来说，这意味着无论做何种选择，两个人都能感到"赢"。在当今社会工作中，兼顾夫妇两人的职业生涯常常是复杂的事情。

（二）需要进行调整与修正的常见情况

职业生涯规划的调整与修正通常源于生涯障碍的出现。以小明同学的经历为例，我们可以探讨几种需要对职业生涯规划进行调整与修正的常见情况。

1. 生涯兴趣的丧失

小明曾对机械充满兴趣，受到父亲的影响，他自幼便对拆装家用小型机械设备表现出浓厚的兴趣。然而，在大学学习软件工程的过程中，他发现课程内容与自己的兴趣不符，感到学习吃力。这表明小明在机械领域的兴趣可能正在发生改变。

2. 家庭期望的压力

尽管小明清楚自己的兴趣所在，但家庭的期望和母亲的影响使他最终放弃了机械专业，选择了计算机专业。母亲认为机械行业收益不高、工作环境差，而计算机行业则热门、前景好、收入高。

3. 社会规范的限制

小明的母亲期望他选择一个符合社会主流价值观的行业，如建筑、计算机和金融等行业，这些行业通常被认为工作环境好、收入高、市场需求大。社会规范和家庭期望共同塑造了小明的职业生涯选择。

4. 顺从的人格特质

小明从小受到母亲的教育，形成了顺从的人格。在面对重大决策时，他往往忽略自己的需求，以满足他人的期望。这种人格特质也是职业生涯规划需要调整与修正的常见原因之一。

5. 同伴的负面影响

小明身边的同学对学习和职业发展持消极态度，这种同伴的影响使小明对自己的消极行为感到正常化，从而影响了他的职业生涯规划。

6. 自制力的减弱

小明目前的学习状态不佳，缺乏高中时期的冲劲，对学习提不起兴趣，反而沉迷于网络游戏。这种生活方式的改变可能会对他的正常社交和职业生涯发展造成阻碍。

7. 自信心的下降

小明在大学中经历了功课不及格和恋爱失败的挫折，这些连续的挫折影响了他的自尊心。自尊心的下降可能会导致抑郁等情绪问题的产生，进而影响个人的行为能力。

8. 规章制度的制约

小明考虑过转专业，但了解到学校的相关制度和自己的学习状态后，发现转专业难以实现。规章制度的限制也是大学生需要不断调整与修正职业生涯规划的原因之一。

（三）调整与修正的原则和最佳时机

1. 调整与修正的原则

① 明确性原则：目标和措施是否明确？实现目标的步骤是否直截了当？

② 灵活性原则：目标或措施是否具有弹性或缓冲性？是否能根据环境变化进行调整？

③ 一致性原则：主要目标与分目标是否一致？目标与措施是否一致？个人目标与组织目标是否一致？

④ 挑战性原则：目标与措施是否具有挑战性，还是仅维持现状？

⑤ 激励性原则：目标是否符合个人性格、兴趣和特长？是否能产生内在激励作用？

⑥ 合作性原则：个人目标与他人目标是否具有合作性与协调性？

⑦ 全程性原则：职业生涯规划应考虑整个职业生涯发展历程，进行

全程考虑。

⑧ 具体性原则：职业生涯规划的各阶段划分与安排必须具体可行。

⑨ 实际性原则：职业生涯目标的实现途径多样，在规划时需考虑个人特质、社会环境、组织环境等因素，选择可行的途径。

⑩ 可评量原则：规划应有明确的时间限制或标准，以便于评量和检查。

2. 调整与修正的最佳时机

职业生涯发展是动态的，需要在不同阶段对规划进行调整、修正甚至改变。对大学生而言，职业生涯规划的最佳调整与修正时机有两个：毕业前夕和从业初期。

（1）毕业前夕的调整与修正

毕业前，需要全面了解工作机会和个人情况，运用战略性思维能力来协商和评估录用通知。在面对多份录用通知时，需在压力下考虑与个人和职业选择相关的信息，参考他人提供的意见。当只收到一份录用通知时，消极思维可能占据上风。你可能会急于抓住机会，但也要保持挑战自己的想法，相信自己值得更好的机会。

（2）从业初期的调整与修正

初入职场，你会迅速感受到大学与工作的差异。雇主通常认为大学毕业生在适应新工作场所方面准备不足。问题通常不在于学业领域，而在于人际交往和个人能力。从大学文化向全职就业文化的转变过程中，你可能需要调整的领域包括：从理论到实践、工作惯例、沟通、组织结构、适应新工作地点、现实期待、岗位认识、合作态度、接受责任等。这些因素将决定你对职业生涯的满意度和适应度，一旦这些标准未达到，就到了进行职业生涯规划调整与修正的重要时机。

（四）调整与修正的方法

1. 自我条件重新剖析

"七要"——要评估自身能力、要衡量外部环境、要设定目标、要选择策略、要重视实践、要善于反省、要重新出发。

"七问"——自己真正喜欢的工作是什么？自己的专长在哪里？当前

目标工作的重要性如何？有哪些工作机会可选择？我将如何行动？下一个工作我将做什么？在当前工作中我将为下一个工作做哪些准备？

2. 发展机遇的重新评估

发展机遇的重新评估主要关注当前环境因素对个人职业发展的影响，评估指标包括社会与政治环境、经济环境、职业环境和组织环境。在分析环境影响时，应注意环境特点、发展趋势、新要求以及有利和不利因素等。在调整个人职业生涯规划时，要分析发展机遇的特点、发展变化情况、个人与机遇的关系、在机遇中的地位、新机遇提出的要求以及有利和不利条件等。只有充分了解这些发展机遇与环境，才能在复杂环境中避害趋利，有效调整和修正职业生涯规划，使其更具实际意义。

（五）职业生涯目标的调整与修正

职业生涯目标的调整与修正构成了职业生涯规划中的关键部分。由于现实社会中不确定因素的存在，职业生涯规划在实施过程中可能会出现与原定目标的偏差。这就要求学生持续进行自我反省，并对规划目标及行动方案进行必要的修正或调整，以确保最终实现人生理想。从这个角度来说，目标的调整与修正是一项核心任务，是一个重新认识和发展的过程。这一过程要求人们时刻关注内外环境的变化，不断审视和调整自我，以完成目标的修正与调整，确保个人职业生涯规划的有效性。因此，目标调整与修正并非随意改变目标，而是基于人生理想，对阶段性目标进行微调，以及对实现目标的路径、方法、策略或时间进行调整。不同层次目标之间存在递进关系，目标调整与修正的意义在于确保人生愿景与人生意义的实现。

1. 调整与修正目标的方法

① 定期检查预定目标的实现情况。

② 在每个阶段目标实现后，根据实际效果，调整完成未来阶段目标的策略。

③ 评估客观环境的变化是否影响了计划的执行。

④ 持续进行反省和修正，检查策略方案是否适应环境变化，并以此作为职业生涯规划修正的依据。

2. 调整与修正目标时需要考虑的因素

① 环境因素。涵盖社会、政治、经济、法律、自然环境等，应综合考虑，以便在各部分间进行协调，做出必要的修正和调整。

② 个人因素。包括考虑年龄、性别、学历、经历及家庭状况等，以便更好地了解自我，进行科学的调整与修正。

③ 组织因素。考虑组织的目标、文化、规模及发展方向等因素。

国内专家研究设计了职业生涯规划动态修正卡，以此作为帮助大学生修正职业生涯目标的工具。动态修正卡包含六个必要部分：个人基本信息、职业生涯目标、实施方案、支撑材料、反馈评估和专家意见。学生入学后即可建立职业生涯规划动态修正卡，并根据自身情况每年进行内容的补充和修正，由专家进行评估。这一过程持续至毕业，确保了学生职业生涯目标的实现。

（六）行动计划的调整与修正

行动计划并非一成不变，需要根据客观实际情况及其变化，不断对其进行调整、修改和完善，以确保其可行性和有效性。

应根据评估与反馈结果进行行动计划的调整，调整内容包括：职业的重新选择、职业生涯路线的确定、阶段目标的修正、实施措施与行动计划的变更。

通过反馈评估和修正，应达到以下目的：

① 对自己的优势充满信心（我清楚自己的优势所在）。

② 对自己的发展机会有清晰的认识（我知道自己在哪些方面需要改进）。

③ 识别出关键的改进领域。

④ 为这些改进领域制订具体的行为改变计划。

⑤ 以恰当的方式回应反馈者，并向其表达感谢。

⑥ 执行行动计划，确保取得显著的进步和成就。

综上所述，大学生职业生涯规划是一个持续的动态过程，有效的职业生涯规划要求对职业生涯目标进行评估，并对其做出适当的调整，以使其更好地适应个人发展和社会发展的需求，并为下一轮规划提供参考。

参考文献

[1] 王莹，王玉君，丛婵娟 . 大学生职业生涯规划 [M]. 北京：清华大学出版社，2019.

[2] 张元，孙定义 . 职业生涯规划 [M]. 北京：高等教育出版社，2019.

[3] 曹鸣岐，职业生涯规划 [M]. 北京：高等教育出版社，2019.

[4] 王丽 . 职业生涯规划 [M]. 北京：高等教育出版社，2019.

[5] 邓宁 . 你的职业性格是什么？ MBTI16 型人格与职业选择 [M]. 北京：电子工业出版社，2019.

[6] 孙宗虎 . 职业生涯规划管理实务手册 [M].3 版 . 北京：人民邮电出版社，2018.

[7] 吕平 . 大学生职业生涯规划与就业创业指导 [M]. 天津：南开大学出版社，2018.

[8] 苏文平 . 大学生职业生涯规划与就业创业指导 [M]. 北京：中国人民大学出版社，2018.

[9] 费瑟斯通豪 . 远见：如何规划职业生涯 3 大阶段 [M]. 北京：北京联合出版公司，2018.

[10] 范鲁伊 . 生涯线 [M]. 杭州：浙江人民出版社，2018.

[11] 钟思嘉，金树人 . 大学生职业生涯规划：自主与自助手册 [M]. 北京：高等教育出版社，2017.

[12] 萨克尼克，若夫门 . 职业指导——职业生涯规划教程 [M]. 北京：中国劳动社会保障出版社，2017.

[13] 庄明科，谢伟 . 大学生职业生涯规划 [M]. 北京：中国人民大学出版社，2016.

[14] 钟谷兰，杨开 . 大学生职业生涯发展与规划 [M]. 上海：华东师范大学出版社，2016.

[15] 王丽，朱宝忠 . 大学生职业生涯规划训练手册 [M]. 北京：北京理工大学出版社，2016.

[16] 徐伟新 . 社会主义核心价值观研究 [M]. 北京：中共中央党校出版社，2016.

[17] 何欣 . 大学生职业生涯规划与就业指导 [M]. 武汉：华中科技大学出版社，2019.